책으로
읽는
조선의
역사

# 책으로 읽는 조선의 역사

신병주 지음

역사학자의 눈으로 읽은
조선의 베스트셀러 26

# 세계기록유산, 그리고 베스트셀러들
## — 책을 보면 조선이 보인다

내가 춘저(春邸, 세자궁)에 있을 적에 책을 모으는 데에 취미가 있어 연경에
서 사 왔다거나 고가(故家)에 소장된 것이 있다는 말을 들으면 즉시 사 오
게 해서 보곤 했다. …… 경사자집(經史子集)을 갖추지 않는 것이 없는데,
이 책들은 내가 한두 번 다 보았다.

-《홍재전서》 제161권 〈일득록〉 1

조선에서 자존심 상하면서도 감탄할 수밖에 없는 이유는 아무리 가난한
집이라도 책이 있다는 것이다.

- 1866년 병인양요 당시 프랑스 해군 장교 주베르의 회고록

조선왕조가 500년 이상 유지되고, 조선시대에 뛰어난 민족 문화가 꽃
필 수 있었던 것은 국왕과 신하들은 물론이요, 백성에 이르기까지 책
을 가까이하며 문화적 역량을 전수했기 때문이다. 조선시대에는《조선
왕조실록》,《승정원일기》,《의궤》같은 국가적으로 편찬한 책에서부터
《난중일기》,《양아록》,《열하일기》같은 개인의 일기나 문집에 이르기

까지 훌륭한 기록 문화가 있었다. 이는 현재까지 전해 내려와 그 시대를 들여다볼 수 있는 '역사의 창'이 되고 있다.

선조들이 남긴 책 속에는 그 시대를 살아간 사람들이 추구했던 삶의 가치와 역사, 그리고 문화가 녹아 있다. 따라서 조선을 대표하는 책들을 따라가다 보면 내용과 더불어 그 시대 사람들의 삶과 생각, 그리고 시대상을 접할 수 있다. 필자는 이 책에서 조선시대를 이해하는 하나의 방안으로 '책'이라는 키워드를 선택했다. 그 가운데 책으로서 뛰어난 가치를 지니면서도 현재에도 유효한 메시지를 전달해주는 기록물을 중심으로 시대별, 유형별로 나누어 크게 5부로 정리했다. 소개한 책들은 시대순으로 정리했다. 시대에 따른 책의 특징은 물론, 시대상을 책이 어떻게 반영하고 있는지도 살펴볼 수 있도록 함으로써 '책으로 보는 조선시대 역사'라는 관점을 분명히 하고자 한 것이다.

책이란, 단지 옛사람이 쓴 박제된 기록으로 치부할 때에는 별다른 감동을 주지 못하지만, 그 내용을 음미하고 옛사람들과의 대화를 시도할 때에는 오늘날을 살아가는 우리에게 커다란 감동과 의미를 준다. 필자를 비롯하여 많은 사람이 유명 저술의 제목과 저자에 대해서는 나름의 정보가 있으면서도 정작 책의 내용과 느낌을 말해보라고 하면 대답이 궁색해질 때가 많다. 그만큼 책을 제대로 음미하지 못한 경우가 대부분이기 때문이다. 필자는 조선시대 선조들의 체취가 물씬 배어 있는 책들의 주요 내용과 그것이 지니는 가치와 의미를 소개하여, 조선시대 명저들에 대해 확실하게 이해할 수 있도록 했다. 이 책을 길잡이로 삼아 이 책에 소개된 조선시대 명저들을 직접 접해 보거나 관련 서적들을 찾아보는 것도 좋을 듯하다.

이 책은 2006년 휴머니스트에서 펴낸《조선 최고의 명저들》의 내용을 기반으로 10년 이상의 시간이 지난 만큼 조선시대를 대표할 수 있는 주요 책들을 대폭 보강하고, 기존에 언급된 책에 대해서도 새로운 성과를 반영하여 개정·증보했다. 그리고 무엇보다 조선의 역사 전개라는 시대의 흐름에 맞추어 책의 내용과 의미를 소개하여 조선시대를 이해하는 입문서 역할을 충실히 하도록 했다. 또한 청소년은 물론, 역사와 고전 읽기에 관심이 많은 일반인을 주된 대상으로 집필했다. 무엇보다 과거 속의 책이 아니라 '현대에 되살아나는 책 읽기'라는 측면에 중점을 두었다. 이 책이 조선시대를 좀 더 쉽고 새롭게 이해하는 데 좋은 사다리나 징검다리가 되고자 하는 것이 필자의 바람이다. 이 책으로 조선시대 역사의 흐름을 관통해볼 수 있다면 좋겠다.

마지막으로, 이 책의 기획 단계부터 참여하여 꼼꼼하게 내용을 챙겨준 휴머니스트 편집부에 감사드린다. 그리고 언제나 필자를 후원하는 가족들과 건국대학교 제자들과도 함께 출간의 기쁨을 나누고 싶다.

2017년 10월
창밖으로 일감호가 보이는 건국대학교 연구실에서
신병주

차례

## 7부 왕실 문화와 그 진수 _____

# 1부

## 15세기, 국가의 틀을 세우다

1

# 조선경국전 朝鮮經國典

조선이 나아갈 방향을 제시하다

# 정도전이 《조선경국전》을 저술한 까닭은?

1392년 7월 개성 수창궁에서 이성계가 즉위하며 시작된 조선은 정치·사회·경제·문화 여러 분야에 걸쳐 고려시대와는 다른 변화를 주도했다. 그 가운데 특히 성문법전의 편찬에 주목해야 한다. 고려시대에는 중국에서 받아들인 법률과, 전통적인 관습법으로 일상생활을 규제했다. 이성계는 조선의 태조로 즉위한 뒤 내린 교서(敎書)에서 "의장(儀章)과 법제는 고려의 것을 따르되, 법률을 정하여 모두 율문(律文)에 따라 처리함으로써 고려의 폐단을 밟지 않을 것"을 천명했다. 조선 건국의 주역 정도전은 이러한 방침을 즉시 수행했다.

1394년(태조 3) 정도전은 《조선경국전》을 저술했다. 원나라 《경세대전(經世大典)》의 육전 체제를 기본으로 했지만, 그가 좀 더 적극적으로 참조한 책은 중국 주나라 법전인 《주례(周禮)》였다. 정도전은 어떤 저술보다도 공(公)개념을 강조한 《주례》를 중요하게 받아들였다. 즉, 새로운 왕조 조선에서는 공전(公田), 공교육, 기회 균등한 시험 등 국가가 주도하여 일반 백성을 보호하는 방향으로 모든 제도가 완비되어야 한다고 판단했다. 이는 고려 말 권문세족이 권력을 독점하여 왕조의 정치·경제 기구가 이들의 사적 이익만을 대변해서, 백성을 보호할 수 없다고 판단했기 때문이다.

《조선경국전》은 총론에 해당하는 〈정보위(正寶位)〉·〈국호(國號)〉·〈정국본(定國本)〉·〈세계(世系)〉·〈교서(敎書)〉이 다섯 항목을 앞부분에 수록하고, 이어서 본편인 〈치전(治典)〉·〈부전(賦典)〉·〈예전(禮典)〉·〈정전(政典)〉·〈헌전(憲典)〉·〈공전(工典)〉의 6전 체제로 분류하여 주요 내용을 서술하고 있다.

〈정보위〉에서는 왕위를 바르게 유지하는 방법을 제시하고 있는데, 《역경》을 인용하여 "성인의 큰 보배를 위(位)라 하고 천자의 큰 덕을 생(生)이라 한다. 어떻게 하면 위를 지킬 수 있는가? '인(仁)'으로써 해야 한다"라며 어진 정치가 기본임을 역설했다. 〈국호〉에서는 조선왕조의 국호를 '조선'으로 정한 배경을 설명하고 있다. '조선'이라는 국호에는 고조선, 특히 기자가 주나라 무왕의 명을 받아 조선후(朝鮮候)가 된 기자조선을 계승하고자 하는 뜻이 담겨 있었다. "오직 조선이라는 칭호가 아름다울 뿐 아니라 그 유래가 매우 오래다. 이 이름을 근본으로 하여 하늘을 좇아서 백성들을 기르면, 길이 후손이 번창할 것이다"라고 한 것은 이러한 입장을 잘 보여주고 있다. 〈정국본〉은 국본(國本)인 왕세자 선정에 관한 내용을 담고 있다. 정도전은 "세자는 천하 국가의 근본이다. 옛날의 선왕은 맏아들을 왕자로 세웠으니, 이는 왕위계승 분쟁을 막기 위해서였다. 또한 반드시 어진 아들을 세자로 세우기도 했으니 덕을 존중하기 위한 것이다"라고 기술했는데, 여기서 주목할 점은 장자 세습 외에도 어진 자가 후계자가 될 수 있다는 가능성을 제시한 것이다. 이것은 태조가 자신의 후계자로 막내아들인 방석(李芳碩, 의안대군)을 지명하고 정도전 자신이 이에 협조한 상황을 합리화한 것으로도 볼 수 있다.

〈세계〉는 이성계의 선조인 전주 이씨의 가계를 미화한 내용으로, "본조(本朝)의 세계(世系)의 번성함은 모(某, 전주 이씨의 시조 이한) 이래로 대대로 덕을 쌓아오다가 목왕(穆王, 태조의 고조인 이안사)에 이르러 비로소 나타나고, 전하에 이르러서 대명(大命)이 모이게 된 것이다"라 하여 태조에 의한 왕조 창업이 필연적임을 강조하고 있다. 〈교서〉에서는, 왕의 명령인 교서 작성에 학문이 높은 신하의 도움이 필요하며 왕 자신이 학문을 철저히 하고 정신을 깨끗이 하여 항상 중용의 길을 가야 함을 서술했다.

총론에 이어 〈치전〉, 〈부전〉, 〈예전〉, 〈정전〉, 〈헌전〉, 〈공전〉 등 6개 항목에서는 국가 통치의 기본 방향을 나누어 서술하고 있다. 〈치전〉은 《경국대전(經國大典)》의 이전(吏典, 조의 조직과 사무를 규정한 법전)에 관한 내용으로, 정도전의 재상중심주의 정치사상이 잘 피력되어 있다. 교육 제도의 정비와 과거를 통한 인재 등용, 문과뿐만 아니라 무과, 잡과에 대한 중요성도 언급하고 있다. 〈부전〉은 호전(戶田, 집과 논밭)에 해당하는 내용으로, 군현제도와 호적제도, 토지제도의 정비, 세금과 재정의 원칙, 녹봉 등 국가 경제에 관한 내용을 담고 있다. 〈예전〉은 예법을 기본으로 하는 유교국가에서 지켜야 할 각종 규범과 의식, 제도 등에 관한 내용으로, 양인 이상 신분에 대한 교육 기회의 확대와 고시제도의 강화, 언로(言路, 신하가 임금에게 말을 올리는 길)의 개방 등을 강조했다. 〈정전〉은 병전(兵典)에 관한 내용으로, 병농일치의 군사제도와 군기(軍器), 둔전, 전렵(畋獵, 사냥)에 관한 사항을 다루었다. 〈헌전〉은 형전(刑典)에 관한 내용으로, 도덕 정치를 구현하는 예방 수단으로써 형벌에 관한 사항이 주를 이룬다. 마지막으로 〈공전〉은 성곽, 창고, 도량 등 건축과 토목 공사에 관한 내용을 주로 다루며, 아울러 토목공사와 관련하여 사치의 방지, 백성 부담의 최소화 같은 원칙도 제시하고 있다.

이상과 같이 《조선경국전》은 공개념을 강조한 《주례》를 바탕으로, 6전을 통해 능력 본위의 시험제도에 의한 관리 선발, 국가의 수입을 늘리기 위한 군현제도와 호적제도의 정비, 언로의 개방, 사대외교의 중요성, 인(仁)에 바탕을 둔 도덕정치의 지향 등 조선 사회가 나아가야 할 방향을 구체적으로 제시하고 있다. 《조선경국전》은 정도전의 문집인 《삼봉집(三峯集)》●에 수록되어 있다.

●

## 왕권과 신권의 갈등

정도전은 이성계와 더불어 조선 건국을 이끈 쌍두마차였다. 이성계의 무(武)와 정도전의 문(文)이 환상적으로 결합하면서 새로운 왕조의 탄생을 이끈 것이다. 조선 건국 후 정도전은 고령인 태조를 대신해서 모든 건국의 기본 설계를 맡았다. 태조는 한양 천도, 궁궐과 종묘의 정비, 한양 도성 건설 등 주요 사업을 정도전에게 맡겼다. 책임과 권력이 커지자 정도전은 사석에서 이러한 말을 남기기도 했다. '한 고조(유방)가 장량(張良, 장자방)을 이용한 것이 아니라 장량이 한 고조를 이용한 것'이다. 이는 고조가 한나라를 건설할 때 자신을 도운 참모 장량의 활약을

● 현재 전하는 《삼봉집》은 정도전이 명예를 회복한 뒤인 1791년(정조 15) 왕명으로 간행되었다. 14권 7책으로 〈경제문감〉, 〈조선경국전〉, 〈불씨잡변〉, 〈진법〉 등 정도전이 국가 운영 방침을 제시한 글들이 수록되어 있다.

평가한 데서 나온 말로, 이성계 역시 '나의 장량'이라며 정도전을 신뢰했다. 정도전 또한 스스로가 조선을 세운 최고 주역임을 자부하고 있었다. 이는 《조선경국전》에 피력한 그의 정치사상에도 잘 드러나 있다. 조선의 국정 방향을 제시한 《조선경국전》〈치전〉의 총서(總序)에 그 핵심 내용이 기술되어 있는데, 불행하게도 이것은 부메랑이 되어 돌아와 정도전을 비참한 죽음으로 내몰았다.

> 치전은 총재(冢宰, 재상)가 관장하는 것이다. 사도(司徒, 교육을 담당하는 벼슬) 이하가 모두 총재의 소속이니, 교전(敎典, 교육 관련 책) 이하 또한 총재의 직책이다. 총재에 그 훌륭한 사람을 얻으면 6전이 잘 거행되고 모든 직책이 잘 수행된다. 그러므로 "인주(人主, 임금)의 직책은 한 사람의 재상을 논정(論定)하는 데 있다" 했으니, 바로 총재를 두고 한 말이다. 총재는 위로 군주를 받들고 밑으로는 백관을 통솔하여 만민을 다스리니, 그 직책이 매우 크다. 또 인주의 자질에는 어리석고 현명한 자질도 있으며 강력하고 유약한 자질도 있어서 한결같지 않으니, 총재는 인주의 아름다운 점은 순종하고 나쁜 점은 바로잡으며 옳은 일은 받들고 옳지 않은 것은 막아서 인주로 하여금 대중(大中)의 지경에 들게 해야 한다.

정도전이 《조선경국전》〈치전〉의 총서에서 밝힌 재상의 역할이다. 군주는 현명한 자일 수도, 무능한 자일 수도 있지만 재상은 가장 능력 있는 자가 선발될 수 있기 때문에 재상이 중심이 되어 국가를 이끌어가야 한다는 내용이다.

무엇보다도 정도전은 이 책에서 새로운 조선을 이끌 중심은 왕이 아닌 신하가 되어야 한다는 점, 즉 왕권보다는 재상권의 강화를 주장했다. 그리고 재상권 강화의 기반을 확보하기 위해 태조의 계비 신덕왕후와 연합하여 그녀의 소생인 막내 방석을 세자로 책봉시키는 데 성공한다. 태조의 정비 소생의 아들보다는 계비 소생의 어리고 허약한 왕자가 정도전의 구미에 맞았을지도 모른다. 그러나 이러한 재상중심주의 정치사상은 그를 죽음으로 몰아넣는 계기가 된다.

조선 건국 초기 태조 이성계의 절대적인 신임으로 정도전 중심의 정국이 되자, 이에 가장 불만을 품은 인물은 태조의 다섯 번째 아들 이방원(李芳遠, 태종太宗, 1367~1422, 재위 1400~1418)이었다. 방석의 세자 책봉에 강한 불만을 보인 이방원은 왕조국가에서 왕권 약화를 유발하는 정도전의 모습을 좌시할 수 없었다. 특히 정도전이 왕자들이 보유한 사병 혁파를 추진하자, 이방원은 본격적으로 정도전과 방석의 제거를 준비하게 된다. 이미 이방원은 고려 말 최대 정적 정몽주를 제거한 인물이 아니던가?

1396년 방석의 후견인이자 어머니인 신덕왕후 강씨가 사망하고 이성계가 병석에 드러누운 것도 방원에게는 호재로 작용했다. 1398년 이방원은 자기 휘하의 군사들을 보내 송현(松峴, 현재 인사동 북쪽)에 있는 남은(南誾, 1354~1398)의 첩 집에서 술자리를 베풀고 있던 정도전을 체포한 뒤 무참히 살해했다. 재상 중심의 조선을 꿈꿨던 정도전에 대한 왕실의 대반격이었다. 이방원은 정도전과 계모에 대한 분노를 여지없이 드러냈다. 그는 정도전이 살았던 집터 수진방(현재의 종로구청)을 사복시(司僕寺, 궁중의 가축을 기르는 관청)로 만들었으며, 즉위 후 부친이 그토록 사랑했던 계모 신덕왕후의 무덤을 현재의 성북동 정릉으로 옮기면서 원래 정릉(현재의 정동 근처)에 있었던 묘지석과 병풍석을 청계천 공사에 사용했다.

1398년 정도전이 이방원에게 죽임을 당한 데에는 재상중심주의 정치사상이 자리 잡고 있었다. 처형된 이후 그에게는 '역적'이라는 불명예가 따랐고, 조선의 역사에서 한동안 정도전이라는 이름은 지워졌다. 그러다 흥선대원군이 경복궁을 중건하면서 조선 건국 초에 경복궁 조성사업을 지휘한 정도전의 공을 인정해 그의 명예를 회복시켰다.

●

## 《조선경국전》 들여다보기

정도전이 재상 중심의 국정 운영을 강조하기는 했지만,《조선경국전》에는 정치·경제·사회적 측면에서 고려왕조의 통치체제를 뛰어넘는 합리적인 내용들이 다수 포함되어 있다. 〈치전〉의 입관(入官, 관리 임용)에는 "천하 국가를 다스리는 요체는 인재를 등용하는 데 있다"라고 전제한 뒤 "우리 주상 전하는 즉위 초에 기강을 확립하고 무슨 일이든 옛날 제도를 본받았는데, 특히 인재 등용 제도에 가장 유의하여, 인재를 양성해야 한다고 생각했다. 그래서 중앙에는 성균관과 부학(部學, 서울의 동부(東部)·서부(西部)·남부(南部)·중부(中部)에 세운 학당)을 설치하고, 지방은 주군(州郡)에다 향교(鄕校)를 설치하여 각기 교수와 생원을 두어 가르치게 하고 그들의 생활비를 넉넉하게 대주었다"라고 교육제도를 정비한 점을 기술하고 있다.

〈부전〉에서는 판적(版籍, 호적) 부분을 주목해보자. 판적에서 정도전

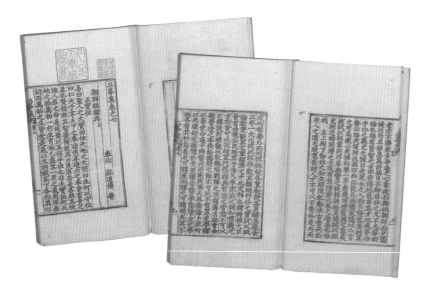

**《조선경국전》** 정도전이 쓴 글을 모아놓은 《삼봉집(三峰集)》 7, 8권에 조선경국전이 수록되어 있다. 본론은 〈치전〉, 〈부전〉, 〈예전〉, 〈정전〉, 〈현전〉, 〈공전〉 이렇게 6전으로 구성되었다.

은 "나라의 빈부는 백성이 많고 적은 데 달려 있고, 부역의 균등은 인구의 수효를 세밀하게 파악하는 데 달려 있다. …… 호구를 등록하여 그 증감을 살피면 백성의 수효를 세밀하게 파악하게 될 것이고, 인구를 조사하고 장정을 계산하여 차렴(差斂)을 부과하면 부역이 균등해질 것이다. 대저 이와 같이 하면 위에서는 일이 성취되고 아래에서는 시끄러운 일이 일어나지 않을 것이며, 나라는 부유해지고 백성은 편안하게 될 것이다"라고 하여 인구의 번창과 부역의 균등 그리고 이를 위한 호구 등록과 그 증감 상황 파악이 경제의 기본임을 강조했다. 특히 판적의 말미에는 정도전의 민본사상이 구체적으로 나타나 있다. 즉 "대개 임금은 나라에 의존하고 나라는 백성에 의존하는 것이니, 백성이란 나라의 근본이며 임금의 하늘인 것이다.《주례》에서는 인구수를 왕에게 바치면 왕은 절하면서 받았으니, 이것은 그 하늘을 존중하기 때문이었다. 인군 (人君, 임금)이 된 사람이 이러한 뜻을 안다면 백성을 사랑함이 지극하지 아니할 수 없다. 그러므로 신은 판적편(版籍篇)을 지어 백성 사랑하는 것을 아울러 논하는 바이다"라는 부분으로, 600여 년 전 인물이 이처럼 적극적인 민본사상을 피력했다는 점은 현재에도 신선한 자극이 된다.

〈예전〉에는 재능이 있는 인재들을 적극 등용할 것을 강조한 〈거유일 擧遺逸〉이 수록되어 있다. 유일은 재야 등에 흩어져 있는 인재를 뜻하는 말로, 정도전은 태조의 명으로 각 분야의 전문가 등용을 지시한 상황 을 정리하고 있다. 즉 "전하는 즉위 초에 유사에게 거듭 밝히기를, '경 학(經學)에 밝고 행실이 닦여지고 도덕을 겸비하여 가히 사범이 될 만한 사람, 식견이 시무(時務)에 능통하고 재주가 경국제세(經國濟世)에 알맞 아서 사공(事功)을 세울 만한 사람, 문사(文辭)에 익숙하고 필찰(筆札)에 솜씨가 있어서 문한(文翰)의 임무를 맡을 만한 사람, 율산(律算)에 정통 하고 이치(吏治)에 달통하여 백성을 다루는 일을 감당할 만한 사람, 지 모나 도략(韜略)이 깊고 용기가 삼군(三軍)에 으뜸이어서 장수가 될 만한 사람, 활쏘기와 말타기에 익숙하고 돌멩이를 던지는 일에 솜씨가 있어 서 군무를 담당할 만한 사람 그리고 천문(天文)·지리(地理)·복서(卜筮)· 의약(醫藥) 가운데 특기 한 가지를 가진 사람들을 세밀히 찾아내서 조 정에 보내라' 하였으니, 이것으로써 전하의 자리를 사양하여 어진 이 를 구하는 아름다운 뜻을 볼 수가 있다"라고 하는 대목이다. 경학이나 문장만이 아니라 무예, 천문, 의학, 복서 등에 두루 능통한 인물을 등용 하여 여러 학문 분야의 조화를 이루려 한 점은 건국 초 조선 사회의 건강한 분위기를 잘 보여준다. 태조 대에 경복궁 건설을 주도한 정도전의 장인 박자청(朴子靑, 1357~1423)이나 세종 대에 천민 출신 과학자 장영실(蔣英實, ?~?)의 등장은 조선 건국 초에 이러한 인재 등용의 원칙이 제시되었기 때문에 가능했을 것이다.

전체적으로 《조선경국전》에 제시한 통치규범은 《주례》의 6전 체제를 따르되 한·당의 제도를 절충하고, 다시 조선의 현실에 맞게 조정한 것이다. 즉 《주례》에서 재상제도·병농일치제도·과거제도의 이상을, 한나라와 당나라에서 부국강병·중앙집권적인 제도를 적극 수용했다. 그리고 고려 말의 사회적 모순을 극복하려던 신흥사대부 세력이 추구한 유교적 이념과 민본정치사상을 아울렀다. 조선은 건국 후 국가 운영의 기본 방침이 제시된 《조선경국전》으로 첫출발을 탄탄히 했기에, 이를 계승한 《경국대전》도 조선의 통치규범으로써 그 생명력을 오래 보전할 수 있었다.

## 《조선경국전》에서 《경국대전》으로 가는
## 징검다리 법전, 《경제육전》

　태조 대 영의정 조준(趙浚, 1346~1405)은 《조선경국전》과 보조를 맞추어 당시까지 10여 년 동안 기능했던 법령과 앞으로 준행해야 할 법령을 수집·분류하여 《경제육전(經濟六典)》을 편찬했다. 이 책은 우리 역사상 최초의 성문통일법전이라는 점에서 의의가 크다. 조준은 《경제육전》에 한문 이외에 이두와 방언을 섞어 사용하여 일반 백성들도 법전을 쉽게 이해할 수 있도록 했다.

　이후 태종 대에는 6전에서 미비한 점을 보완하여 《원육전》 3권과 《속육전》 3권으로 만들었으며, 1433년(세종 15)에는 황희(黃喜, 1363~1452) 등이 세종의 재가를 얻어 《신찬경제육전(新撰經濟六典)》을 편찬했다. 이처럼 건국 이후 태조에서 세종 대까지는 기본적으로 선왕 대에 만든 법전을 존중한다는 '성헌존중주의(成憲尊重主義)'에 입각하여 법전을 편찬했다. 그러나 원(原) 법전을 기준으로 하여 미비한 점과 모순된 점이 발견될 때마다 법전을 고치는 방식은 많은 문제점을 초래했다. 따라서 일시적인 법전 편찬 방법을 지양하고, 원전(原典)·속전(續典)을 비롯한 모든 법령을 전체적으로 조화시켜 통일된 법전을 만들어야 한다는 의견이 제기되었다. 이러한 시대적 요구를 받아들여 세조 대에 《경국대전》 편찬 작업에 착수했고 성종 대에 완성시켰다.

# 2

# 경국대전 經國大典

## 시대를 앞서간 국가통치규범

## 성헌존중주의와 법치이념

《경국대전》은 조선 건국 주역들이 《조선경국전》에서 정치의 요체는 법치에 있다고 표방한 이념을 계승·발전시켜 조선이라는 국가의 통치의 틀로 만든 법전이다. 조선은 《경국대전》 완성을 계기로 불문법과 관습법에만 의존했던 고려시대와 달리 법치국가로서의 면모를 새롭게 할 수 있었다. 특히 《경국대전》은 급작스럽고 무제한적으로 들어오는 중국 법을 막는 방파제 역할을 했다. 대표적인 예로 〈형전〉의 '사천'조에 제시된 자녀균분상속법, 〈호전〉의 '매매한(賣買限)'조에 규정된 토지·가옥·노비·우마의 매매에 관한 규정과 '전택(田宅)'조의 토지·가옥 등에 대한 사유권을 절대적으로 보호하는 규정 등을 들 수 있다. 이러한 법령은 중국 법의 영향을 받지 않은 우리 고유의 현행 법령으로서 타당성과 실효성을 지니고 있었다.

　물론 오늘날 관점에서 보면, 《경국대전》은 성리학을 이념으로 표방한 조선이라는 국가의 헌법으로서 많은 한계를 지니고 있다. 과부의 재가금지, 서얼 자손에 대한 영구한 과거응시금지 조치, 노비매매의 허용 등 시대적 한계를 보이는 내용이 다수 명문화되어 있는 것 또한 사실이다. 그러나 앞서 언급한 것처럼 나름의 합리성을 보이며 오늘날에도 수용할 수 있는 규정들이 상당했음에 주목해야 한다.

**《경국대전》** 조선의 헌법인《경국대전》은 조선 건국 직후 편찬이 시작되어 꾸준한 보완과 수정 과정을 거쳐 90여 년 만에 완성되었으며 영조 대에《속대전》이 완성되기까지 조선 사회의 근간이 되었다.

15세기에 완성·반포된《경국대전》은 이후 250여 년 동안 조선의 헌법으로 기능하다가 18세기 영조 대에 이르러《속대전(續大典)》을 통해 내용 일부가 보완되었다. 이는 성헌존중주의라는 조선의 시대의식과 《경국대전》의 법체계가 그만큼 짜임새 있었음을 확인할 수 있다.

●

《경국대전》 편찬사업

세조(世祖, 1417~1468, 재위 1455~1468)는 즉위 후 참모 양성지(梁誠之,

1415~1482)의 건의를 받아들여 법제의 기본 조사 및 확립의 필요성을 인식한 뒤 국가 차원에서 법전 편찬 사업을 주도하기 시작했다. 1457년 (세조 3)에는 육전상정소(六典詳定所)를 설치하고《경국대전》편찬에 착수하여, 〈호전〉과 〈형전〉을 차례로 완성하여 시행했다. 1466년(세조 12) 말에는 재교열하여 완성한《경국대전》을 2년 뒤부터 시행하기로 했다. 그러나 세조의 죽음으로 예종(睿宗, 1450~1469, 재위 1468~1469) 때에 다시 《경국대전》을 손질했고, 마침내 1482년(성종 13)에 전체적인 수정 작업을 완료하고, 1485년 1월부터 법률의 시행에 들어갔다.

이처럼《경국대전》을 완성하기까지 진통이 많았던 것은 영구히 지킬 만한 법전을 만들려는 의지가 컸기 때문이다. 서거정(徐居正, 1420~1488) 은《경국대전》의 서문에서 "법조문이 번잡하고, 앞뒤가 모순되어 하나로 통일되지 않았다"라며 통일된 법전의 필요성을 밝히면서, "이제 헤아려 더할 것은 더하고 뺄 것은 빼고 변통할 것을 모아서 만세의 성법을 만들고자 했다"라고 밝히고 있다.

《경국대전》은 〈이전(吏典)〉·〈호전(戶典)〉·〈예전(禮典)〉·〈병전(兵典)〉· 〈형전(刑典)〉·〈공전(工典)〉의 6전 체제로 구성되었는데, 이는 정도전이 《조선경국전》에서 제시한 6전 체제를 그대로 수용한 것이었다. 1394년 《조선경국전》에서 시작된 법전 편찬이 1485년《경국대전》으로 완성을 보았으니, 90년의 세월이 투자된 셈이었다.《경국대전》의 완성은 법치주의를 표방한 조선왕조에서 통치규범체계가 확립·안정되었음을 보여주는 중요한 지표다.

조선왕조는《경국대전》이후에도《속대전(續大典)》(영조 대),《대전통편(大典通編)》(정조 대),《대전회통(大典會通)》(고종 대) 등 세 차례 더 법전을 편찬했다. 그러나《속대전》부터《대전회통》에 이르기까지《경국대전》의 골격은 그대로 유지되었다.《대전회통》을 살펴보면《경국대전》부터 실렸던 조문은 '원(原)'으로,《속육전》에서 보충된 내용은 '속(續)'으로,《대전통편》의 보충 내용은 '증(增) 그리고 마지막《대전회통》에 첨가된 내용은 '보(補)'로 표시함으로써, 조선시대 4대 법전의 내용과 변화상을 일목요연하게 파악할 수 있게 했다. 또한 변혁하거나 폐지된 조문은 원문을 삭제하지 않고 '금혁(今革)', '금폐(今廢)'라는 표현을 써서 주를 달았다. 이것은 조선시대 법전의 첫 출발점인《경국대전》이 그만큼 짜임새 있는 체제를 갖추었기에 가능한 일이며, 이러한 법 정신은 조선왕조 500년을 지탱하는 주춧돌이 되었다.

●

## 효율성을 꾀한 6전 체제

이제《경국대전》의 내용을 구체적으로 살펴보자.《경국대전》에는 총 319개의 법조문이 〈이전〉·〈호전〉·〈예전〉·〈형전〉·〈병전〉·〈공전〉 6전 체제로 나뉘어 실려 있다. 〈이전〉은 내명부(內命婦)와 외명부(外命婦), 중앙과 지방의 관제, 관리의 임면에 관한 규정 등을 기록하고 있는데, 첫 부분에 빈(정1품)·귀인·소의·숙의·소용·숙용·소원·숙원 등 후궁의 품계와 상궁(5품) 등 궁중 전문직 여성들의 품계가 기록된 점이 흥미롭다. 여성들의 품계가 법전의 첫 부분에 기록된 것은 이들이 왕과 가까운 관계에 있었기 때문으로 보인다.

〈호전〉은 세금제도와 관리들의 녹봉·토지·가옥·노비매매 등에 관

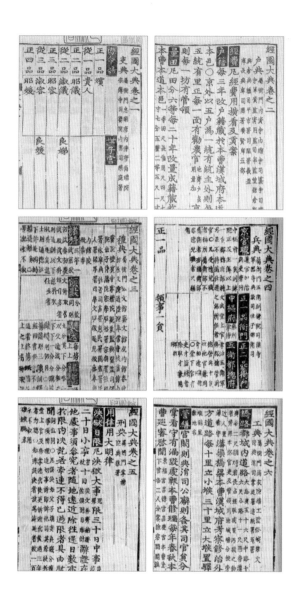

**《경국대전》** 왼쪽 상단부터 〈이전〉, 〈호전〉, 〈예전〉, 〈병전〉, 〈형전〉, 〈공전〉. 〈이전〉은 내명부와 외명부, 중앙과지방의관제, 〈호전〉은 세금제도와 녹봉·토지, 〈예전〉은 과거제도·외교제례·혼인, 〈병전〉은 국방·군사, 〈형전〉은 형벌·재판, 〈공전〉은 도로·교통·건축·도량형 등에 관한 내용을 담고 있다.

한 사항으로, 오늘날 기획재정부 등 경제 관련 부처에서 관장하는 사항을 주로 기록하고 있다. 〈예전〉은 과거제도·외교·제례·상복· 혼인 등에 관한 사항으로, 오늘날 문화체육관광부나 외교부의 추진 업무와 흡사하다.《경국대전》은 다른 어떤 부분보다 〈예전〉에 관한 내용이 비중을 많이 차지하고 있는데, 이는 조선이 성리학 이념을 바탕으로 건국된 만큼 예치주의(禮治主義)에 입각해 국가를 운영하겠다는 의지가 담긴 것으로 볼 수 있다.

이외에 국방·군사에 관한 사항을 기록한 〈병전〉, 오늘날 법무부의 소관 사항에 해당하는 형벌·재판·노비·재산상속법에 관한 규정을 정리한 〈형전〉, 도로·교통·건축·도량형 등 건축과 산업 전반에 관한 사항을 기록한 〈공전〉이 차례로 이어진다.

《경국대전》이 6전 체제인 것은 조선의 중앙과 지방의 정치 구조와 행정 조직이 모두 6조 체제로 구성되어 있었기 때문이다. 조선 사회는 중앙의 6조를 비롯해서 지방의 수령 산하에도 이방·호방·예방·병방·형방·공방 등 6방을 두었는데, 법전 또한 이러한 행정조직의 체계에 맞춰 규정함으로써 정치와 행정의 효율성을 꾀하고 백성들의 생활규범을 쉽게 정리하려 했다.

●

## 시대를 앞서간 합리성

《경국대전》의 내용 가운데는 오늘날의 시각에서 볼 때 흥미로운 조항이 여럿 있다. 먼저 〈형전〉을 살펴보자. 공노비와 관련해서는 노비의 출산휴가에 관한 규정이 있다. 즉, 부녀자가 임신한 경우 출산 전 30일, 출산 후 50일 등 총 80일의 휴가를 주고 남편에게도 산후 15일의 휴가를 준다는 규정이 있다. 오늘날 육아휴직제도는 2001년에 처음 도입되었는데, 조선시대에는 노비에게까지 출산 휴가를 준다고 명문화한 점이 매우 놀랍다. 또 〈형전〉에는 사형수에 대해 오늘날의 삼심제도(한 사건에 대하여 세 번의 심판을 받을 수 있는 심급 제도)와 같은 삼복제(三覆制)가 규정되어 있다. 즉, 1심·2심·3심을 각각 초복(初覆)·계복(啓覆)·삼복(三覆)이라고 해서, 1차로 일선 관청에서 판결한 것을 형조가 재심한 다음 의정부에 보고하고, 좀 더 자세하게 조사한 다음 왕에게 보고하면 왕의 지시에 따라 의금부가 삼심으로 판결하도록 했다. 삼심제도는 백정이나 노비 같은 천한 신분이라 할지라도 똑같이 적용되었다. 실제로《조선왕조실록》에 따르면 신분의 귀천에 관계없이 백정이나 노비의 사형에 관한 논의가 왕실에서 이루어졌는데, 이를 통해《경국대전》의 규정이 실제로 적용되었음을 알 수 있다. 이 밖에도 사천(私賤, 개인이 소유한 노비)에 관한 내용을 살펴보면, 노비를 분급(分給)할 때에도 자녀에게 균분상속할 것을 규정하고 있는 점이 주목된다. 이는 조선 전기까지만 해도 재산 상속에서 남녀의 차별이 없었음을 보여주는 중요한 사료이다. 15세기에 편찬된 족보《성화보(成化譜)》역시 조선 후기의 족보와 달리 남녀의 구분을 두지 않고 출생순으로 남녀를 기록하고 있는데, 이러한 사례에서 장자(長子) 중심으로 재편된 조선 후기 사회와 조선 전기 사회의 차이점이 발견된다.

이어서 〈예전〉의 과거제도에 관한 규정을 살펴보면, 과거 응시가 원천적으로 금지된 사람들 가운데 장리(贓吏, 뇌물을 받은 관리)의 자손이 포함되어 있다. 장리의 후손일 경우 과거 응시 자격마저 박탈함으로써 부정부패에 엄격하게 대처하려는 의지를 내비친 것이다. 초시 합격자의 경우 인구수에 따라 지역별 합격자 수를 배정하는 쿼터제도를 시행했는데, 이 또한 지역 차별 문제가 계속 이슈가 되고 있는 오늘날 상당히 음미할 만한 내용이다. 《경국대전》에 의하면, 생원과와 진사과 초시의 경우 합격자 700명을 도별로 안배했는데 한성부 200명, 경기도 60명, 충청도 90명, 전라도 90명, 경상도 100명, 강원도 45명, 평안도 45명, 황해도 35명, 함경도 35명으로 합격자 수를 할당했다. 문과도 마찬가지였다. 초시 합격자 240명의 경우에는 성균관 50명, 한성부 40명, 경기도 20명, 충청도 25명, 전라도 25명, 경상도 30명, 강원도 15명, 평안도 15명, 황해도 10명, 함경도 10명으로 역시 인구수에 의한 지역별 쿼터제도를 적용하고 있다. 그 후에 생원과와 진사과 합격자 각 100명과 문과 합격자 33명을 지역별 안배 없이 철저히 시험 성적순으로 뽑았다. 이를 통해 조선의 과거제도가 지역별 안배와 능력중심주의를 적절히 배합했음을 알 수 있다. 무엇보다 이러한 내용을 《경국대전》에 명문화했다는 점에서 인재 선발에 대한 조선 정부의 의지가 엿보인다.

〈예전〉에는 기록물 보관에 관한 규정도 있다. '장문서(藏文書)' 조항에는 "춘추관의 시정기(時政記)와 승문원 문서는 매 3년마다 인쇄하여 해당 관아와 의정부 및 사고(史庫)에 간직한다"라는 규정이 있으며, "무릇 인쇄된 책은 따로 융문루(隆文樓)와 융무루(隆武樓)에 간직하고, 의정부·홍문관·성균관·춘추관과 여러 도의 으뜸이 되는 고을에 각 1부씩 간직한다"라는 규정이 있어 기록물을 분산 보관함으로써 기록물 보전에 만전을 기했다. 실제 《조선왕조실록》이나 의궤 같은 주요 기록물을 서울의 춘추관은 물론 지방 외사고(外史庫) 4곳에 나눠 보관함으로써, 수차례 일어날 전란과 병화에도 현재까지 원본이 온전히 보존될 수 있었다.

〈예전〉의 혼가(婚嫁)에 관한 규정도 흥미롭다. "남자 나이 15세, 여자 나이 14세가 되면 바야흐로 혼인을 허락한다. 만약 양가의 부모 한 사람이 오래된 병이 있거나 혹은 나이가 쉰이 차고 자녀가 12세 이상이 된 자는 관에 신고하여 혼인할 수 있다"라고 규정하여 조선시대의 법적 혼인연령이 남자 15세, 여자 14세로 오늘날보다 훨씬 낮았음을 알 수 있다. 그러고 보면 《춘향전》의 주인공 이몽룡과 춘향의 나이가 이팔 청춘, 즉 16세인 것도 조선시대에서는 지극히 자연스러운 것이었다. 이들의 혼인연령은 법적으로 아무 문제가 없는 것이다. 이 밖에 아내가 사망한 뒤에는 "사대부로서 처가 죽은 자는 3년 뒤라야 다시 장가갈 수 있다"라고 규정하여 즉시 혼인을 할 수 없게 했지만, "만약 부모의 명에 의하거나 나이가 마흔이 넘어서도 아들이 없는 자는 1년 뒤에 다시 장가 드는 것을 허락한다"라고 하여, 어느 정도 융통성을 두었음을 알 수 있다.

특히 《경국대전》에는 관리의 비리에 관해 엄격한 조항을 많이 두었다. 〈호전〉에는 세무비리 공무원에 관한 재산 몰수 규정이 있다. 즉, 백성들이 세금으로 낸 쌀이나 곡식 등을 중간에 가로챈 자는 비록 본인이 죽더라도 그 아내와 자식에게 재산이 있으면 강제로 몰수할 수 있게 했다.

〈형전〉에서는 분경금지법이 주목된다. '분경'이란 '분추경리(奔趨競利)'의 줄임말로 분주히 쫓아다니며 이익을 다툰다는 말인데, '형전'의 금제(禁制) 조항에 "분경하는 자는 장 100대, 유배 3,000리에 처한다"라고 규정하여 권세가문에 드나들면서 정치적 로비를 일삼는 것을 원천적으로 봉쇄했다. 대통령의 측근을 비롯한 권력자 친인척들의 부정부패가 끊일 날이 없는 현대의 정치 상황과도 대비되는 부분이다.

《경국대전》에는 사치의 방지를 위해 노력했던 당시의 시대상이 잘 나타나 있다. 〈예전〉에는 정해진 복식을 어길 경우 그에 해당하는 형벌을 규정하고 있다. 특히 "금·은 같은 사치스러운 물품을 사용하거나 당상관 이하의 자녀가 혼인할 때 사라능단과 같은 비단을 사용하면 장 80대에 처한다"라고 세세하게 규정했다. 또한 환갑잔치나 혼인, 제향 때 외에 유밀과(油蜜果, 쌀가루를 반죽하여 말린 것을 기름에 튀겨서 꿀이나 조청을 바르고 튀밥이나 깨고물을 입힌 과자)를 사용하는 자는 장 60대에 처하도록 규정했는데, 음식에서조차 사치를 법으로 규제한 셈이다. 《경국대전》에서 법제화된 사치 방지 규정은 이후로도 계속 이어져 《속대전》, 《대전후속록(大典後續錄)》 등에도 사치 정도에 따라 조치와 형벌을 규정했다.

이 밖에도 크게 벌을 받는 행위에 관하여 세세하게 규정했는데 이는 《경국대전》 〈형전〉에서 확인할 수 있다.

사사로이 관부(官府)에 출입하는 자(부·자·서壻·형제는 이 제한을 받지 아니한다), 유생·부녀로서 절에 올라가는 자, 조정의 관리로서 궁중에서 내보낸 시자(侍者)나 무수리를 데리고 사는 자, 문서를 헐어 다시 종이로 만든 자, 도성 안에서 야제(野祭, 병에 걸리거나 사람이 죽었을 때 집 밖에서 벌이는 굿판. 대개 승려를 불러 불사佛事와 함께 벌였다)를 행한 자, 사족(士族, 선비나 무인의 집안)

의 부녀로서 산간이나 물가에서 놀이·잔치를 하거나 야제, 산천·성황당의 사묘제(祠廟制)를 직접 지낸 자, 과거 시험장의 이전(吏典, 중앙 관청의 하급서리)·복예(僕隷, 중앙 각 관청에 배속된 노비)로서 문제를 누설하여 서로 통한 자, 고의로 검찰 조사를 하지 아니한 자는 모두 장 100대에 처한다.

이러한 규정에서는 유교적 이념에 위배되는 불교나 음사(淫祀) 행위를 철저히 규제하고 있는 점이 유독 주목된다.

**3**

# 용재총화 恛齋叢話

당대의 생활·제도·풍속·인물의
모든 것을 담다

●

# 성현은 누구인가?

성현(成俔)은 조선 전기 세조 대부터 연산군 시대의 학자이자 예술인으로, 《용재총화(慵齋叢話)》, 《악학궤범(樂學軌範)》, 《허백당집(虛白堂集)》, 《부휴자담론(浮休子談論)》 등을 썼다. 이 저작들에서 그가 여러 분야에 해박한 학자였음을 짐작할 수 있다. 성현이 저술한 여러 저작 가운데 《악학궤범》이 가장 잘 알려져 있는데, 이러한 탓에 다른 저작들이 빛을 발하지 못하기도 했다. 성현의 자는 경숙(磬叔)이며, 호는 용재(慵齋)·허백당(虛白堂) 등을 다양하게 사용했다. 시호는 문재(文載)이다. 본관은 창녕(昌寧)으로, 이 가문은 고려 말과 조선 전기의 대표적인 명문가였다. 고조부였던 성여완(成汝完)은 고려 말 문하시중을 지냈고, 창녕부원군 성여완의 세 아들 성석린(成石璘), 성석용(成石瑢), 성석인(成石因) 때에 가문이 번창했다. 그러나 성석린과 성석용의 아들들이 모두 사육신 사건과 연루되어 몰락의 길을 걸었다. 다행히 성석인 계통은 화를 면했고, 성엄(成揜)과 성념조(成念祖)가 다시 가문을 부흥시켰다. 성현의 작은아버지 성봉조(成奉祖)는 세조와 동서 사이가 되면서 왕실과도 교분을 맺었다. 성현은 《용재총화》에서, "지금 문벌이 번성하기로는 광주 이씨(廣州李氏)가 으뜸이고, 그다음으로는 우리 성씨(成氏)만 한 집안도 없다" 하며 가문에 대한 깊은 자부심을 표현했다.

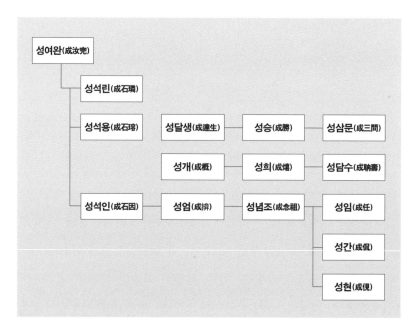

**성현의 가계도**(중요 인물만 표시)

성현은 1439년(세종 21) 지중추부사를 지낸 성념조와 순흥 안씨의 3남 가운데 막내로 태어났다. 외가인 순흥 안씨 또한 명문가로 어머니는 안유(安裕)의 손녀이며, 성현의 처가는 한산 이씨로, 부인이었던 이씨는 목은 이색(李穡, 1328~1396)의 현손녀이기도 했다. 성현이 태어난 곳은 확실하지 않으며, 지금의 중림동 약현성당 근처인 약전에서 살았다. 그는 12세에 부친을 잃고 열여덟 살 위인 큰형 성임(成任, 1421~1484)을 아버지처럼 모시고 살았다. 어린 시절에는 김수온을 비롯하여 형들의 친구인 강희맹, 서거정 등 훈구파 학자 아래서 학문을 배웠다. 특히 김수온에게는 음악, 강희맹에게는 그림, 서거정에게는 문장의 영향을 많이

받았다. 후에는 당대의 사림파 학자로 명망이 높았던 김종직, 유호인과
도 교유했다.

성현은 1462년(세조 8) 23세 때 식년문과에 급제하며 관직에 진출했
다. 1468년(예종 즉위년) 30세에 경연관이 되었는데, 큰형 성임을 따라 명
나라 북경으로 가는 기회를 잡았다. 이후 명나라에 가는 길에 지은 기
행시를 엮어 《관광록(觀光錄)》으로 편찬했다. 1475년(성종 6)에는 한명
회를 따라 재차 북경에 다녀왔는데, 중국으로의 사행 경험은 성현의 학
문에 크게 영향을 주었던 것으로 보인다. 1476년 문과중시에 병과로 급
제하면서 관직생활은 더욱 탄탄해졌다. 1488년(성종 19) 평안도관찰사
로 있을 때는 명나라 사신 동월(董越)과 왕창(王敞)을 접대하며 서로 시
를 주고받았는데, 그의 시는 명나라 사신들을 탄복시켰다고 한다. 같은
해 동지중추부사로 사은사가 되어 다시 명나라에 다녀온 뒤에는 대사
헌을 거쳐 1493년(성종 24)에 경상도관찰사가 되었다. 당시 유자광은 "경
상도관찰사는 다른 사람이 할 수 있지만 장악원(장악 기관의 하나)의 제
조는 성현이 아니면 불가능합니다"라며 성현의 음악적 자질을 높이 평
가했고, 결국 성현은 예조판서와 장악원제조를 겸직했다. 《악학궤범》
은 이때 편찬한 것이다. 연산군 즉위 후 성현은 한성부판윤을 거쳐, 공
조판서가 된 뒤 대제학을 겸임했으며, 1504년(연산군 10)에는 《용재총화》
를 저술했다. 죽은 뒤 수개월 만에 갑자사화가 일어나 부관참시를 당했
으나 뒤에 신원되었고, 청백리에 뽑히기도 했다.

성현은 기질이 호방하고 장난을 잘 쳐 "미친 듯 어지럽다"라고 비난
받기도 했다. 이런 기질은 《용재총화》 서문에도 잘 드러나는데, 《용재
총화》를 "심심풀이로 보기에 족하다"라고 표현하여 이 책에 여러 흥미

**《용재총화》** 성현의 진면목은 당대의 풍속과 제도, 인물에 관해 모든 것을 정리한 《용재총화》에서 잘 드러난다. 《용재총화》에는 전설과 민담, 소화, 전기소설 등 다양한 이야기가 실려 있다.

로운 이야기를 담았음을 표현했다.

●

## 《용재총화》의 저술 배경

《용재총화》는 말 그대로 '총화(叢話)', 즉 성현이 보고 들은 여러 이야기를 기록한 책이다. 특히 이 책은 당대 조선 사회의 일상을 파노라마처럼 보여준다는 점에서 가치를 높게 평가받고 있다. 성현은 평소 여러 책을 섭렵하고 여행하기를 좋아했으며, 네 차례에 걸친 중국 사행을통해 견문을 넓혔다. 또한 고려시대부터 내려온 패관잡기(稗官雜記)류의 전통을 이어받아 관직생활, 풍속, 인물, 생활사에 얽힌 여러 이야기에 깊은 관심을 가졌다. 형님들이 패관잡기를 저술한 것도 성현에게 크게 영향을 주었다. 큰형 성임은 중국의 《태평광기(太平廣記)》를 정리하여 《태평통재(太平通載)》를 간행했으며 둘째 형 성간과 집현전 시절 골계류와 패설류를 많이 읽었다.● 이러한 집안 분위기에서 성현 또한 자연스럽게 주변의 이야기에 관심을 두고 이를 모아 《용재총화》를 편찬할 수 있었다.

《용재총화》에는 전설과 민담, 소화(笑話, 짧은 이야기), 전기소설 등 다양한 이야기가 실려 있다. 이 가운데 전설과 민담은 비현실적인 내용이 주를 이뤘는데, 성현이 유학자여서인지 소재를 선택하는 데 매우 자유로웠음을 알 수 있다. 일례로 소화나 일화는 현실의 이야기를 담고 있는데, 소화에 등장하는 주인공들은 남에게 속거나 조롱당하는 상황으로 웃음을 주는 경우가 대부분이다. 일화는 성현이 살아갔던 시대의 주요한 사건과 인물의 행적을 직접 기록한 것으로, 성현이 현실을 바라보는 시각이 나타나 있다. 1456년(세조 2)에 일어난 단종복위운동을 '병자지란(丙子之亂)'이라고 표현한 것은 성현의 훈구파적인 입장을 잘 보여준다.

성현은 성종 대에 《동국여지승람(東國輿地勝覽)》의 편찬자 가운데 한 사람이었고, 조선의 대표적인 음악이론서인 《악학궤범》을 저술한 만큼 국가에서도 인정받는 인물이었다. 16세기의 대표 문장가인 최립(崔岦, 1539~1612)은 그의 문집인 《간이당집》 서문에서 "국조(國朝, 당대의 조정을

● 홍순석, 〈용재총화 연구〉, 《국어국문학학회》 98호, 1987, 107쪽

일컬음)의 문장은 비교적 성대했다고 말할 만하다. 그러나 그중에서 오직 점필(佔畢, 김종직)·괴애(乖崖, 김수온)·사가(四佳, 서거정)·허백(虛白, 성현) 등 서너 분의 공만이 대가의 대열에 끼인다고 일컬어져 올 뿐이다"라고 하여 성현을 높이 평가했다.

●

## 조선의 사회상을 있는 그대로 기록에 담다

《용재총화》에는 총 324편의 글이 10권에 나누어 수록되어 있다. 각 권은 일정한 주제 없이 구분되어 있으며 저자가 평소에 쓴 글을 자유롭게 모아둔 형식이다. 각 권의 글 또한 일정한 순서 없이 서술되어 있다. 고려 때부터 성현이 살았던 조선 성종 대까지 형성되고 변화된 민간 풍속을 비롯하여 문물과 제도, 문화, 역사, 지리, 학문, 종교, 문학, 음악, 서화 등 풍속과 생활, 문화 전반에 걸쳐 다양한 내용을 다루었다. 특히 인물에 관한 일화는 책 내용의 절반을 차지할 정도로 분량이 많아 당대의 인물 평가서와 같은 역할을 하고 있다.

1권의 첫 부분에는 경학(經學, 사서오경을 연구하는 학문)과 문장의 관계에서 시작해, 역대 문장가, 서예가, 화가, 음악가에 관한 이야기를 기록하고 있다. 특히 화가와 음악가에 관한 이야기가 문장가 못지않게 많이 등장하는데, 예술인을 중시했던 조선 전기 지성사회의 분위기를 엿볼 수 있다. 성현은 예술가의 타고난 자질을 중요하게 여겼다. 이를테면 "물상(物像, 자연 경치)을 묘사하는 것은 하늘에서 타고난 재질이 있는 사람이 아니면 잘할 수 없다"라거나 "음악은 여러 기술 가운데서도 가장 배우기 어려운 것이다. 타고난 자질이 있지 아니하면 그 진취를 얻을 수 없다"라고 기록한 것이 대표적이다.

《용재총화》1권에서 한양의 명승지에 대한 기록도 눈여겨보아야 한다.

한성 도중(都中)에 좋은 경치가 적기는 하나 그중에서 삼청동(三淸洞)이 가장 놀기 좋고, 인왕동(仁王洞)이 그다음이며, 쌍계동(雙溪洞)·백운동(白雲洞)·청학동(靑鶴洞)이 또 그다음이다. 삼청동은 소격서(昭格署) 동쪽에 있다. 계림제(鷄林第) 북쪽의 어지러이 서 있는 소나무 사이에서 맑은 샘물이 쏟아져 나온다. 물줄기를 따라 올라가면 산은 높고 나무들은 조밀한데, 깊숙한 바위 골짜기를 몇 리 못 가서 바위가 끊어지고 낭떠러지가 된다. 물이 벼랑 사이로 쏟아져 흰 무지개를 드리운 듯한데, 흩어지는 물방울은 구슬과 같다. …… 인왕동은 인왕산 밑에 있는데, 굽이쳐 도는 깊은 골짜기가 있다. 복세암(福世庵)은 골짜기 물이 합쳐져 시내를 이루는 곳이며, 서울 사람들이 다투어 와서 활쏘기를 한다. …… 성 밖 놀 만한 곳으로는 장의사(藏義寺) 앞 시내가 가장 아름답다. 시냇물이 삼각산(三角山) 여러 골짜기에서 흘러나오고 골짜기 속에 여제단(厲祭壇)이 있으며, 그 남쪽에 무이정사(武夷精舍)의 옛터가 있다. 절 앞에 돌을 쌓은 것이 수십 길이나 되어 수각(水閣)을 이루고 절 앞 수십 보 떨어진 곳에 차일암(遮日岩)이 있는데, 바위가 절벽을 이루어 시내를 베고 있는 것 같으며, 바위 위에 장막을 둘렀던 우묵한 곳이 있다. 바위가 층층으로 포개져 계단과 같으며, 흐르는 물이 어지러이 쏟아지는데, 맑은 날의 우레처럼 귀를 시끄럽게 한다. 물은 맑고 돌은 희어 선경(仙境)이 완연하니, 와서 노는 사대부들이 그치지 않는다.

이 기록을 보면 성현이 살았던 600년 전 한양의 명승지가 지금도 이어지고 있음을 알 수 있다. 성현이 명승지로 묘사한 삼청동, 인왕산, 세검정 일대의 지역은 18세기 정선의 화폭에도 자주 등장하며, 오늘날에도 서울에서 비경을 간직한 곳으로 손꼽힌다.

아울러 《용재총화》에는 승정원, 집현전, 홍문관 등 주요 관청의 역사는 물론 관청에 담긴 일화를 비롯해 과거제도의 구체적인 모습, 신참례(新參禮) 같은 풍속까지 세밀히 기록되어 있다. 이 점은 《용재총화》의 가치를 더욱 높여준다. 신참례에 관한 기록을 보자.

> 옛날에 신입자(新入者, 새로 문과에 급제한 사람)를 제재한 것은 호사(豪士)의 기를 꺾고 상하의 구별을 엄격히 하여 규칙을 따르게 하는 것이었다. 바치는 물품이 물고기면 용(龍)이라 하고 닭이면 봉(鳳)이라 했으며, 술은 청주이면 성(聖)이라 하며 탁주이면 현(賢)이라 하여, 그 수량도 한이 있었다. 처음으로 관직에 나가는 것을 허참(許參)이라 하고 10여 일이 지나 구관(舊官)과 자리를 같이하는 것을 면신(免新)이라 하여 그 정도가 매우 분명했다. 그런데 오늘날에는 사관(四館, 성균관·예문관·승문관·교서관)뿐만 아니라 충의위(忠義衛)·내금위(內禁衛) 등 여러 위(衛)의 군사와 이전(吏典)의 하급인들도 새로 배속된 사람을 괴롭혀서 여러 가지 귀하고 맛있는 음식을 졸라서 바치게 하는 데 제한이 없어 조금이라도 마음에 흡족하지 않으면 한 달이 지나도 동좌(同坐)를 불허하고, 사람마다 연회를 베풀게 하되 만약 기악(妓樂)이 없으면 간접으로 관계되는 사람에게 책임을 추궁하는 것이 끝이 없다.

특히 오늘날 검찰에 해당하는 사헌부에서 신참례를 심하게 했다.《용재총화》에는 "감찰이라는 것은 옛날의 전중시어사(殿中侍御史)의 직책인데, 그중에서 직급이 높은 자가 방주(房主)가 된다. 상·하의 관원이 함께 내방(內房)에 들어가 정좌하며 그 외방(外房)은 배직한 순위에 따라 좌차(坐次, 좌석의 순서)를 삼는데, 그중에서 수석에 있는 사람을 비방주(枇房主)라 하고, 새로 들어온 사람을 신귀(新鬼)라 하여, 신귀를 여러 가지로 욕보인다. 방 한가운데서 경홀(擎笏)이라 하여 서까래만 한 긴 나무를 귀(鬼)로 하여금 들게 한다. 이것을 들지 못하면 귀는 선생 앞에 무릎을 내놓아야 하며 선생이 먼저 주먹으로 이를 때린 뒤 윗사람에서 아랫사람으로 내려간다. 또 귀로 하여금 물고기 잡는 놀이를 하게 하는데, 귀는 연못에 들어가 사모(紗帽, 관복을 입을 때 쓰는 모자)로 물을 퍼내어 의복이 모두 더러워진다. 또 거미 잡는 놀이를 하게 하는데, 귀로 하여금 손으로 부엌 벽을 문지르게 하여 두 손이 옻칠한 것처럼 검어지면 물에 손을 씻게 한다. 그 물이 아주 더러워져도 귀로 하여금 마시게 하니 토하지 않는 사람이 없다"라고 기록되어 있다.

이 밖에도 궁중에서 행해지던 처용희(處容戲), 나례(儺禮, 귀신을 쫓는 의식)를 비롯해 민간에서 행해지던 세시풍속까지《용재총화》에 상세히 기록되어 있다. 성현은 세간에 유행하는 풍속을 비롯해 세속의 고사에도 관심을 기울였으며 이러한 이야기를 높이 평가했다. "속담에 '아침에 마신 술은 하루의 근심이요, 맞지 않는 가죽신은 1년의 근심이요, 성질 나쁜 아내는 평생의 근심이다'는 말이 있으며, '배가 부른 돌담과 말 많은 아이와 헤픈 주부는 쓸모가 없다'라는 말이 있는데, 말은 비록 속되나 역시 격언이다"라고 한 부분이 대표적이다.

3권부터는 인물 이야기가 많이 등장한다. 고려 시중 강감찬이 늙은 중으로 둔갑한 호랑이를 격퇴한 이야기, 신돈(辛旽)의 호색(好色), 최영의 홍분(紅墳, 풀이 없는 벌거벗은 무덤), 정몽주의 죽음 등 고려시대 이야기부터 성종 대 최대의 성 스캔들이었던 어우동 이야기까지 상세히 기록되어 있다. 이 밖에 소경의 아내가 남편을 속이고 통간한 이야기, 처녀의 음란한 시 등 유학자가 그대로 기록하기 힘든 이야기를 많이 싣고 있다.

《용재총화》에 이러한 내용들이 실릴 수 있었던 것은 성현이 유학자임에도 다양한 학문과 사상에 관심을 두고 있었기에 가능했던 것이다. "음식과 남녀 관계는 인간의 큰 욕망으로 누구에게나 존재하는 것이다"라고 표현한 부분에서는 자유분방한 유학자 성현의 모습이 잘 드러나 있다.《용재총화》에는 불교에 관한 이야기도 자주 등장한다. 불교의 폐단을 지적하는 내용도 있지만, 승려와 문인의 교류하는 내용이 다수 수록되어 있어서 불교에 대한 배척이 심하지 않았던 당시의 시대 분위기를 느끼게 한다. 빙고(氷庫), 온천, 여의(女醫), 독서당, 활자의 종류, 토산물, 일본의 풍속, 야인의 풍속 등 흥미로운 소재 선택도 눈에 띄는 부분이다.

《용재총화》에는 성현의 기록 정신이 무엇보다 돋보인다. 성현은 당대까지 전해오는 이야기를 걸러냄 없이 그대로 서술하여 정확하고 역동적으로 사회를 보여주었다. 대부분의 유학자가 유교적 이념에 걸맞은 이야기만 골라 기록한 것과 다르게, 성현은《용재총화》에 '술이부작(述而不作, 기록하되 지어서 쓰지 않는다)'의 관점을 견지했다. 그동안 성현은《악학궤범》의 저자이자 조선 전기 음악을 집대성한 학자로 널리 알려져 있었다. 그러나《용재총화》를 보면 그가 얼마나 다양한 분야에 관심을 두고 자유롭게 당대의 모습을 전달했는지 확인할 수 있다. 성현과 같은 인물이 재조명되고, 그의 저술이 폭넓게 활용된다면 조선 전기를 살았던 사람들의 삶의 모습이 보다 생생하게 우리에게 다가올 것이다.

**4**

# 해동제국기 海東諸國記

국제 감각과 외교 역량이 응축된
대일외교지침서

●

# 조선 전기 최고의 지성이자 탁월한 외교 전문가 신숙주

신숙주(申叔舟, 1417~1475)는 세종 대에서 성종 대에 걸쳐 15세기 학문과 문화사업을 주도한 인물이자 집현전을 대표한 학자이다. 그러나 우리는 수양대군의 불법적인 왕위 찬탈에 적극 저항하지 못한 나약한 지식인 신숙주를 기억한다. 역사 교과서나 드라마에 등장하는 신숙주는 대개 그런 모습이기 때문이다. 더구나 불사이군(不事二君)의 충절을 지킨 사육신의 정신이 16세기 사림들에 의해 계승된 후로는 15세기를 주도한 신숙주의 학술·문화·외교적 업적이 제대로 조명되지 못한 게 사실이다.

실상 신숙주는 조선 전기 지성을 대표하는 학자로서, 역사·어학·외교·경제 등 다방면에서 재능을 발휘했다. 《동국통감》이나 《경국대전》 같은 15세기 편찬사업의 중추를 완성했을 뿐만 아니라, 중국어·일본어·여진어에 두루 능통하여 외교 일선에서도 크게 활약했다.

1471년(성종 2) 신숙주가 왕명으로 편찬한 《해동제국기(海東諸國記)》에는 그의 뛰어난 외교적 자질이 잘 녹아 있다. 그는 세종 대에 일본을 다녀온 경험을 바탕으로 고사(古史)나 각종 문헌을 참고하고 현실적인 외교관례 등을 참작하여 이 책을 완성했다. 그리하여 대일외교의 모범서와도 같은 역할을 했으며, 현재에는 일본의 에도시대 연구자들이 한일

관계를 연구하는 데 유일한 자료로 이용하고 있다.

15세기 말 성종은 편찬사업을 통해 조선의 문화를 정리하고자 신숙주에게 해동제국과 왕래한 내력, 접촉할 때의 의례 등을 모아 책으로 편찬할 것을 명했다. 신숙주가 세종 대에 서장관(書狀官)으로 일본에 갔던 사실을 주목한 것이다. 그는 세종 대부터 집현전에서 성장한 학자로서, 학술·문화정책을 입안했으며 난마처럼 얽혀 있던 일본과 여진 외교의 실타래를 풀어간 인물이었다.《조선왕조실록》에는 신숙주가 외국 사신 접대나 주요 외교협정 체결에 중추적 역할을 한 인물이었음을 자세히 기록하고 있다.《연려실기술(燃藜室記述)》에 따르면 "신숙주는 중국어·일본어·몽고어·여진어 등에 두루 능통하여 통역이 없어도 뜻을 통할 수 있었다"하여 그의 뛰어난 외교적 자질과 학식을 짐작할 수 있다.

1443년(세종 25) 신숙주는 세종의 명을 받들어 일본으로 가는 배에 몸을 실었다. 그간 병마에 시달리다가 회복된 지 얼마 되지 않아 가족들도 긴 여행을 우려했으나 그는 흔쾌히 명을 받들었다. 그의 나이 27세였다. 당시 그는 기록관에 해당하는 서장관으로, 통신정사(通信正使)와 부사(副使)에 이어 외교 사신 가운데 서열 3위에 해당하는 직책에 있었다. 서장관은 외교는 물론이거니와 특히 문장에 뛰어난 사람이 임명되는 직책이었다.

신숙주 일행은 7개월이라는, 당시로서는 짧은 기간에 외교적 목적을 무사히 달성하고 돌아왔다. 특히 쓰시마 도주(島主)와 체결한 계해약조(癸亥約條)는 외교 현안이던 세견선(일본이 해마다 조선에 보내는 배)과 세사미두(해마다 바치는 쌀) 문제를 각각 50척, 200섬으로 해결한 성과였다.

한편 일본에 도착했을 때 그의 명성을 듣고 찾아온 일본인들에게 즉석에서 시를 써주어 감탄시켰다는 일화가 전한다. 이렇듯 대일외교에서 그가 공헌한 바는 "(고려 말에 일본에 사신으로 다녀온) 정몽주와 신숙주는 식견이 넓어 논의 한 번으로 국토를 보전했다"라는 《선조실록》의 기록에서도 단적으로 확인할 수 있다.

《해동제국기》는 신숙주가 일본에 사행(使行)을 다녀온 지 28년 만인 1471년 겨울에 완성되었다. 이처럼 긴 시간이 걸린 것은 《해동제국기》가 단순한 개인 기행문이 아님을 의미한다. 이 책은 신숙주가 일본에 사행을 다녀온 뒤 당시 외교관례 등을 체계적으로 정리한 것으로, 조선 전기 대일외교의 경험이 축적되어 있다. 특히 1471년에 1차 완성을 본 이후 중요한 조약체결 같은 외교 내용이 추가되거나 잘못된 부분을 계속 수정·보완하는 과정을 거쳤다. 이는 《해동제국기》가 기행문의 성격을 넘어 외교관례의 지침서로 쓰인 책이었음을 분명히 하고 있다.

●

## 15세기 일본의 풍속을 고스란히 담다

《해동제국기》는 신숙주가 쓴 서문, 지도 일곱 장, '일본국기(日本國紀)', '유구국기(琉球國紀)', '조빙응접기(朝聘應接紀)'로 구성되어 있다. 신숙주는 서문에서 "동해에 있는 나라가 하나만은 아니나 일본은 가장 오래되고 큰 나라이다. 그 땅은 흑룡강 북쪽에서 시작하여 제주의 남쪽에 이른다. 유구국과 서로 접해 있으며 그 세력이 심히 크다"라고 했는데, 이러한 위치비정(批正)은 1402년(태종 2)에 제작된 〈혼일강리역대국도

**〈혼일강리역대국도지도〉와 〈해동제국총도〉의 일본국 부분**

이 지도는 1402년(태종 2) 5월에 김사형·이무·이회 등이 제작한 현존하는 동양 최초의 세계지도로 알려져 있다. 무엇보다 조선 초기 사람들의 세계관과 지리학 수준을 알 수 있는 귀한 자료로, 한반도를 과장되게 그린 것에서 기개와 자신감을 엿볼 수 있다. 조선과 중국 쪽은 비교적 정확하게 하천과 섬 등을 표기했고, 일본은 아주 작게 그린 반면 당시 조선과 활발한 교류가 이루어지던 유구국(오키나와)을 과장하여 그렸다. 〈혼일강리역대국도지도〉에서는 우리나라 남쪽에 있던 일본이 〈해동제국총도〉에 이르면 훨씬 더 동쪽으로 옮겨져 오늘날 지도에 근접한다. 이것은 신숙주의 일본 사행 경험과 조선 초기 동북방 지역 개척에 따라 그곳 선원들을 통해 얻은 지리 지식이 축적되어 얻은 결과다.

지도(混一彊理歷代國都之圖)〉에 그려진 일본에 비해 훨씬 정확하다.

한편, 《해동제국기》에 실린 일본 지도는 우리나라에서 제작한 목판본 지도로, 현전하는 것 가운데 가장 오래되었으며, 바다에 조선식의 독특한 파도무늬가 그려져 있는 점이 특징이다. 섬과 섬 사이의 상대적인 거리와 방위는 정확하지 않으나 모양이나 위치비정은 매우 수준이 높다.

신숙주가 이 책을 통해 알리고자 했던 바는 무엇이었을까? 《해동제국기》 서문은 그 의도를 일부 짐작케 한다.

그들의 습성은 강하고 사나우며, 무술에 정련하고 배 타기에 익숙합니다. 그런데 우리나라와는 바다를 사이에 두고 서로 바라보게 되었으니, 그들을 도리대로 잘 어루만져주면 예절을 차려 조빙(朝聘)하고 그렇지 않으면 문득 함부로 노략질했던 것입니다. …… 신은 듣건대 "이적(夷狄)을 대하는 방법은 밖으로의 정벌에 있지 않고 내치(內治)에 있으며, 변방의 방어에 있지 않고 조정에 있으며, 전쟁에 있지 않고 기강을 진작하는 데에 있다" 했는데, 그 말이 이제 징험(徵驗, 경험에 비추어 앎)이 됩니다.

신숙주는 이 글에서 일본에 대한 경계와 교린(交隣) 외교의 중요성을 강조하는 한편, 언제 발생할지 모를 전란을 막기 위해 조정의 기강을 바로잡아야 한다는 점을 강조하고 있다. 그는 임종하기 직전까지도 성종에게 "일본과의 화호(和好)를 잃지 마십시오"라는 말을 남겼는데, 어쩌면 임진왜란이 일어나기 100년 전에 이미 일본인의 호전성을 간파하고 일본과의 우호관계를 강조한 것이 아닐까?

《해동제국기》의 〈일본국기〉 편은 일본에 관해 꼭 알아야 할 사항들로 구성되어 있다. 당시 일본의 상징적인 지배자였던 천황과 막부의 실권자였던 국왕의 세계(世系, 대대로 내려오는 계통)를 먼저 기록한 다음, 그들의 풍속과 지방 특산물을 소개하고 있다. 이 부분에서는 당시 일본의 공식연호를 사용하여 일본의 실상에 객관적으로 접근하려는 노력을 보이기도 했는데, 일본 연호를 사용하는 문제는 이후 중국과의 외교에 커다란 장애가 되기도 했다.

신숙주는 특히 일본 풍속에 크게 관심을 보였다.《해동제국기》〈일본국기〉편에 인용된 당시 일본 풍속의 면면을 살펴보자.

> 나라의 풍속은, 천황의 아들은 그 친족과 혼인하고 국왕의 아들은 여러 대신과 혼인한다. …… 무기는 창과 칼 쓰기를 좋아한다. …… 음식할 적엔 칠기를 사용하며 높은 어른에게는 토기를 사용한다. …… 젓가락만 있고 숟가락은 없다. 남자는 머리털을 짤막하게 자르고 묶었으며, 사람마다 단검(短劍)을 차고 다닌다. 부인은 눈썹을 뽑고 이마에 눈썹을 그렸으며, 등에 머리털을 드리우고 다리로써 이어 그 길이가 땅에까지 닿는다. 얼굴을 꾸미는 자는 남녀 모두 이를 검게 물들였다. …… 집들은 나무 판자로 지붕을 덮었는데, 다만 천황과 국왕이 사는 곳과 사원에는 기와를 사용했다. 사람마다 차 마시기를 좋아하므로 길가에 다점(茶店)을 두어 차를 팔게 하니 길 가는 사람이 돈 한 푼을 주고 차 한 주발을 마신다. …… 남녀를 논할 것 없이 모두 그 나라 문자를 익히며, 오직 승려만이 경서를 읽고 한자를 안다. 남녀의 의복은 모두 아롱진 무늬로 물들이며, 푸른 바탕에 흰 무늬다. 남자의 상의는 무릎까지 내려오고 하의는 길어서 땅에 끌린다.

《해동제국기》에서 흥미로운 점은 15세기 당시 일본의 풍속이 오늘날에도 많이 남아 있다는 것이다. 사무라이 전통, 젓가락 문화, 차를 즐기는 풍속 등이 이 책 곳곳에 담겨 있어 일본 전통문화의 일면을 엿볼 수 있다.

**요시와라의 풍속** 히시카와 모로노부가 그린 우키요에. 에도시대에 성업한 유곽 요시와라의
모습을 묘사한 풍속화.

〈도로리수(道路里數)〉란 항목에서는, 조선의 경상도 동래현 부산포에
서 대마도·미로관·병고관 등을 거쳐 일본의 수도까지의 거리가 수로
로 323리, 육로로 18리(우리나라 리수로 계산하면 수로 3,230리, 육로 180리)임
을 밝히고 있다. 이어 일본의 8도 66주 및 기내(畿內) 5주에 관해 직접
견문한 내용이 나오는데, 이 부분에서는 일본의 특산물로 유황과 동철
에 관심을 보인 부분이 주목된다. 유황과 동철이 무기제조에 필요한 자
원이라는 점이 크게 작용한 것으로 보인다.

〈유구국기〉에서는, 먼저 "유구국이 우리나라와 거리가 가장 멀어 상
세한 것을 규명할 수 없으므로 우선 조빙(朝聘) 및 명호(名號)의 차례만
을 기록하여 후일의 고증을 기대한다"라고 하여, 유구국에 관해서는 후

대의 자료를 참조할 것을 명시했다. 이어 유구국의 특산물로 유황을 소개하고 해상무역이 발달했다는 것, 남녀의 의복은 일본과 대동소이하다는 것 등을 기록했다.

〈조빙응접기〉는 사행선의 숫자에 관한 규정, 증명서 발급, 삼포에서의 연회, 급료, 삼포금약(三浦禁約), 조어금약(釣魚禁約) 등 조일 양국 간 외교관례를 규정한 것으로, 조선 전기 대일외교협정의 근거를 마련했다는 점에서 의의가 있다. 이 가운데 〈사신들의 영접과 환송〉 부분을 살펴보자.

> 국왕의 사신이 오면 3품 중앙 관리를 파견하여 서울에 있는 통역관을 대동하고 삼포에 가서 맞이하게 하며, 돌아갈 때도 호송해준다. 여러 거추(巨酋, 거물급 인사)의 사신은 서울의 통역관을 파견하여 삼포에서 맞이하게 하고, 돌아갈 때는 중앙 관리가 서울에 있는 통역관을 대동하고 호송한다. 대마도주의 특송이나 구주절도사의 사신은 지방의 통역관이 데리고 상경하게 하고, 중앙의 관리가 호송해준다.

이 기록에서 일본 사신을 영접할 때 조선이 우위에 있었음을 알 수 있다. 또 〈삼포금약〉 부분에서는 조선에 머무는 일본인들에게 거주, 통행과 관련해서도 일정한 제약을 가했음을 확인할 수 있다.

> 대마도 사람이 처음에 삼포에 와 임시로 머물며 교역도 하고 어업도 하기를 요청했다. 그들의 거주처와 통행 모두 일정한 장소가 있어서 위반할 수 없으며, 일이 끝나면 돌아가기로 되어 있었다.

그 밖에도 〈삼포에서 베푸는 잔치〉 부분에서는 연회할 때 선부(船夫)들에게 매일 제공하던 음식의 내역, 이를테면 밀가루 1되, 기름 1홉, 건어 1마리, 생어육 적당량, 백주(白酒) 1복자(술·기름 따위를 담는 작은 접시)까지 기록하고 있어 당시 생활의 면모를 파악할 수 있다.

●

## 국제 감각과 외교 역량이 응축된 대일외교지침서

《해동제국기》는 완성 이후 대일외교의 중요한 준거가 되어 외교협상에서 자주 활용되었으며, 후대의 학자들도 그 가치를 자주 언급했다. 16세기의 학자 김휴(金烋)는 우리나라 최초의 도서 해제의 집대성이라 할 수 있는 저서 《해동문헌총록(海東文獻總錄)》〈지리류〉편에 《해동제국기》를 수록하고 "사절이 왕래하는 절차 등 우리나라의 외교규범에 갖추어지지 않은 것이 없다"라 하며 그 의미를 높게 평가했다.

특히 실학자들에게 《해동제국기》는 주목의 대상이었다. 실학의 선구자로 불리는 이수광(李睟光)은 《지봉유설(芝峰類說)》의 일본에 관한 항목에서 이미 이 책을 인용하고 있다. 18세기의 실학자 이익(李瀷)은 《성호사설(星湖僿設)》에서 일본 동북 하이(蝦蛦, 아이누족)의 위치에 대해 《해동제국기》를 인용해 흑룡강 북쪽에 있다고 했으며, 〈일본사〉 항목에서도 이 책에 기록된 일본 천황의 세계(世系)를 인용하고 있다. 또한 〈여제여신(麗濟餘燼)〉이라는 항목에서는 백제의 유이민들이 일본으로 흘러들어간 점을 강조하고 있다.

19세기 실학자 이규경(李圭景)은 《오주연문장전산고(伍洲衍文長箋散稿)》

의 〈유구〉와 〈일본〉에 관한 항목에서 《해동제국기》를 소개하며 이 책이 '요점이 잘 정리되어 있는 책'임을 강조했다. 청나라 학자 주이준이 "내가 늦게야 조선 사람인 신숙주의 《해동제국기》를 보니, 비록 완벽한 책은 아닐지라도 일본 군장(君長)들의 수수(授受)와 개원(開元)에 있어 주나라로부터 명나라에 이르기까지 구슬을 꿰어놓은 듯이 관통했다"라 한 말을 인용하며 《해동제국기》의 우수성을 단적으로 표현하기도 했다. 이처럼 후대 학자들이 《해동제국기》를 널리 참고했다는 것은 이 책이 당시 지식인들 사이에 널리 보급되었고, 그 자료적 가치가 컸음을 의미한다.

그런데 우리는 네덜란드인 하멜이 쓴 《하멜 표류기》나 19세기 무렵 서양인 선교사들이 쓴 조선 기행문에 대해서는 알면서도 우리 선조들이 쓴 표류기나 기행문에 대해서는 별로 아는 바가 없다. 조선에도 성종 대에 중국에 표류한 정황을 기록으로 남긴 선비 최부(崔府)의 《표해록(漂海錄)》이 있었으며, 선교사들의 기록보다 더욱 자세하고 통시대적으로 잘 정리된 《해사록》과 《연행록》이 있었다.

이러한 책들은 당시 중국이나 일본의 정치·경제·도로·풍속·도회지 풍경 등에 관한 자세한 정보를 제공하고 있어, 우리 선조들의 국제 감각이 결코 만만찮았음을 입증한다. 이제껏 소홀히 취급됐지만, 《해사록》이나 《연행록》과 같은 외교사절의 기행문은 우리 선조들의 학문과 문화 역량을 보여주는 대표적인 저술로, 체계적이고 연속적으로 이루어진 기록이라는 점에서 더욱 돋보인다. 《해동제국기》는 바로 《해사록》이나 《연행록》의 물꼬를 튼 선구적 저술이라는 점에서도 역사적 가치가 크다.

성종 대는 15세기 편찬사업의 성과가 총정리되는 시기였다. 역사서의 결실인《동국통감(東國通鑑)》과 지리지의 결정판인《동국여지승람(東國與地勝覽)》, 조선 전기 법전의 완결판인《경국대전》이 대표적인 성과물이라 할 수 있다.《해동제국기》역시 국가적 차원에서 외교관계의 규범을 정리하고자 편찬되었다. 이 임무는 세종 대부터 학문적·외교적으로 검증된 인물인 신숙주가 맡았다.

세종은 신숙주의 외교적 자질도 놓치지 않았다. 집현전의 쌍두마차 성삼문(成三問, 1418~1456)과 신숙주를 중국의 음운학자에게 보내 한글 연구의 초석을 다지게 했으며, 신숙주를 일본에 외교사절로 파견하여 당시의 외교현안을 해결하게 했다. 세조 또한 여진족에 대한 북방외교 정책을 추진하는 데 신숙주를 파트너로 삼아 교린외교의 중책을 수행하게 했다. 그리고 이러한 축적된 학문과 외교역량은 성종 대에 이르러《해동제국기》라는 결실로 나타났다. 그동안 신숙주에 대해서는 쿠데타를 일으켜 집권한 세조의 대표적인 참모였다는 이유로 부정적인 평가가 많았다. 그러나 조선 전기 최고의 외교전문가로 활약하며《해동제국기》를 편찬한 신숙주가 있었듯이, 한 인물의 역사적인 평가에는 부정적인 측면과 긍정적인 측면이 균형 있게 제기되어야 할 것이다.

●

## 조선시대에도 실용 회화책이 있었다

《해동제국기》에는 1471년 신숙주가 왕명을 받들어 편찬한 기록 이외에 이해하는 데 도움이 될 만한 내용들이 추록되어 있다. 이 가운데〈어음

**신숙주가 쓴 일본 기행문**《해동제국기》는 당시만 해도 거의 교류가 없었던 일본을 직접 답사하고 그 내용을 상세히 기록하여 이후 조선시대 대일 외교의 지침서 역할을 했다. 신숙주는 이 책의 서문에서 "그들의 습성은 강하고 사나우며, 무술을 정련하고 배 타기에 익숙합니다. 그런데 우리나라와는 바다를 사이에 두고 서로 바라보게 되었으니, 우리 쪽에서 도리대로 잘 대해주면 그들 또한 예절을 차려 조빙했고, 그렇지 않으면 함부로 노략질했던 것입니다"라고 하여 일본의 이중적인 측면을 간파했다.

번역(語音飜譯)〉이라 하여 일상회화를 정리한 부분이 있다. "너는 어디 사람인가?" "너는 언제 본국을 떠났는가?" "반찬이 좋던가?" "날씨가 개었다" "얼굴이 붉다" 등 일상회화와 숟가락·수레·벼루 등 외국생활에 필요한 간단한 중국어와 일본어 단어들이 수록되어 있다. 〈어음번역〉은 1501년 사대교린에 관한 외교문서를 관장하던 관청인 승문원에서 내린 것으로, 《해동제국기》를 증보하면서 이 책을 이용하는 사람들로 하여금 필수적인 외국어를 익히게 하려는 조처였다고 판단된다. 〈어음번역〉은 15세기 일본의 고어연구에도 도움이 되는 자료로 평가받고 있다.

5

# 조선왕조실록 朝鮮王朝實錄

## 500년 왕조의 공식 국가 기록

●

## 공정성과 객관성을 보장한 실록의 정신

조선시대 역대 왕들의 행적을 중심으로 역사를 정리한《조선왕조실록(朝鮮王朝實錄)》은 제1대 태조(太祖)부터 제25대 철종(哲宗)에 이르는 472년(1392~1863) 동안의 기록을 편년체로 서술한 조선왕조의 공식 국가 기록이다.

《조선왕조실록》은 역대 국왕의 사후에 전(前) 왕대의 실록을 편찬하는 방식을 취했다. 국왕이 사망하면 임시 실록청(實錄廳)을 설치하고, 영의정 이하 정부의 주요 관리들이 영사(領事)·감사(監事)·수찬관·편수관·기사관 등의 직책을 맡아 실록 편찬을 공정하게 집행했다. 실록청에서는 사관(史官)들이 작성한 사초(史草)와 시정기(時政記) 등을 광범하게 수집하여 실록을 편찬했다. 시정기는 서울과 지방의 각 관청에서 시행한 업무들을 문서로 보고받은 것 가운데 중요한 사항을 춘추관에서 기록으로 남긴 것으로,《관상감일기》·《춘추관일기》·《의정부등록》·《승정원일기》 등이 이에 해당한다. 이 자료들은 1차 사료의 가치를 지니고 있으며, 편집 자료의 성격을 띤《조선왕조실록》을 보완하는 기능을 한다.

조선시대에 국왕은 편찬이 끝난 책 대부분을 받아 보았다. 어람용을 따로 편찬한《의궤》와 같은 기록이 대표적이다. 그러나《조선왕조실

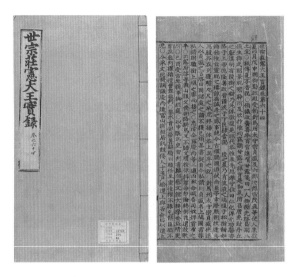

**《조선왕조실록》** 《조선왕조실록》은 조선시대 기록 문화의 진수를 보여주는 자료이다. 완질의 분량이 총 1,707권 1,187책(정족산본)에 이르고, 조선시대의 정치·외교·경제·군사·법률·사상· 생활 등 각 방면의 역사적 사실을 망라하고 있다.

록》만은 예외였다. 책임자가 편찬의 완성 여부만을 국왕에게 보고한 뒤 춘추관과 지방 사고에 나누어 보관했다. 왕이 열람하게 되면 실록 편찬 의 임무를 담당한 사관의 독립성을 보장하기가 어렵고 사실(史實)이 왜 곡될 것을 우려했기 때문이다.

역사를 기록하는 임무를 맡은 사람을 사관이라 했다. 좁은 의미의 사 관은 예문관의 전임 관원인 봉교(奉敎) 2명, 대교(待敎) 2명, 검열(檢閱) 4명으로 이들을 '한림 8원(翰林八員)'이라 했다. 이들은 춘추관의 기사 관으로 사관이 되어 입시, 숙직, 사초의 작성, 시정기의 작성, 실록 편 찬, 실록 보관을 위한 포쇄(曝曬, 바람에 쐬고 볕에 말림) 등의 임무를 수행 했다. 한림 8원의 직위는 낮은 편이었으나 청화(淸華, 속됨 없이 맑고 화려)

한 벼슬로서 글을 잘 쓰는 사람이 아니면 임명될 수 없었다. 또한 문벌이 좋지 않아도 안 되었다.

조선 초기부터 사관을 선임하는 법은 엄격하게 적용되었다. 사관에 결원이 생기면 춘추관 6품 이하의 문신 가운데서 경서와 사기 및 문장을 시험하고, 그 문벌을 조사하여 흠이 없는 사람으로 충원했다. 사관 8명은 번을 나누어 왕명을 출납하는 승지와 궁중에서 숙직하며 조회·조참·경연 등 국왕이 참여하는 행사는 물론이요, 중신회의와 기타 임금과 신하가 만나는 중대회의에도 대부분 참석하여 그 내용을 기록했다. 국가의 눈과 귀가 되었던 셈이다.

사초는 크게 입시사초(入侍史草)와 가장사초(家藏史草)로 구분했다. 입시사초란 예문관의 전임사관이 정사가 이루어지는 장소에 입시하여 기록한 사초를 말하며, 가장사초란 사관이 견문한 내용을 퇴궐 후 집에서 재정리한 것으로 인물에 대한 평가가 수록된 것이 특징이다. 실록에 '사신왈(史臣曰)' 등으로 표기된 부분은 대개 가장사초를 발췌한 것이다. 가장사초는 사적으로 집에 보관하고 있다가 실록청에 제출하여 실록 편찬에 활용했다. 1987년 조선 인조 대의 사관이었던 정태제(鄭泰齊)의 무덤을 이장할 때 책 몇 권과 그가 기록한 가장사초가 발견되어 화제가 된 적이 있다.

사초는 이렇듯 사관이 국가의 모든 회의에 참여하여 보고 들은 내용과 자신의 논평까지 그대로 기록한 것으로, 여기에는 역사적 사실과 당대 사관들의 역사 인식까지 담겨져 있다. 또한 사관 이외에는 국왕조차 마음대로 사초를 볼 수 없었기 때문에, 사관들은 신분을 보장받으며 자료의 공정성과 객관성에 만전을 기할 수 있었다.

**세검정과 조지서** 18세기 중엽에 그린 《여지도》 가운데 〈도성도〉의 일부. 실록을 완성한 뒤세초(洗草)를 했던 세검정 앞의 시내와 종이를 만들던 조지서가 보인다.

실록의 편찬 과정을 살펴보면, 세 단계의 수정 작업을 거쳐 완성했다. 먼저 사초와 시정기를 실록청의 각 방에서 요약하여 초초(初草)를 작성한다. 도청에서 이를 바탕으로 추가·삭제·수정하여 중초(中草)를 편찬하고, 다시 총재관과 도청당상이 중초를 교정하여 정초(正草)를 만든 뒤 비로소 인쇄에 들어간다. 초초와 중초는 정초를 만든 뒤 물에 씻어 그 내용을 모두 없앴으며, 물에 씻은 종이는 재활용했다. 이러한 작업을 세초(洗草)라 했으며 주로 세검정(洗劍亭) 일대의 개천에서 이를 행했다. 차일암(遮日巖)이라 불린 널찍한 바위에서 물에 씻은 종이를 말렸는데, 현재에도 세검정을 찾으면 이 흔적을 찾아볼 수 있다. 다 마른 종이는 조지서(造紙署)에서 새로운 종이로 재활용했다. 세초를 했던 개천과 조지서의 모습은 조선시대 한양 지도에도 선명하게 표시되어 있다. 세초를 마치고 나면 이를 축하하고자 세초연(洗草宴)을 열었다.《효종실록》의 기록을 보면, 세초연에서 실록 편찬 책임자 김육 등에게 안구마(鞍具馬, 안장을 갖춘 말)를 하사한 내용이 있다.

●

## 실록이 산으로 간 까닭

《고려왕조실록》과《조선왕조실록》의 가장 큰 차이점은 실록을 편찬한 부수가 다르다는 것이다. 조선 전기에는 실록을 14부 제작하여 서울의 춘추관 외에 충주·전주·성주 등 지방의 중심지에 보관했다. 그러나 중심지에 있었던 만큼 화재와 약탈 등 분실 위험이 있었으며, 실제로 중종 대에는 비둘기를 잡으려다 성주사고에 화재가 난 적도 있었다.

임진왜란으로 인해 교통과 인구가 밀집한 읍치(邑治, 고을의 수령이 사무를 보던 관아가 있는 곳)에 있는 사고가 얼마나 위험한지 여실히 드러났다. 즉, 왜적들의 주요 침입 경로가 된 서울의 춘추관과 충주·성주의 사고는 모두 병화로 사라졌다. 다행히 전주사고의 책들은 전주 지역 인근에 있는 태인의 유생 손홍록(孫弘祿)·안의(安義) 등이 헌신적으로 노력한 끝에 내장산까지 옮겨와 보존될 수 있었다. 전쟁이 끝난 뒤 사고가 지역 중심지에서 험준한 산 위로 올라간 것은 바로 이러한 경험 때문이었다.

조선의 사고는 임진왜란이 끝난 이후에는 5사고 체제로 운영되었다. 산간 지역에 분산 보관하는 원칙을 보다 확실히 한 것이다. 서울의 춘추관사고를 비롯하여 강화도의 마니산사고, 평안도 영변의 묘향산사고, 경상도 봉화의 태백산사고, 강원도 평창의 오대산사고가 있었다.

**4사고** 조선 후기에는 실록을 보다 안전하게 보관하기 위해 사고를 산간지역에 설치했다. 맨 왼쪽부터 정족산사고, 적상산사고, 태백산사고, 오대산사고 지도이다. 각 사고에는 수호사찰을 두어 실록 관리에 안전을 기했다.

오대산사고에는 최종본이 아닌 교정쇄 본을 보관했다. 당시에는 실록 1부를 제작하는 데 많은 비용이 들었기 때문이다. 묘향산사고는 후금 (뒤의 청나라)의 침입에 대비하여 적상산성이라는 천연의 요새로 둘러싸인 전라도 무주의 적상산사고로 이전했으며, 강화의 마니산사고는 병자호란으로 크게 파손된 데다가 1653년(효종 4) 화재를 입어 1660년(현종 1)에 인근의 정족산사고로 이전했다. 그쪽 지역이 정족산성으로 둘러싸여 있어, 보다 안전할 것이라고 판단했기 때문이다. 따라서 조선 후기 지방의 4사고는 정족산·적상산·태백산·오대산으로 확정되어 조선이

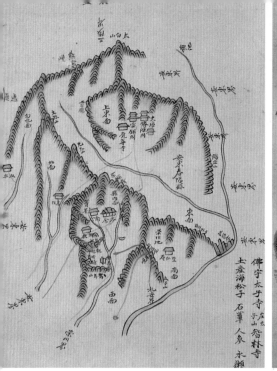
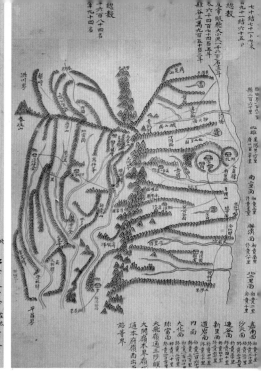

끝날 때까지 춘추관 1곳과 지방의 4사고라는 체계가 유지되었다. 사고
주변에는 전등사(정족산사고)·안국사(적상산사고)·각화사(태백산사고)·월
정사(오대산사고)를 수호 사찰로 선정하여 사고를 지키도록 했다.

　이후 일제강점기에는 조선총독부가 4사고의 실록을 관리했다. 정족
산·태백산사고의 실록은 경성제국대학 도서관으로, 적상산사고본은
이왕직 왕가 소속의 도서관인 창경궁 장서각으로, 오대산사고의 실록
은 1913년 일본의 동경제국대학으로 반출되었다. 이후 정족산사고본
실록은 서울대학교 규장각한국학연구원에서, 태백산사고본 실록은 국
가기록원(부산)에서 보관하고 있다. 적상산사고본 실록은 한국전쟁 때
사라졌는데, 후에 북한에서 이 책을 저본으로 한 번역본이 나온 것으로
보아 전쟁의 혼란기에 북한에서 가져간 것으로 파악된다. 현재는 평양

에서 보관하는 것으로 알려져 있다. 1913년 일제 강점기 때 일본에 유출되어 동경제국대학에 소장되어 있던 오대산사고본은 1923년 관동대지진의 여파로 대부분 소실되고 74책만이 동경제국대학에 보관되고 있었다. 이후 1932년에 경성제국대학으로 27책이 돌아왔고 나머지 47책은 93년만인 2006년에 고국으로 돌아왔다. 현재 서울대학교 규장각한국학연구원에서 보관하고 있는 정족산사고의 실록은 임진왜란 당시 유일하게 보존된 전주사고의 원본으로,《태조실록》부터《성종실록》까지는 당대에 제작된 유일본이 보관되어 있다. 정족산본 실록은《조선왕조실록》의 원형을 그대로 지니고 있다는 점에서 자료적 가치가 크다. 현재 우리가 실록의 실물을 접할 수 있는 것은 조선 후기에 사고를 안전한 곳에 배치한 선인들의 지혜 때문이다.《조선왕조실록》은 1997년 10월 1일 유네스코 세계기록유산으로 등재되어 세계적으로도 그 가치를 인정받고 있다.

●

## 실록에 관한 실록,《실록청의궤》와〈실록형지안〉

조선시대 기록문화의 우수성은 실록 자체로도 충분히 알 수 있지만, 실록 편찬 전 과정을 완벽하게 정리한《실록청의궤(實錄廳儀軌)》도 다수 남아 있어 다시 한 번 당시 사람들의 기록정신을 확인할 수 있다. 아울러 실록을 꾸준하게 관리하고자〈실록형지안(實錄形止案)〉을 작성한 것도 주목된다.〈실록형지안〉은 실록의 봉안이나 포쇄, 실록의 고출(考出, 국가 통치상 실록을 참고할 일이 생겨 꺼내 보는 일), 실록각의 보수 등의 사유로 불가피하게 사고를 열어야 할 때, 그 사유와 당시에 보관되었던 서책 상황을 기록한 일종의 '장서 점검기록부'이다. 〈실록형지안〉에는 사고를 연 시기, 각 사고별·궤짝별로 보관된 서책의 종류와 수량을 비롯하여 파견된 사관과 실무자들의 명단 등이 기록되어 있다.

한 예로 1601년(선조 34) 9월 11일에 작성된 〈묘향산사고 포쇄형지안〉을 보면 《태조실록》에서 《명종실록》까지 궤에 보관한 것이 나타나는데, 1궤에 《태조실록》 15책과 《정종실록》 6책을 보관한 것에서 시작하여 45궤에 《명종실록》 9책을 보관한 사실이 기록되어 있다. 궤 하나에는 각 책의 크기를 고려하여 적게는 7책에서 많게는 30책까지 담았다. 〈실록형지안〉에는 이외에도 의궤·역사서·지리지·의례서·천문학 관련 서적 등의 보관 상태가 함께 기록되어 있다. 이렇듯 〈실록형지안〉을 통해 조선시대에는 실록을 비롯해 각 사고에 보관된 서책을 꾸준히 점검하고 관리했다는 사실을 알 수 있다.

한편, 사고의 문은 중앙에서 파견된 사관이 아니면 함부로 열지 못하도록 했다. 그만큼 사고의 실록들을 소중히 여겼다. 사관 역시 국가의 명령을 받아 험준한 산간지역에 있는 사고에 가는 것을 커다란 명예로 생각했다.

실제로 실록이 얼마나 엄격하게 관리되어왔는지는 정기적으로 이루어진 포쇄작업에서 확인할 수 있다. 세종 대 이후에는 춘추관 문서의 경우 원칙적으로 3년[辰戌丑未年]에 한 번씩 포쇄를 행한 것으로 나타난다. 그러나 이 원칙이 반드시 지켜진 것은 아니었다. 1902년 예문관과 춘추관의 규례와 임무를 규정한 《한원고사(翰苑故事)》의 〈포쇄식(曝曬式)〉에는 지방의 외사고의 경우 효종 대 이후 2년에 한 번 포쇄를 하는 것이

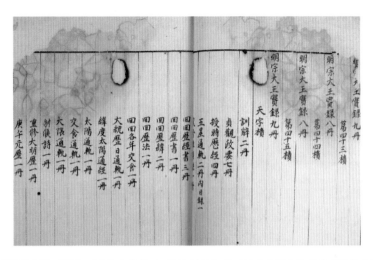

〈포쇄형지안〉 실록을 포쇄하기 위해 사고문을 열었을 때 이곳에 보관되어 있던 서책의 수량이나 상태 등을 점검한 내용을 담고 있다.

정식이 되었지만, 예문관에서는 4년에 한 번, 강화에서는 2년에 한 번 포쇄한다는 전문이 있다. 이처럼 포쇄는 정기적으로 행해야 한다는 원칙이 있었지만, 시대별·지역별로 포쇄하는 주기가 유동적이었던 것으로 보인다. 적상산사고의 경우에도 포쇄 주기가 일정하지는 않고 대략 2~3년에 한 번 행해졌다. 다음은 《한원고사》〈포쇄식〉에 실린 포쇄 때의 구체적인 의식 절차에 관한 내용이다.

열성조(列聖朝, 여러 시대의 임금)의 실록은 강화도 및 적상산성(무주)·태백산(봉화)·오대산(강릉) 네 곳에 보관한다. 춘추관에 소장된 실록은 병화로 다 산실되고 선조 이후 실록만 있다. 각 사고에 있는 실록은 2년에 한 번 포쇄한다. 한림 한 사람이 왕명을 받들어 내려가 사고의 문을 연 뒤 흑단령을

갖추고 사각 앞에서 네 번 절한다. 사고 문을 열고 봉심(奉審, 받들어 살핌)한
뒤 궤짝을 열어 포쇄한다. (포쇄)일수는 마땅함을 헤아려서 한다. 포쇄가 끝
나면 궤짝에 실록을 넣고 돌아와 봉안한다. (이때는 네 번 절하지 않는다.)

현존하는 《조선왕조실록》 대부분이 원형을 그대로 유지할 수 있었
던 것은 무엇보다 체계적으로 포쇄하여 관리한 덕이다. 〈실록포쇄형지
안〉의 기록에 따르면, 대부분 청명하고 바람이 잘 통하는 음력 9월이나
10월을 택해 춘추관에서 파견된 관원이 포쇄를 담당했다.

조선 후기의 문신이자 학자인 신정하(申靖夏, 1680~1715)는 1709년(숙
종 35) 가을, 포쇄관(曝曬官)에 임명되어 태백산사고에 다녀온 적이 있다.
신정하는 이때 상황을 〈태백기유(太白紀遊)〉라는 기행문과 〈포사(曝史)〉
라는 시로 남겨놓았는데, 그 글에는 포쇄하는 광경과 포쇄에 임하는 사
관의 심정이 잘 나타나 있다.

사각(史閣)은 담장을 쳤고, 담장 동쪽에 사관이 포쇄할 때 머무는 연신대
라는 건물이 있다. 사각에는 번을 서는 참봉과 이를 지키는 승려가 늘상
머문다. 사각에 이르면 네 번 절한 뒤 자물쇠를 열고 봉심한다. 포쇄는 사
흘 동안 했는데 날씨가 늘 맑았으며, 이때 포쇄한 서적은 서른여섯 상자
이다. 포쇄가 끝나면 서적을 상자에 담아 사각의 누옥에 넣고 전처럼 봉
인한다.

– 신정하, 《서암집(恕菴集)》 권11 〈태백기유〉

아래어단조(我來御丹詔)　나는 임금의 조서를 받들고

**태백산사고 내부** 1931년 《조선고적도보(朝鮮古蹟圖譜)》에 실린 사진이다.

| | |
|---|---|
| 일기횡추풍(馹騎橫秋風) | 가을바람에 말을 달려왔네. |
| 재배수계약(再拜手啓鑰) | 두 번 절한 뒤 손수 자물쇠를 열고서 |
| 포지연선대(曝之蓮臺畔) | 연선대 가에서 포쇄를 하네. |
| 금상삼십육(金箱三十六) | 귀한 상자 서른여섯 개를 내놓으니 |
| 백일당천반(白日當天半) | 해가 하늘 중앙에 이르렀네. |
| 과풍시여파(過風時與披) | 지나는 바람에 때로 함께 책장을 열고 |
| 도조홀유영(度鳥忽遺影) | 날던 새가 갑자기 책에 그림자를 남기네. |
| 시어간편중(時於簡編中) | 때때로 서적 가운데서 |
| 시비독자령(是非獨自領) | 시시비비를 스스로 깨닫네. |

– 신정하, 《서암집》 권3 〈포사〉

이때 사관은 임시로 마련한 거처에서 감독한 것으로 보이는데, 태백산사고에서는 연선대가 그 기능을 했다.

> 사고에 가서 포쇄하는 일[쇄사(曬史)]은 청복(淸福)이어서 이런 기회를 만나고 만나지 못하는 것은 사람의 인연이다. 무릇 금궤석실(金匱石室, 중요한 문헌을 보관하는 장소, 여기서는 사고를 말함)의 전적을 살펴보고 기이하고 멋진 경관을 내달리며, 옛날에 들었던 것을 망라하고 선경(仙境)을 오매불망하는 사람이라도 반드시 인연이 있어야만 능히 할 수 있다. 선배로 한림원에 들어간 사람 가운데 길게는 10년, 짧게는 3~5년이 지났으나 한 번도 가보지 못한 사람도 있다. 이른바 〈석실제명록(石室題名錄, 사고에 봉안·이안·포쇄한 〈실록형지안〉을 말함)〉을 살펴보면 이를 알 수 있다. 그러므로 벼슬하더라도 한림원에 임명되지 못하면 (포쇄 업무를) 할 수가 없고, 벼슬하여 한림원에 임명되더라도 오래되지 않으면 능히 할 수 없다. 그리고 이 몇 가지를 능히 하더라도 불행히 병이 많아서 여정에서 말을 타는 수고로움을 두려워한다면 능히 할 수가 없다. 대개 인연이 없어서 할 수 없는 것으로는 이 세 가지(출사, 한림원에 오래 근무할 것, 건강)가 있다.
> – 신정하, 《서암집》 권10 〈송송한림성집쇄사오대서(送宋翰林聖集晒史五臺序)〉

이 글은 신정하가 한림 송성집(宋聖集, 1674~1740)이 오대산사고로 포쇄하러 가는 것을 축하하며 보낸 글로, 사관도 포쇄하러 가는 영예를 얻기가 쉽지가 않았음을 알 수 있다. 당시 사관들은 사고가 비록 험준한 곳에 있었지만 왕명을 받고 이곳에 가는 것을 큰 명예로 생각했다. 그들은 어떤 고난을 무릅쓰고라도 국가의 기록을 철저히 보존·관리하는 것을 책무로 인식했으며, 중앙의 사관을 맞이한 지방관은 이들을 극진히 환대했다. 실록의 보존을 중대사로 인식했던 것이 당시 분위기였다.

현재 서울대학교 규장각한국학연구원에는 〈실록형지안〉 500여 책이 보관되어 있는데, 서책을 정기적으로 점검하고 포쇄했던 내용이 가장 많다.

●

## 정파 간 입장차가 낳은 수정본 실록

《조선왕조실록》의 편찬과 관련하여 또 하나 주목되는 점은 수정 과정을 거친 실록이 존재한다는 것이다. 수정은 크게 네 번이 있는데, 왜 수정본 실록이 존재하는 것일까?

《선조실록》과《선조수정실록》,《현종실록》과《현종개수실록》,《경종실록》과《경종수정실록》 및 독립된 수정 실록의 모습을 갖추지는 못했지만《숙종실록》의 내용을 수정·보완하는 형식으로《숙종실록》의 말미에 첨부한《숙종실록보궐정오》가 실록이 수정된 경우다. 수정본 실록이 존재할 수밖에 없었던 가장 큰 이유로는 조선 중기 이후 붕당정치의 심화를 들 수 있다.

실록은 전임 왕에 관한 기록이므로 후대 왕 시절 집권세력에 의해 편찬된다. 그런데 붕당정치가 가속화되면서 정파 간 권력 교체가 이루어지고, 새로 권력을 잡은 붕당은 반대파들에 의해 쓰인 실록을 못마땅하게 여기게 마련이었다. 이것이 수정본 실록이 편찬된 배경이다.

최초의 수정본 실록은 인조 대에 편찬되었다. 인조(仁祖, 1595~1649, 재위 1623~1649)는 서인들이 주도한 인조반정을 통해 즉위한 왕이므로, 인조 대의 집권세력은 당연히 서인이었다. 그러다 보니 서인의 입장에서는 광해군 대에 북인이 편찬한《선조실록》의 내용이 몹시 불만스러웠다. 인조 원년 경연에서 서인이 중심이 되어《선조실록》과 광해군 대의 시정기를 수정하자고 제의한 것은 이러한 정치적 배경이 있었다.

그러나 기존의 실록을 없애고 새로 실록을 쓴다는 것은 전례도 없거니와 자신들의 정치적 입장에 따른 것이라는 비난을 살 것이 분명했다. 이에 기존의《선조실록》은 그대로 두고 그 내용을 수정·보완한 형태의《선조수정실록》을 만들어, 두 실록을 함께 보존했다.

북인이 편찬한《선조실록》은 북인의 행적을 긍정적으로 평가하고 서인 측 인사들에 관해서는 부정적으로 평가하는 경향이 컸다. 한 예로 서인의 학문적 영수로 활약한 이이(李珥)에 관한 '졸기(卒記)' 기록을 보면, 이이의 죽음을 두고 '이이 졸(卒)'이라는 단 세 글자로 표기했을 뿐 아무런 의미도 두지 않았다. 반면에 서인이 편찬한《선조수정실록》은 이이가 죽은 날의 기록에서 그의 인품, 학문적 성취, 교유 및 사승관계 등을 자세히 언급하고 있다.

수정본 실록은 붕당정치가 치열했던 조선 후기에도 몇 차례 편찬되었다.《현종실록》은 숙종(肅宗, 1661~1720, 재위 1674~1720) 초반인 1677년(숙종 3)에 허적·권대운 등 남인이 중심이 되어 완성했으나, 1680년 경신환국(庚申換局, 1680년 김석주 등 서인이 중심이 되어 윤휴, 서적 등 남인을 정계에서 몰아낸 사건)으로 집권한 서인은 남인의 정치적 입장이 강하게 반영된《현종실록》개수작업에 착수하여 1683년(숙종 9)《현종개수실록》을 완성했다.《경종실록》은 영조(英祖, 1694~1776, 재위 1724~1776) 초반 정권을 잡은 소론의 주도로 편찬되었으나, 이에 불만을 품은 노론에 의해 1778년(정조 2)에《경종수정실록》으로 개수되었다.

한 왕의 시대에 두 종류의 실록이 존재한 것에서 붕당정치의 격화라는 시대적 상황과 함께 반대 정파에 의해 작성된 기록도 없애지 않아 그 평가는 후대의 몫으로 남겨두었던 점이 주목된다.

●

## 인정받지 못한 왕의 실록, '일기'

《조선왕조실록》에는 '일기(日記)'라는 이름이 붙은 실록이 두 종 있다. 바로《연산군일기》와《광해군일기》이다. 반정에 의해 쫓겨난 왕은 이후 왕으로 인정받지 못하고 왕자 시절의 호칭인 군(君)으로 불렸다. 실록 편찬자들도 연산군과 광해군 대의 기록에 '실록' 대신 '일기'라는 표현을 사용했다.

《단종실록》도 원래의 제목은 '노산군일기'였다.《단종실록》을 편찬한 사람들 대부분은 수양대군의 반정(1453년 단종의 측근인 김종서, 황보인을 제거한 사건으로 '계유정난'이라 함)에 참여한 사람들로, 역모를 정당화하기 위해 단종을 격하시킬 수밖에 없었다. 시간이 흘러 단종은 조선 후기인 숙종 대에 복권되었고,《노산군일기》도 '단종대왕실록'으로 바뀌었다. 그러나 표제만 바뀌었을 뿐 본문 내용 앞의 제목은 여전히 '노산군일기'로 쓰여 있다. 이것은 '노산군일기(魯山君日記)'라는 활자체를 바꾸기가 어려웠기 때문으로 보인다.

## 귀양 간 코끼리

실록에는 일상생활에 관한 기록도 풍부하다. 정치사에 관한 기록뿐만 아니라 생활사에 관한 내용이 많은 것은 각 관청의 업무일지에 해당하는 시정기의 기록을 실록 편찬에 다수 참고했기 때문이다.

《태종실록》에는 태종 대에 일본에서 넘어온 코끼리 이야기가 나온다. 대마도주가 조선 정부의 환심을 사기 위해 코끼리를 바친 것이다. 하지만 이 코끼리는 식사량이 엄청났을 뿐만 아니라 사람을 밟아 죽였다는 이유로 전라도 장도라는 섬으로 보내졌다가, 동정론이 일자 다시 서울로 옮겨진다. 이후의 실록에는 그와 관련하여 더 이상 기록이 없는 것으로 보아 자연사했을 가능성이 크다. 실록에는 "이전에는 없던 것이다"라고 기록하고 있어 당시에 코끼리가 매우 희귀한 동물이었음을 알 수 있다.

## 실록이 말하는 '우리 땅 독도'

독도가 우리네 영토임을 보여주는 기록이 많이 있다. 《삼국사기》〈신라본기〉와 〈열전〉에는 512년(지증왕 13)에 우산국(울릉도와 독도)이 신라에 병합되었다고 기록되어 있고, 《세종실록》〈지리지〉·《신증동국여지승람》·《만기요람》 등의 문헌자료와 각종 고지도도 독도가 우리나라의 영토임을 고증하고 있다.

실록에도 독도가 우리 땅임을 기록하고 있는데, 《세종실록》〈지리지〉에 다음과 같은 글이 있다.

우산(于山)과 무릉(武陵) 두 섬은 현(울진현)의 정동쪽 바다 가운데에 있다. 두 섬이 서로 거리가 멀지 아니하며 날씨가 청명하면 가히 바라볼 수 있다. 신라시대에는 우산국이라 칭했다.

여기서 주목할 것은 울릉도와 독도를 각각 '우산'과 '무릉'이라는 두 개의 섬으로 구분하여 기록한 부분과 두 섬이 서로 거리가 멀지 않아 날씨가 청명하면 볼 수 있다고 기록한 부분이다. 울릉도 주변의 바위섬들은 날씨가 청명하지 않아도 볼 수 있기에 날씨가 청명할 때만 보이는 섬이라면 울릉도 주변에 독도뿐이다. 이로써 《세종실록》〈지리지〉의 기록은 독도가 우리 땅임을 명백히 보여준다.

《숙종실록》에는 어부 출신 안용복(安龍福)이 일본에 맞서 울릉도와 독도를 되찾은 이야기가 나온다. 일본 측은 울릉도를 죽도, 독도를 송도라 하며 자기네 영토라고 우겼지만, 안용복은 직접 일본으로 건너가 울릉도와 독도가 우리의 영토임을 당당하게 확인시키고 돌아왔다고 기록되어 있다.

●

## 자연재해는 왕이 부덕한 탓

《조선왕조실록》에는 자연재해에 관해 상세하게 기록하고 있다. 《명종실록》명종 12년 4월 4일의 기록을 보자.

함경도 함흥(咸興)에 천둥 번개가 치고 북풍이 크게 불며 물을 쏟아붓듯이 우박이 내렸는데 큰 것은 새알만 하고 작은 것은 개암이나 콩만 했다. 청홍도 서천(舒川)에는 조수가 범람하여 해변의 언답(堰畓)을 덮친 것이 300여 결(結)에 이르렀다. 평안도 용천(川)·창성(昌城)·곽산(郭山)에 비와 우박이 섞여 내렸는데 크기는 콩만 했다. 의주(義州)에서도 천둥 번개가 크게 치며 비와 우박이 섞여 내렸는데 큰 것은 개암만 하고 작은 것은 콩만 했으며, 경내(境內)의 금강산 근처에는 눈처럼 쌓였다. 해일이 들판에까지 넘쳐 들어와서 끝없는 홍수처럼 출렁거렸는데 며칠이 되어도 빠지지 않으니 근래에 듣지 못하던 일이었다. 경기 금천(衿川)에도 천둥이 치면서 비와 우박이 섞여 내렸는데 크기는 콩만 했다.

이처럼 《조선왕조실록》은 홍수나 우박·해일뿐만 아니라 가뭄·지진 등에 이르기까지 자연재해를 매우 자세하게 담고 있다. 농업이 중심이 되었던 만큼 자연재해는 국가의 경제에 크게 영향을 미쳤기 때문이다. 홍수나 가뭄 등 자연재해가 빈번한 경우 왕은 신하들에게 피해를 막을 방법을 상소문으로 올리라 요구하는가 하면, 자연재해로 피해가 큰 경우에는 자연현상을 관측하는 기관인 관상감의 관리를 처벌하기도 했다.

《명종실록》명종 18년 9월 8일의 기록에는 함경도관찰사가 수해 상황을 자세히 보고한 내용이 실려 있다.

종성에 7월 23일부터 26일까지 폭풍이 크게 불고 비가 쏟아붓듯이 밤낮으로 그치지 않고 내렸다. 물가의 논과 밭이 모두 침수되어 내[川]가 되었고, 냇가에 거주하는 백성의 가옥이 60여 채나 떠내려가고 사람도 일곱 명이나 떠내려가 죽었다. 부령에 7월 23일부터 25일까지 비바람이 몹시 쳐서 홍수가 나 사람이 일곱 명이나 떠내려가 죽었다. 온성(穩城)에 7월 23일부터 25일까지 큰비가 내려 강물이 넘쳐서 강가의 논밭이 모두 침수되고 모래로 뒤덮였으며, 먼 마을은 아직 확실히 알 수 없으나 경내(境內)의 근처로는 중리(中里) 마을의 71가구, 포항(浦項) 마을의 87가구, 하리(下里) 마을의 3가구, 상리(上里) 마을의 7가구, 시탕(時蕩) 마을의 20가구, 이마퇴(尼退) 마을의 7가구가 터도 없이 떠내려가버렸고, 벼와 곡식도 모두 침수되었다. 경원(慶源)에 7월 23일부터 26일까지 비가 내려 모든 강물이 넘쳤는데 아직 물이 빠지지 않아서 사람이 통행을 못 하고 있으니 물이 빠진 뒤에 재해를 조사하여 첩보하겠다. 경흥에 7월 23일부터 26일까지 돌풍이 거세게 불면서 큰비가 밤낮으로 그치지 않고 퍼붓듯이 쏟아져 강물이 넘쳐 관내의 아오지·무이·조산 등의 들판 논과, 강음·능산 등 들판의 곡식들도 침수되고 …… 변방 지역의 강가에 있는 13개 마을도 집과 세간이 다 떠내려가버렸다.

이처럼 자연재해를 자세히 언급한 것은 피해를 방지하겠다는 의지가 강했기 때문일 것이다. 실제 자연재해가 오래 지속되면 국왕은 덕이 없음을 반성하고, 진휼정책(피해를 입은 백성들에게 곡식 등을 나누어주는 정책) 등을 써서 백성의 피해를 최소화하려 했다. 실록에 기록된 홍수·가뭄 등의 자연재해는 농업국가인 조선의 사회·경제 상황을 이해하는 데에도 중요한 열쇠가 된다.

실록은 조선시대 1,500여 회에 걸쳐 일어났던 지진에 관해서도 자세하게 기록했다. 이러한 기록은 우리나라도 지진의 무풍지대가 아님을 증명하는 사례이다. 실록에 기록된 지진의 시기와 발생 지역에 대한 체계적인 검토는 지질학 등 자연과학의 연구에도 도움을 많이 줄 것으로 기대된다.

●

## 장수(長壽) 왕 영조는 채식주의자

실록에서는 국왕의 건강과 관련된 기록도 쉽게 찾을 수 있다. 여기에는 현대인의 건강과 무관하지 않은 내용들이 숨어 있어 시사하는 바가 크다. 대표적으로 조선시대 왕 가운데 가장 오래 살았던 영조는 채식 위주의 식단을 즐겼으며, 조선시대 최고의 업적을 쌓았음에도 각종 질환에 시달렸던 세종은 육식을 좋아했다고 한다.《영조실록》영조 26년 2월 10일의 기록을 보자.

> 내가 일생토록 얇은 옷을 걸치고 거친 음식을 먹어 자전(慈殿, 임금의 어머니)께서 늘 염려하셨고, 영빈(寧嬪, 숙종의 후궁)도 매양 경계하기를 "먹는 것이 너무 박하니 늙으면 반드시 병이 생길 것"이라고 했지만, 나는 지금도 병이 없으니 옷과 먹는 것이 후하지 않았던 보람이다. 모든 사람의 근력은 순전히 잘 입고 잘 먹는 데서 소모되는 것이다. 듣자니, 사대부 집에는 초피(貂皮)의 이불과 이름도 모를 반찬이 많다고 한다. 사치가 어찌 이토록 심하게 되었는가?

영조는 당시 사치의 문제점을 지적하는 가운데, 자신이 병이 없는 것은 일생 동안 거친 음식을 먹고 얇은 옷을 입으며 생활했기 때문이라 했다. 숙종과 무수리 출신의 어머니(숙빈 최씨) 사이에서 태어난 영조는 정통 왕세자 교육을 받지 못했다. 18세부터 28세까지 궁궐이 아닌 사가(私家)에서 생활했는데, 백성들 사이에서 섞여 산 삶의 경험은 왕이 된 이후의 생활에도 큰 영향을 미쳤을 것으로 짐작된다.

반면에 태종 때 세자로 책봉되어 정통 왕세자 교육을 받은 세종은 평소에 기름진 궁중요리와 육식을 즐겼던 것으로 보인다. 성산부원군 이직(李稷) 등이 세종의 건강을 염려하여 올린《세종실록》세종 4년 9월 21일 글을 보면 다음과 같다.

> 졸곡(卒哭, 사람이 죽은 지 석 달 만에 지내는 제사) 뒤에도 오히려 소선(素膳, 고기나 생선이 없는 간소한 반찬)을 하시어 성체(聖體)가 파리하고 검게 되어, 여러 신하가 바라보고 놀랍게 생각하지 않는 사람이 없으며 또 전하께서 평일에 육식이 아니면 수라를 드시지 못하시는 터인데, 이제 소선한 지도 이미 오래되어 병환이 나실까 염려되나이다.

여기서 "전하께서 평일에 육식이 아니면 수라를 드시지 못하시는 터"라는 표현은 세종이 무척이나 육식을 즐겼음을 암시하는 대목이다. 이런 식단이 오히려 세종의 건강을 위협했던 것은 아닐까?

《세종실록》에 기록된 세종의 질환 관련 기사는 모두 50여 건에 이른다. 세종은 20대 후반에 두통과 이질을 앓았으며, 30대 중반에는 풍병과 종기에 자주 시달렸다. 40대 중반의 기사에는 안질과 소갈증이 언급되어 있으며, 수전증과 한쪽 다리가 말을 듣지 않는다는 기록도 있다. 《세종실록》의 세종 21년 6월 21일 기사에는 세종 스스로 건강상의 이유로 강무(講武)를 할 수 없으니 큰일은 세자에게 맡기겠다는 취지의 발언을 하고 있다. 이 기록에는 세종이 당시까지 앓고 있던 질병이 자세히 언급되어 있다.

> 내가 젊어서부터 한쪽 다리가 몹시 아파 10여 년에 이르러 조금 나았는데, 또 등에 부종(浮腫)으로 아픈 지 오래다. 아프면 마음대로 돌아눕지도 못하여 그 고통을 참을 수가 없다. …… 또 소갈증(消渴症)이 있어 열서너 해가 되었다. 그러나 이제는 조금 나았다. 지난해 여름에 또 임질(淋疾)을 앓아 오래 정사를 보지 못하다가 가을 겨울에 이르러 조금 나았다. 지난 봄 강무(講武)한 뒤에는 왼쪽 눈이 아파 안막(眼膜)을 가리는 데 이르고, 오른쪽 눈도 이내 어두워서 한 걸음 사이에서도 사람이 있는 것만 알지 누구누구인지를 알지 못하겠으니, 지난봄에 강무한 것을 후회한다. 병이 하나 겨우 나으면 병이 하나 또 생기매 나의 쇠로(衰老)함이 심하다. …… 이제는 몸이 쇠하고 병이 심하여 금년 가을과 내년 봄에는 친히 사냥하지 못할 듯하니, 세자로 하여금 숙위(宿衛) 군사를 나누어 강무하게 하라.

여기서 세종은 한쪽 다리가 아팠다는 것, 등에 부종이 생겼다는 것, 13년 동안 소갈증을 앓았다는 것, 임질에 걸렸다는 것, 눈이 아파 안막을 가린다는 것 등 각종 질환에 시달렸음을 고백하고 있다. 그렇다면 세종이 앓았다는 등창·소갈증·임질 등은 구체적으로 어떤 병일까? 안질은 백내장, 소갈병은 당뇨질환, 임질은 전립선염이나 방광염을 뜻한다. 물론 세종은 말년에 세자에게 대리청정을 하게 했지만 훈민정음 창제와 같은 대사업에서 손을 뗄 수가 없었다. 각종 질환에 시달리면서도 자신이 맡은 역사적 책무를 다한 세종, 질병의 고통 속에서도 주옥같은 업적들을 남겼기에 인간 세종의 모습이 더욱 아름다운 게 아닐까?

●

## 고려 충신 정몽주에게는 인색하기만 한 실록의 기록

고려왕조 최고의 충신으로서 조선 건국에 눈엣가시였던 정몽주. 그런 그가 이방원이 휘두른 철퇴에 피를 흘리며 쓰러진 흔적이 아직도 선죽교에 남아 있다는 전설 같은 이야기가 전한다. 그렇다면《조선왕조실록》은 조선 건국 최대의 반대 세력이었던 정몽주의 죽음을 어떻게 기록하고 있을까?《태조실록》총서에는 정몽주가 연명(連名)으로 글을 올려 조준, 정도전 등의 목 베기를 청한 것이 죽음의 원인이 되었다고 기록되어 있다. 그리고 실록의 기사에도 정몽주를 제거하는 데 앞장선 인물이 이방원이라고 언급하고 있다. 태조에게 정몽주를 죽일 것을 청했으나 허락받지 못한 이방원은 직접 휘하의 군사를 이끌고 정몽주 제거에 나서게 된다. 실록 속으로 들어가보자.

전하(이방원)께서 조영규(趙英珪)·조영무(趙英茂)·고여(高呂)·이부(李敷) 등으로 하여금 도평의사사(都評議使司)에 들어가 정몽주를 치게 했는데, 변중량(卞仲良)이 그 계획을 정몽주에게 누설하니, 정몽주가 이를 알고 태조의 사제(私第)로 나와서 병을 위문했으나, 실상은 변고를 엿보기 위해서였다. 태조는 정몽주 대접하기를 전과 같이 했다. 이화가 전하에게 "정몽주를 죽이려면 이때가 그 시기입니다" 했다. 이미 계획을 정하고 나서 이화가 다시 말하기를, "태조께서 노하시면 두려운 일인데 어찌하겠습니까?" 하며 결정하지 못하니, 전하께서 말하기를, "기회를 잃어서는 안 된다. 태조께서 노하시면 내가 마땅히 대의(大義)로써 아뢰어 위로하여 풀도록 하겠다" 하고는, 이에 노상(路上)에서 치기를 모의했다.

전하는 다시 조영규에게 명하여 상왕(上王, 정종)의 저택으로 가 칼을 들고 바로 정몽주의 집 동리 입구에 이르러 몽주를 기다리게 했다. 고여·이부 등 두서너 명에게는 그 뒤를 따라가게 했다. 정몽주가 집에 들어갔다가 머물지 않고 곧 나오니, 전하는 일이 성공하지 못할까 두려워 친히 가서 지휘하고자 했다. 문밖에 나오니 휘하 인사의 말이 안장을 얹은 채 밖에 있는지라, 전하가 드디어 이를 타고 달려 상왕의 저택에 이르러 몽주가 지나갔는가, 아니 갔는가를 물으니, "지나가지 아니했습니다" 하므로, 전하가 다시 방법과 계책을 지시하고 돌아왔다.

이때 전 판개성부사(判開城府事) 유원(柳源)이 죽어 정몽주가 그 집에 조상(弔喪)하느라고 지체하니, 이 때문에 영규 등이 무기를 준비하고 기다리게 되었다. 정몽주가 이르매 영규가 달려가서 쳤으나, 맞지 아니했다. 몽주가 그를 꾸짖고 말을 채찍질하여 달아나니, 영규가 쫓아가 말머리를 쳐서 말이 넘어졌다. 몽주가 땅에 떨어졌다가 일어나서 급히 달아나니, 고여 등이 쫓아가서 그를 죽였다.

이상에서 보듯, 정몽주는 이방원의 부하 조영규 등이 휘두른 철퇴에 단번에 맞아 쓰러진 것이 아니라, 처음에는 철퇴를 피해 달아나다가 말

**정몽주 초상**《조선왕조실록》에서 정몽주는 이방원의 부하 조영규 등이 휘두른 철퇴에 맞아 떨어진 뒤 죽은 것으로 기록되어 있다. "그가 흘린 핏자국이 선죽교에 있다"라는 야사의 기록은 실록 어디에서도 찾을 수 없다.

에서 떨어진 뒤 죽은 것으로 되어 있다. "그가 흘린 핏자국이 선죽교에 남아 있다"라는 야사의 기록은 실록 어디에서도 찾을 수 없다. 오히려 민간에서 정몽주의 죽음을 안타깝게 여겨 그의 뜻을 기리고자 다소 과장하여 전한 이야기가 그대로 후대에 계승된 것으로 보인다.

결국 조선의 공식 기록인《조선왕조실록》에는 정몽주의 죽음이 우리가 익히 알던 것과는 달리 평범하게 기록되어 있다. 이는《태조실록》편찬 시기가 태종 때 사실과도 관련이 깊다. 정몽주 제거의 핵심인물이었던 이방원이 현왕(現王)으로 있는 상황에서 편찬한 실록인 만큼 설사 정몽주의 죽음이 극적이었다 하더라도, 평범하게 서술할 수밖에 없는 시대 조건이 앞선 셈이다.

●

# 승자의 기록에 남은 열혈남아 정도전의 죽음

조선 건국 최고의 주역이었지만 이방원에게 죽임을 당한 정도전에 대해 《조선왕조실록》은 가혹하게 평가했다. 죽음 앞에 선 정도전을 목숨을 구걸하는 비겁자로 그리고 있다. 고려 후기 정치적·사회적 모순에 적극 대항하며 혁명을 꿈꾸었던 열혈남아 정도전의 최후를 《태조실록》에서 찾아보자.

"이곳이 소동(小洞)이니 곧 남은의 첩 집입니다."

정안군(이방원)이 말을 멈추고 먼저 보졸(步卒)과 소근(小斤) 등 열 명으로 하여금 그 집을 포위하게 하니, 안장 갖춘 말 두서너 필이 그 문 밖에 있고 노복(奴僕)은 모두 잠들었는데, 정도전과 남은 등은 등불을 밝히고 모여 앉아 웃으며 이야기하고 있었다. 소근 등이 지게문을 엿보고 들어가지 않았는데, 갑자기 화살 세 개가 잇따라 지붕 기와에 떨어져서 소리가 났다. 소근 등이 도로 동구(洞口)로 나와서 화살이 어디서 왔는가를 물으니, 숙번이 말했다.

"내가 쏜 화살이다."

소근 등으로 하여금 도로 들어가 그 집을 포위하고 이웃집 세 곳에 불을 지르게 하니, 정도전 등은 도망하여 숨었으나, 심효생·이근·장지화 등은 모두 살해당했다. 도전이 도망하여 이웃의 전 판사(判事) 민부(閔富)의 집으로 들어가니, 민부가 아뢰었다.

"배가 불룩한 사람이 내 집에 들어왔습니다."

정안군은 그 사람이 도전인 줄을 알고 이에 소근 등 네 명을 시켜 잡게 했더니, 도전이 침실(寢室) 안에 숨어 있는지라, 소근 등이 그를 꾸짖어 밖으로 나오게 하니, 도전이 자그마한 칼을 가지고 걸음을 걷지 못하고 엉금엉금 기어서 나왔다. 소근 등이 꾸짖어 칼을 버리게 하니, 도전이 칼을 던지고 문 밖에 나와서 말했다.

"청하건대 죽이지 마시오. 한마디 하고 죽겠습니다."

소근 등이 끌어내어 정안군의 말 앞으로 가니, 도전이 말했다.

"예전에 공(公)이 이미 나를 살렸으니 지금 또한 살려주소서."

정안군이 말했다.

"네가 조선의 봉화백(奉化伯, 정도전의 벼슬 이름)이 되었는데도 도리어 부족하게 여기느냐? 어떻게 악한 짓을 한 것이 이 지경에 이를 수 있느냐?"

이에 그를 목 베게 했다.


기록에 따르면, 정도전은 이방원의 기습에 침실 안으로 숨었다가 겁에 질린 표정으로 나와 이방원에게 목숨을 구걸했다. 조선 건국의 주역이자 혁명아로서 건국 후 진도(陳圖)를 연습하며 요동정벌을 꿈꾸었던 정도전과는 너무나도 거리가 먼 모습이다.

정도전의 야성적인 모습을 잘 보여주는 일화는 서거정의 《태평한화(太平閑話)》에 기록되어 있다. 고려 말 정도전은 절친한 벗이었던 이숭인, 권근 등과 더불어 각자 인생에서 가장 즐거운 일이라고 생각하는 것에 관해 이야기한 적이 있었다. 이숭인은 조용한 산방에서 시를 짓는 것을 평생의 즐거움이라 했고, 권근은 따뜻한 온돌방에서 화로를 끼고 앉아 미인을 옆에 두고 책을 읽는 것이 최고의 즐거움이라 했다. 정도전은 첫눈이 내리는 겨울날 가죽옷 차림에 준마를 타고, 누런 개와 푸른 매를 데리고 들판에서 사냥하는 것을 가장 즐거운 일로 꼽았다고 한다. 온화한 인품의 소유자 이숭인, 현실에 안주하면서 즐거움을 누리겠다는 권근과는 달리, 정도전은 거친 현실을 돌파하려는 의지가 강했다. 이런 그가 죽음이 두려워 목숨을 구걸했을까? 혹시 실록의 기록이 왜곡된 모습을 담고 있지는 않을까?

실록의 기록이 진실인지 아니면 정도전을 죽인 자들이 쓴 실록이 그의 죽음을 왜곡했는지는 아무도 알 수 없다. 다만 반대파에 대해서는 상당히 가혹한 평가를 내렸을 것이다. 따라서 정도전의 죽음을 실록에 기록된 대로 해석하는 것은 망설여질 수밖에 없다. 기본적으로 실록은 역사 사실에 충실한 기록이지만 특정 정치인의 행적이나 평가에는 당대의 정치적 입장이 개입되기 때문이다.

# 2부

## 16세기 조선 지식인의 세계

1

# 표해록 漂海錄

### 500년 전 조선 선비의 중국 표류견문기

●

## 13일간의 표류와 극적인 중국 표착

최근 중국 사회과학원의 심의림 교수는 "중국 지식인의 한 사람으로서 《표해록(漂海錄)》을 읽게 된 것을 몹시 기쁘게 생각한다. 과거 중국인들은 마르코 폴로라는 이탈리아인이 쓴 여행기만 알았지, 이웃 나라 조선에도 '동방의 마르코 폴로'라 할 만한 최부의 기막힌 여행기가 있다는 사실을 몰랐다. 최부(催溥, 1454~1504)의 《표해록》은 중국에 대한 이웃 나라의 가장 친절한 묘사라고 할 수 있다"라는 말로《표해록》의 가치를 단적으로 표현했다.

1487년(성종 18) 11월, 전라도 나주 출신의 선비 최부는 제주도에 추쇄경차관(推刷敬差官, 부역과 병역 기피자, 도망간 노비를 잡아오는 임무를 띤 관리)으로 파견되었다. 그런데 공교롭게도 이곳에서 부친의 부음을 들었다. 최부는 장례를 치르기 위해 배를 마련하여 일행 42명과 함께 고향인 나주로 향했다. 곧 폭풍이 일 것이라며 만류하는 사람이 많았으나 최부는 한시바삐 상주의 예를 올려야 한다며 출항을 강행했다.

결국 바다에서 큰 풍랑을 만났고, 최부의 인생은 전혀 예상치 못한 방향으로 흘러가게 된다. 13일간 망망대해를 표류한 끝에 최부 일행이 닿은 곳은 나주가 아닌 낯선 중국 대륙이었다. 그것도 조선의 사신조차 한 번도 밟아보지 않은 강남지방인 영파부(寧波府)였다.

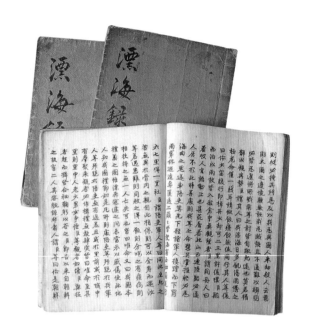

**《표해록》** 성종 대의 학자 최부가 1488년 1월 제주도에서 풍랑을 만나 중국의 강남지방에 표착한 후 북경을 거쳐 조선으로 돌아오기까지 6개월의 여정을 생생하게 정리한 중국 여행기로, 당시 명나라의 사회상을 엿볼 수 있는 귀중한 자료이다.

설상가상으로 최부 일행은 이곳에서 해적 무리를 만난다. 최부는 도장과 마패를 제외한 물건을 모두 빼앗기고 작두로 목이 잘릴 뻔한 위기에 처했다가 가까스로 탈출한다. 기아와 탈진에 시달리고 옷에 적신 빗물로 연명하며 3일간을 표류한 끝에 또다시 육지에 오르니, 저승 문턱에서 가까스로 돌아온 형국이었다.

절체절명의 위기에서 일행 모두를 안전하게 지킬 수 있었던 것은 최부의 학식과 지혜 덕이었다. 망망대해를 기약 없이 표류하던 중에 절망한 일행 한 사람이 "우리 모두 짠 바닷물을 마시고 죽는 것보다는 활시

위로 목을 매어 죽는 것이 낫다"라고 하자, 최부는 동요하는 무리를 이렇게 다독인다.

> 너희들은 키를 잡아 배를 바로해야 하며 방향을 잘 알아야 한다. 내가 일찍이 지도를 보니 우리나라 흑산도에서 동북쪽으로 가면 충청도와 황해도의 경계이며, 정북쪽으로 가면 평안도와 요동 등지에 이른다. 서북쪽은 옛날 우공(禹貢)의 청주와 연주의 경계이며, 정서쪽은 서주와 양주 지역이다. ······ 서남쪽을 향해 조금 남쪽으로 가다가 서쪽으로 가면 섬라(暹羅, 타이)·점성(占城, 베트남 중심부)·만랄가(滿剌可) 등지에 이른다.

최부가 평소 조선 주변 지리에 매우 밝았음을 알 수 있는 대목이다. 바다갈매기를 보았을 때에도 최부는 "갈매기는 한 종류가 아니다. 어떤 것은 강호의 모래톱에 떠다니기도 한다. 만약 바다갈매기라면 떼지어 조류를 따라 날아다니다가 3월에 바람이 불어올 때 모래톱과 섬으로 돌아온다. 지금은 정월이니 갈매기 무리가 떼 지어 나는 것으로 보아 정확히 큰 바다 가운데에 있는 것이다"라고 했다. 그의 박식을 엿볼 수 있다.

육지에 닿은 최부 일행을 맞은 중국의 관리들은 최부가 관복이 아닌 상복을 입어 위엄을 보이지 않았기 때문에 감히 도적 떼가 습격한 것이라며 상복을 벗으라고 권유했지만 최부는 "예를 버릴 수 없다"며 완강하게 버티었다. 일행 중 '정보'라는 인물이 "죽음에 직면한 때를 당하여 어찌 예의를 지킬 겨를이 있겠습니까? 잠시 권도(權道, 임시방편)를 택하여 살길을 취하신 후에 예로써 상을 치르시더라도 의(義)를 해치는 것이 아닙니다"라고 하는데도 최부는 "상복을 벗는 것이 길(吉)이라 한다면 효도가 아니고, 거짓으로 사람을 속이는 것은 신(信)이 아니다. 차라리 죽을지언정 효와 신이 아닌 지경에 이르는 일은 차마 할 수 없으니, 나는 마땅히 정도를 받아들이겠다"라며 상복을 벗지 않았다. 지금의 관점에서 보면 융통성 없는 외고집으로 여겨질 수도 있겠지만 자신이 배운 학문과 이념의 실천을 목숨보다 중히 여기던 시절이라는 점을 고려하면 이해가 가는 부분이다.

최부 일행이 수차례 죽을 고비를 넘기며 겨우 표착했던 우두외양(牛頭外洋)은 강남의 질강성(浙江省) 태주부 삼문현으로 추정된다. 첫 표류지였던 추자도 앞바다에서 수천 킬로미터나 떨어진 곳이었다. 최부 일행은 이곳에 도착하자마자 영문도 모른 채 마을 사람들에게 끌려 관부로 압송된다. 마을 사람들은 북과 징을 치며 장검을 들고 최부 일행을 난폭하게 끌고 갔다. 그때 얼마나 혹독하게 당했던지 최부는 "나는 이제 기력이 없다. 이제는 죽게 되었다. 이같이 죽을 줄 알았다면 차라리 해상에서 죽느니만 못 하구나"라고 자탄했다. 최부 일행이 이러한 대접을 받은 것은 당시 중국 해상에 자주 출몰하던 왜구로 오인받았기 때문이다.

최부 일행은 태주부의 관청이 있는 도저성(桃渚城)으로 압송되어 본격적인 심문을 받았다. 중국의 관리들은 자신이 조선의 관리라는 최부의 주장이 사실인지 아닌지를 확인하기 위해 여러 질문을 했다. 그 가운데 조선 땅의 크기와 행정구역, 조선과 중국 간의 거리, 조선 국왕의 성과 휘(諱, 이름)에 관한 질문도 있었는데, 이에 최부는 거침없이 답변했다. 특히 조선의 역사나 도읍에 관한 질문에는 막힘이 없어 중국 관

**최부의 여정** 1488년 1월에 제주 앞바다에서 폭풍우를 만나 표류하기 시작한 최부 일행은 중국 각지를 거쳐 148일 만에 43명 전원이 무사히 귀국한다.

리들은 최부가 조선의 관리라고 확신했다. 한 중국 관리는 "당신은 참으로 독서를 많이 한 사람이오"라며 감탄을 아끼지 않았다고 한다. 최부는 해박한 역사 지식을 펼쳐보이며 위기 속에서도 당당한 태도를 잃지 않아 왜구 혐의에서 벗어날 수 있었던 것이다. 오해가 풀린 후 최부 일행은 조선에서 온 손님으로 신분이 격상되어 군리(軍吏)의 보호 속에 중국 황제가 있는 북경으로 향했다.

## 대운하를 거슬러 오르며 들여다본 중국의 속살

풍부한 독서력으로 무장한 최부, 그의 해박한 지식과 끝까지 당당함을 잃지 않았던 처신 덕에 일행은 천자(天子)가 있는 북경으로 향하게 되었다. 그 길에서 최부는 소흥·항주·소주 등 오늘날 우리나라 사람들도 즐겨 찾는 중국의 강남지방을 지나갔다.《표해록》에는 이곳의 지리와 각 지역의 고사(古史)가 기록되어 있어 최부가 중국 역사에도 무척이나 해박했음을 보여준다. 이를테면 그는 항주(杭州)를 지나면서 "항주는 오대(伍代) 때는 오월(嗚越)이었으며, 송(宋)나라 고종 때의 도읍이었던 임안부(臨安府)이다", "항주는 동남에서 제일가는 도회지로 시장에는 온갖 보물이 가득 차 있으며 남방에 무역하는 선박이 많아 거리의 환락가에는 방탕한 무리가 많았다"라고 기록했다. 오늘날 항주의 관광 명소인 육화탑(六和塔)에 대해서는 "전단강에 이르러 배를 타고 강안을 따라 걸으며 서쪽을 바라보니, 육화탑이 강가를 굽어보고 있었다" 하여 500여 년 전에도 육화탑이 오늘날과 같은 자리에 우뚝 솟아 있었음을 알게 한다. 항주에서는 태감의 직책에 있던 중국 관리가 성삼문·신숙주·정인지 등이 무슨 관직을 맡았는지를 묻는 내용도 있다. 명의 강남 지역 관리가 조선의 선비들에게 깊은 관심을 보이고 있는 점이 인상적이다.

　오늘날 '물의 도시'로 각광받고 있는 소주(蘇州)에 대해서는 "소주의 강 양쪽에는 상점이 있고 선박이 운집해 있어 참으로 동방 제일의 도시라 할 수 있다. 또한 부상대고(富商大賈)들이 모두 모여 있는 지방으로 예부터 천하에서 가장 아름다운 곳이라 했다" 하여, 소주의 절경에 감탄을 쏟아냈다.

중국의 옛 사적을 두루 돌아보는 가운데 그 지역의 특징과 고사 들을 생각하며 발걸음을 재촉하던 최부는 북경에 이르기까지 역참 수백 곳을 지났는데, 이 지명들을 《표해록》에 빠짐없이 기록했다. 놀라운 기억력과 예리한 관찰력이 돋보이는 대목이다.

소주에서는 당나라 시인 장계(張繼)가 〈풍교야박(楓橋夜泊, 달밤에 풍교에 배를 세우다)〉이란 시에서 한산사(寒山寺)와 호구탑(虎口塔), 태호(太湖)의 아름다움을 노래했다. 그 옛날 창문(閶門) 밖에 고려정이 있었다는 사실과 호남, 복건 등지에 상인이 모여들었다는 도시의 번성함을 기록하고 있다. 소주의 한산사와 호구탑은 오늘날에도 중국 필수 관광지인데, 500년 전의 조선 선비가 이곳을 언급하니 역사 기록은 과거와 현재를 이어주는 매개체임을 실감하게 된다.

한편, 최부는 강북의 대도시 양주(揚州)를 지나며 뱃사람에게 5년 전 조선 사람 이섬(李暹)이 이곳에 표류해왔다는 사실을 전해 듣는다. 이섬은 정의현감으로 있던 시절 양주 지역에 표착했는데, 그때의 경험을 〈행록〉으로 적어 올린 일이 있다. 엄밀히 말하면 최부가 중국표류견문기를 처음으로 남긴 이는 아닌 셈이다.

양주에서 북상한 최부는 황하를 건너고 서주(徐洲)를 지났다. 이어 한고조(漢高祖)의 고향인 패현(沛縣)을 거쳐 덕주 등 산동반도 일대를 둘러보았다. 강남에서 조선의 문사로서 중국의 관인들을 만난 최부는, 강북 지역에서는 호송인들과 중국의 정치·사회·문화에 대해 대화를 나누었다. 그중에는 "중국의 사신 장녕이 조선에 갔다가 《황화집(皇華集)》을 지었다는 사실을 알고 있느냐?"라는 질문에, 《황화집》에 나오는 시 〈한

강루에 오르다〉의 한 부분을 인용하며 조선에서 평판이 좋다고 답했다. 최부는 이처럼 시종일관 해박한 지식으로 중국인들에게 '조선 선비는 대단하다'는 이미지를 심어주었다.

최부는 '표류'라는 예기치 못한 재난으로 중국에 가게 되었지만,《동국통감》이나 《동국여지승람》의 편찬에도 참여했던 조선 최고의 관료였다. 조선 선비가 중국에서 보인 행적은 당시 중국인이 조선을 긍정적으로 인식하는 데 크게 기여했을 것이다.

●

## 조선 선비 최부, 명나라 황제를 알현하다

최부 일행은 3월 28일, 드디어 북경에 이르러 황제를 알현할 기회를 얻었다. 이곳에서도 최부는 중국 관리와 실랑이를 했다. 원인은 상복 때문이었다. 황제를 알현하려면 예복을 갖추어 입어야 한다는 중국 관리의 말에, 최부는 상중(喪中)이라 비록 황제 앞이라 해도 화려한 옷을 걸칠 수 없다고 버텼다. 그러나 결국 최부는 강권에 못 이겨 중국 관리들과 나란히 예복으로 갈아입고 황제를 알현했다.

황제를 알현한 지 이틀 뒤, 최부는 병중이었으나 수레를 타고 조선으로 향했다. 4월 24일에 북경을 떠나 산해관, 요동을 거쳐 압록강에 다다른 것이 6월 4일, 죽을 고비를 수차례 넘기고 5개월 만에 밟는 고국 땅이었다.

최부 일행은 6월 14일 마침내 한양의 청파역에 도착했다. 그리고 곧바로 표류 과정과 중국을 견문한 시말을 적어 왕에게 바칠 것을 명받았다. 중국에서 돌아온 지 8일 만인 6월 22일, 최부는 조선판《동방견문록》이라 할 수 있는 5만 자 분량의 중국표류견문기《표해록》을 완성했다.

●

## 사화로 마감한 최부의 삶

최부의 본관은 탐진(耽津, 전라도 강진)으로, 조선 전기 사림파의 중심인물 김종직(金宗直, 1431~1492)의 문하에서 학문을 배웠다. 24세 때 진사시에 합격하고 29세 때 친시문과에 을과로 급제하여 저작(著作)·박사(博士)·수찬(修撰) 등의 직책을 역임했다. 33세 때는 다시 문과중시에 을과로 급제했는데, 당시 급제자 여덟 명 가운데는 김종직 문하의 동문인 신종호·표연수·김일손 등이 있었다. 이후 최부는 사헌부 감찰, 홍문관 부교리 등을 거치면서 사림파 학자로서 탄탄히 실력을 쌓아갔다. 성종 대에 의욕적으로 추진하던《동국통감》(1485)이나《동국여지승람》(1486) 같은 역사서·지리서 편찬에도 참여했다.

1487년 표류 이후 우여곡절 끝에 조선에 도착한 최부는 왕명을 받아《표해록》을 저술했으나, 그 직후 대신들에게 탄핵을 당했다. 부친상이 끝나지 않았는데도 고향으로 내려가지 않고 왕명을 빙자해 책을 썼다는 이유에서였다. 타국에서 상주의 예를 다하며 꼿꼿하게 조선 지식인의 풍모를 보였던 최부가 고국에서는 예를 다하지 못한 사람으로 탄핵당하는 어처구니없는 일이 벌어진 것이다. 조선의 지식인에게 성리학의 이념과 실천은 목숨보다 소중한 것이었음을 짐작케 하는 대목이다.

그러나 성종은 최부를 여전히 신임했다. 대신들의 탄핵을 뿌리치고 최부를 홍문관 교리로, 다시 3개월 뒤에는 홍문관 부응교, 예문관 응교로 전례 없는 파격적인 승진을 단행했다. 연산군 초기까지도 최부는 순탄하게 관직생활을 하면서, 1497년(연산군 3)에 중국을 다녀온 지 10년 만에 성절사(聖節使, 중국 황제나 황후의 생신을 축하하기 위해 파견하던 사절)의 질정관(質正官)으로 다시 명나라를 다녀오게 된다. 그러나 연산군의 폭정, 사림파와 훈구파의 대립으로 야기된 사화는 최부의 인생에 깊은 그림자를 드리운다. 1498년(연산군 4) 무오사화가 일어나자 최부는 같은 김종직의 문인인 김굉필·박한주 등과 붕당을 만들어 국정을 비난했다는 죄목으로 함경도 단천에 유배되었다가, 1504년 갑자사화(연산군 10) 때 처형되었다. 1506년(중종 1) 중종반정이 일어난 뒤 신원(伸寃, 억울하게 뒤집어쓴 죄를 씻음)되어 승정원 도승지로 추증(追贈, 나라에 공로가 있는 벼슬아치가 죽은 뒤에 그 벼슬을 높여줌)되었다.

●

## 15세기 명나라 역사 연구의 필수 사료, 《표해록》

최부는 성종의 명을 받아 남대문 밖에 머무르며 8일 만에 《표해록》을 완성했다. 놀라운 기억력과 예리한 관찰력, 역사와 지리에 대한 풍부한 식견 없이는 불가능했을 작업이었다. 그는 이 책에 중국의 해로(海路)·기후·산천·도로·관부(官府)·고적·풍속·민요 등 다양한 분야를 망라하고 있다. 특히 중국 관리들과의 대화를 기록한 부분에서는, 그들의 이름은 말할 것도 없고 마치 그 자리에서 대화 내용을 녹음이라도 한 것처럼 생생하게 복원했다.

최부는 중국 관리들의 질문에도 거침없이 답변하여 조선 선비의 학식이 어느 정도인지를 확실하게 보여주었다. 일례로 조선이 과거시험을 어떻게 치르는지 답한 내용을 보자.

인(寅)·신(申)·사(巳)·해(亥) 연도 가을에 유생을 모아 삼장(三場)으로 시험을 치릅니다. 초장(初場)은 의(疑)·의(義)·논(論) 가운데 두 편을, 중장(中場)은 표(表)·기(記) 중 두 편을, 종장(終場)은 대책(對策)을 시험하여 인재를 몇 뽑습니다. …… 방방(放榜)을 허가한 뒤에 임금이 홍패를 하사하고 화(花)·개(蓋)를 주어 사흘간 거리를 행진한 뒤 은영연(恩榮宴)과 영친연(榮親宴), 영분연(榮墳宴)을 베푸는데 이로써 벼슬길에 나아가는 것을 허락합니다.

최부의 대답에 중국 관리는 "당신은 참으로 독서를 많이 한 선비입니다. 이곳 사람들은 무식하기 짝이 없습니다"라고 존경의 뜻을 표하기도 했다. 이는 과거를 치른 당사자가 조선의 과거제도를 자세히 설명하고 있다는 점에서 자료적으로 매우 의미가 있다. 《표해록》에는 과거 외에도 조선의 제도에 대해 곳곳에 생생히 기록하고 있어 단순한 중국견문기의 가치를 뛰어넘고 있다.

《표해록》은 한국사를 전공하는 사람들뿐만 아니라 15세기 중국 명나라의 역사를 연구하는 사람들에게도 꼭 필요한 1차 사료이다. 《하멜 표류기》가 네덜란드보다 한국에서 더 주목받는 것과 같다. 중국 해안지역의 왜구 방어체제나 소흥·항주·소주·양주 등 강남의 도시와 북경과 요동을 비롯한 강북 도시의 차이점, 복식과 풍속, 관료와 신사·장교나

**세계 각국에서 출판된 《표해록》** 왼쪽부터 1769년 일본의 기요타 군킨(清田君錦)이 '당토행정기(唐土行程記)'라는 제목으로 출간한 번역본, 1965년 미국의 존 메스킬이 출간한 영문 역주본, 1979년 최부의 방손(傍孫) 최기홍이 출간한 한글 완역본, 1992년 중국 베이징 대학교 갈진가(葛振家) 교수의 점주본이다.

역리 등에 대해 자세히 평한 것도 눈길을 끈다.

> 강남의 주택은 기와집이고 벽돌을 깔았으며, 계단은 모두 돌을 다듬어 사용하거나 돌기둥을 세운 것도 있었는데, 모두 크고 화려했다. 강북은 작은 초가집에 사는 자가 거의 절반을 차지하고 있었다.

> 복식으로 말하자면 강남 사람들은 모두 넓고 큰 검은색 속옷과 바지를 입었는데, 능라·명주·필단(匹緞)으로 만든 것이 많았다. …… 강북의 복식도 대개 강남과 같았으나 다만 짧고 좁은 흰옷 입기를 좋아하고 가난하여 해진 옷을 입은 이가 열에 서너 명은 되었다.

이 같은 기록은 최부의 눈에 비친 강남과 강북의 차이로 중국 명대 생활사 연구에 크게 도움이 되는 자료들이다.

최부는 또한 중국의 농촌에서 논밭에 물을 퍼 올리는 수차를 보고 그 제작법과 사용법을 눈여겨보았다가, 연산군 대에 충청도 지방에 가뭄이 들자 수차를 만들어 직접 활용하기도 했다. 이론과 명분만이 아니라 구체적인 실천에도 적극적인 인물이었던 것이다.

《표해록》은 일본에서도 널리 읽혔다. 도쿠가와 시대에 여러 사본과 필사본이 통용되었으며, '당토행정기(唐土行程記)'라는 제목으로 일본어 번역본까지 나왔다. 반면 우리 학계에서는 1960년대에 비로소 《표해록》에 관심을 두기 시작했다. 1964년에 최초로 고병익이 〈성종조 최부의 표류와 표해록〉이라는 연구 논문을 발표했다. 고병익은 동양사 연구자로서 중국사에 대한 해박한 지식을 바탕으로 《표해록》을 심도 있게 분석했다. 1965년에는 미국인 학자 존 메스킬이 《최부의 일기—표해록》이라는 영문 역주본을 편찬했으며, 1992년에는 중국 베이징 대학교 갈진가(葛振家) 교수가 《표해록—중국행기》 점주본을 내놓은 뒤, 한국·일본·중국에서 나온 표해록 관련 논문을 모아 중국어로 번역하여 1995년에 《최부 표해록 연구》를 펴냈다.

# 2

## 양아록 養兒錄

16세기 할아버지가 쓴 손자 양육일기

●

## 명문가의 관료, 유배 길에 오르다

이문건(李文楗, 1494~1567)의 집안은 명문가로, 8대조는 고려 말 명재상인 이조년이고 5대조는 세종 대에 영의정을 지낸 이직이다. 증조부 이함녕도 과거에 급제했으며, 부친 이윤택과 백부 이윤식이 함께 과거에 급제하여 명문가 자리에 서게 되었다. 이문건은 형 이충건(李忠楗)과 조광조(趙光祖)의 문하에서 학문을 배우며 관료의 꿈을 키웠다. 그러나 1519년 기묘사화(중종 14)로 스승인 조광조가 사약을 받으며 그의 인생도 크게 위기를 맞았다.

이문건과 그의 형은 조광조를 축출하는 데 앞장섰던 실권자 남곤과 심정의 미움을 받아 조광조를 후원했던 안처겸의 옥사에 연루되었다. 1521년 형 이충건은 귀양 가는 도중 청파역에서 사망했으며, 이문건은 과거에 응시하지 못하게 되었다. 다행히 1527년에 사면을 받은 이문건은 이듬해 과거에 합격했고, 인종(仁宗, 1515~1545, 재위 1544~1545)이 즉위하면서 대사간, 동부승지를 지내며 인생이 순탄하게 풀리는 듯했다. 그러나 인종이 재위 8개월 만에 죽고, 명종 즉위 후 문정왕후와 윤원형이 외척정치를 주도하며 이문건의 인생은 다시금 수난에 빠졌다. 인종의 편에 섰던 이문건 역시 정치적 탄압을 피할 수 없었다. 특히 큰형인 이홍건(李弘楗)의 아들 이휘(李輝)가 명종의 즉위를 반대하는 말을 퍼뜨렸다 하여 시신이 조선 팔도에 효시되는 참형에 처해졌고, 이문건은 성주로 유배되었다. 이처럼 명문가의 전통을 이어가던 그의 집안은 정치적 소용돌이 속에서 몰락해가고 있었다.

가정에 불운도 뒤따랐다. 이문건은 23세가 되던 해에 안동 김씨 김언묵(金彦默)의 딸과 혼인했으나, 자식 대부분은 천연두(마마) 등으로 불구가 되거나 일찍 사망했다. 유일하게 장성한 자식이 둘째아들 온(熅)이었다. 그는 하나뿐인 아들에게 애정과 기대가 컸다. 하지만 온 역시 어릴 때 앓은 열병의 후유증으로 정상적인 생활을 하지 못했다. 이문건은 부족한 아들을 교육시키기 위해 무던히도 애를 썼지만 온은 전혀 기대에 미치지 못했다. 이문건이 쓴 《묵재일기(默齋日記)》에는 아들 온과 매일 씨름하며 분노를 참지 못하는 이문건의 모습이 나타나 있다. "아침에 온이 시를 해석하지 못해 화가 치밀어 긴 나무로 때려 나무가 부러졌다"(11월 23일), "아침 일찍 온의 뺨을 발로 밟았다. 또 머리카락도 한 움큼 뽑아버렸다"(12월 8일)라는 기록에서는 그가 아들에게 느낀 분노가 대단했음을 알 수 있다.

●

## 새로운 희망, 손자의 출생

아들에게 기대를 저버릴 무렵 이문건에게는 새로운 희망이 생겼다. 1551년 1월 5일 손자가 태어난 것이다. 58세에 얻은 손자는 그야말로 눈에 넣어도 아프지 않을 아이였다. 이문건은 손자가 태어난 날의 감격을 이렇게 기록했다.

천리는 생생하여 과연 궁함이 없다더니 어리석은 아들이 자식을 얻어 가풍이 이어졌다. 선령이 지하에서 도움을 많이 주셔서 뒤의 일들이 모두 잘 될 것 같다. 오늘 저 어린 손자를 기쁘게 바라보며, 노년에 내가 아이 크는 모습을 지켜보겠다. 귀양살이 쓸쓸하던 터에 좋은 일이 생겨 나 혼자 술을 따르며 경축한다. 초8일에 쓴다.

이제 이문건의 관심은 모두 손자에게 향했다. 아이가 차츰 일어서고 이가 나고 걷기 시작하는 등 그 모든 것이 신기했다. 이문건은 손자가 자라는 모습을 모두 기록으로 남기고 싶었다. 모두 할아버지가 쓴 손자의 육아일기《양아록》은 이렇게 탄생했다. 조선 전기에는 선비가 육아일기를 쓰는 것이 크게 흠이 되지 않았다. 족보에도 남녀 구분 없이 출생순으로 기재했다. 재산 상속시에도 균분(均分) 상속하는 등 남녀 차별이 그리 크지 않았다. 육아를 철저히 여성의 일로만 한정했던 조선 후기였다면《양아록》은 쉽게 출현할 수 없었을 것이다.

이문건은 육아일기를 쓴 동기를 이렇게 밝히고 있다.

아이를 기르는 일을 반드시 기록할 필요는 없지만, 나는 할 일이 없어서 기록한다. 노년에 귀양살이를 하니 벗할 동료가 적고 생계를 꾀해도 졸렬해 생업을 할 수 없다. 아내는 다시 고향으로 돌아가 고독하게 홀로 거처한다. 오직 손자가 노는 것을 보며 시간을 보냈다. …… 겸하여 습좌(習坐, 앉는 법을 배우는 것), 생치(生齒, 이가 생기는 것), 포복(기어가는 것) 등 짧은 글을 뒤에 기록하여 애지중지 귀여워하는 마음을 담았다. 아이가 장성하여 이 것을 보면 글로나마 할아버지의 마음을 얼추 알 것이다. 가정 30년 신해

(1551) 중추 하현에 이문건이 귀양지에서 기록한다.

불운이 이어졌던 이문건에게 손자의 출생은 그간의 좌절감을 일거에 씻어주는 가뭄 속의 단비와도 같았다. 이문건은 귀양살이 중에 손자가 자라나는 모습을 가장 가까이에서 지켜보며 그 모습을 하나하나 기록으로 남긴 것이다.

《양아록》에는 조선시대에 아이가 태어나 성장하는 모습이 구체적으로 묘사되어 있다. 생후 6개월 무렵 아이는 혼자 앉을 수 있게 되었고, 7개월이 되자 아랫니가 나서 젖꼭지를 물게 되었다. 9개월이 지나자 윗니가 났다. 11개월 때 처음 일어서는 모습에 대해서는 "두 손으로 다른 물건을 잡고 양발로 쪼그리고 앉았다. 한 달을 이렇게 하더니 점점 스스로 오금을 펴고 일어났다"라고 기록하고 있다. 이 무렵 아이는 할아버지가 글 읽는 모습을 보고 할아버지 흉내를 냈다. 이문건은 "손자 아이가 커가는 것을 보니 내가 늙어가는 것을 잊어버린다"라고 하며 손자 키우는 재미에 흠뻑 빠졌다. 그러나 마음을 졸이는 일도 있었다. 5세 때에는 숫돌을 가지고 놀다가 엄지손톱을 찧어 할아버지를 놀라게 했다. 아이가 6세 때에는 천연두에 걸려 특히나 이문건을 불안하게 했다. 아들과 딸을 천연두로 잃었던 일이 있었기 때문이다. "온몸에 열이 불덩이 같고 종기가 잔뜩 곪아 있었다. 눕혀도 고통스러워하고 안아도 아파했다. 호소해도 구할 방법이 없었다. …… 이틀 밤낮을 틈틈이 미음을 먹이고 어루만져주며 답답함을 위로해주었다"라는 기록에는 손자를 위해 모든 것을 다해주어도 어쩔 수 없었던 안타까운 심정이 잘 표현되어 있다. 다행스럽게도 손자는 병을 털고 일어났다. 손자가 6세 되

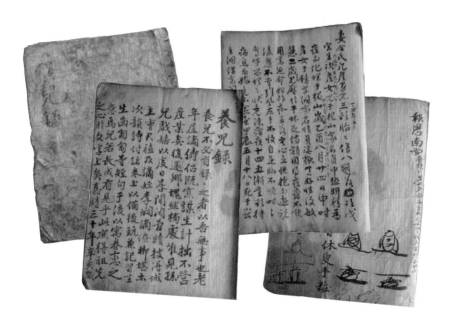

**《양아록》** 조선시대 육아일기 《양아록》에는 이문건이 손자와 함께하며 느꼈던 희로애락이 모두 담겨 있다. 손자가 자라는 모습을 지켜보며 기뻐하기도 하고 병에 걸렸을 때에는 간호하고 함께 아파하기도 했다. 속을 썩일 때에는 매를 대면서도 마음 아파하고 후회했던 조선시대 양반가 할아버지의 인간적인 모습이 진솔하게 드러난다.

던 해에 쓴 기록은 할아버지와 손자가 서로에게 가장 필요한 존재가 되었던 행복한 시절을 생동감 있게 묘사했다.

6월에 이르러 전염병에 걸려 아팠을 때 손자는 죽 먹고 똥 누는 일을 일일이 할아버지에게 해달라고 졸라댔다. 내가 기쁜 마음에 꺼리지 않고 돌보아주니 손자가 즐거워하고 좋아했다. 내가 밖에 나갔을 때 날이 저물면 곧 슬퍼하고 밤에 잠자리에 들어 졸려도 자지 않고 안타까워하며 늦게 돌아온다고 원망한다. 집에 들어오면 문 앞에서 기쁘게 맞이하고 펄쩍펄쩍

뛰면서 마음에 있는 말을 한다. 이것이 진정 더불어 사는 것, 한 뿌리 한 가지에서 나온 까닭이다.

어린 손자는 할아버지의 유일한 희망이자 즐거움이었다. 손자가 7세 되던 해에 아들 온이 세상을 떠나자, 손자를 돌보고 가르치는 것은 온전히 이문건의 몫이 되었다. 이문건은 자신에게 늘 의지하며 성장하는 손자의 모습을 원했지만, 손자는 커가면서 점점 할아버지에게서 멀어졌다.

●

## 큰 기대와 실망

1557년 6월 25일 아들이 죽은 날 이문건은 "병든 아비가 죽자 그 옆에서 곡을 한다. 슬프디 슬픈 너의 인생 어려서 아버지를 잃었으니 훗날까지 아버지 얼굴을 세세히 기억하도록 힘써야 할 것이다. 손자가 7세 되어 상복을 입을 도구를 갖추지 못했다"라고 하여 어린 손자의 슬픔을 표현했다. 할아버지는 아들에게 못다 한 것을 손자를 통해 이루려고 했다. 그러나 기대가 크면 실망도 크기 마련이다. 손자가 자라 스스로 의사 표현을 하면서부터 손자에 대한 실망도 커져갔다. 이때부터 손자에게 매를 들기 시작했다. 1557년 9월 4일 할아버지는 7세 손자에게 종아리 한 대를 때렸는데, 손자가 목놓아 울어 차마 더 때릴 수 없었다. 그러나 이후 매를 드는 일이 잦아지면서 할아버지와 손자 사이가 멀어졌다. 1559년 3월의 기록을 보자.

가정 기미년(1559) 3월 13일 아이가 학문을 익히지 않아 앞에 앉혀놓고 꾸짖었다. 아이는 또 살펴 듣지 않았다. 잠시 뒤 일어나 나가더니 아이들과 어울렸다. 곧 여종을 보내 불러들이게 했다. 뒤쪽 사립문 밖으로 와 끌어당겨도 들어오지 않아 성난 목소리로 불렀다. 시간이 지나 나는 아랫집에 있다가 그 불손함에 화가 나 친히 나갔다. 들어오라 한 뒤 손자의 머리통을 손으로 다섯 번 때렸다. 손자를 창가에 세우고 손바닥으로 볼기를 네 번 때렸다. 엎드려 우니 곧 가여운 마음이 들었다.

9세이던 해 늦은 봄 손자는 공부하지 않는 것을 꾸짖는 할아버지의 충고를 듣는 둥 마는 둥 하다가 나가버렸다. 화가 난 할아버지는 손자의 뒤통수를 다섯 대 때리고, 볼기를 네 대 때렸다.

손자를 때리고 벌서게 한 할아버지의 심정은 어떠했을까? 이문건은 손자를 벌하고 난 뒤 스스로를 자책하기도 했다. "날마다 부지런히 글씨를 쓰고 익힐 아이가 어디 있겠는가? 할아버지는 다만 네가 모든 것을 소중히 하길 바란다. 꾸중을 듣고도 잘못을 뉘우치지 않고 틈을 타 떼 지어 여기저기 돌아다닌다. 사람을 시켜 불러오도록 하니 꾸지람을 염려하여 울며 끌려오다가 문 앞에서 들어오지 않는다. 직접 일어나 나가서 데려오며, 정수리와 볼기를 때리자 고개 숙이고 엎드려 울어서 내 마음도 아팠다"라고 하여 손자에게 매를 댈 수밖에 없는 자신의 처지를 한탄하기도 했다.

"때린 후 사흘째 아침에 얼굴과 눈이 부었다. 속이 메스꺼운 것인가 했으나 원인을 알 수 없었다. 비록 끝내 게으름을 피워 어리석은 사람이 된다 해도 타고난 운명이 이와 같다면 원망함이 더욱 어렵다"라고 한 기록에서는 손자의 얼굴에 난 상처를 보고 가슴 아파하면서도, 매를 댈 수밖에 없는 어쩔 수 없는 이유를 기록했다.

손자가 자라 공부를 배우면서 할아버지와의 갈등이 커졌다. 10세 되던 해에는 그네뛰기에 정신이 팔려 할아버지에게 종아리를 맞았다. 13세부터 손자는 술을 입에 대기 시작했다. 1563년 10월의 기록에는 "돌아오는 길에 이미 심하게 취하여 말을 더듬고 횡설수설했다. 숨기려 했으나 끝내 할 수 없었다. 마침내 그 사실을 털어놓았다" 하고 있다. 만취해서 돌아오던 날 이문건은 가족에게 모두 손자를 때리게 했다. 누이와 할머니에게 열 대씩 때리게 했고, 자신은 스무 대도 넘게 때렸다. 하지만 손자의 술버릇은 쉽게 고쳐지지 않았던 것 같다. 손자가 14세 되던 새해 첫 날 이문건은 "늙은이가 아들 없이 손자에게 의지하는데 손자가 지나치게 술을 탐하여 번번이 심하게 토하고 뉘우칠 줄을 모른다. 운수가 사납고 운명이 박하니 그 한을 어떻게 감당할까"라며 손자의 음주벽을 매우 마음 아파했다. 이후에도 공부 문제, 손자의 태도 문제 등으로 할아버지와 손자의 갈등은 점점 커졌다.

1566년 4월에는 손자에게 글을 가르치다가 서로 견해가 달라 논쟁하고 화를 낸 일도 있다. 이문건이 한 고조의 정치를 이야기하다가 "한나라의 정치는 옛날에 미치지 못하고 끝났을 따름이다"라고 해석하자 손자는 "한나라 정치됨은 끝내 옛날 수준에 미치지 못했다"라고 해석했고, 할아버지와 손자는 서로 자신의 해석이 맞다고 주장하며 물러서지 않았다. 결국 이문건은 "나는 화가 나서 책을 물리치고 그만두었다"라고 기록했다.

이문건은 《양아록》 마지막 부분에 〈노옹조노탄(老翁躁怒嘆)〉에서 손자에게 자주 매를 대는 자신에 대해 "늙은이의 포악함은 진실로 경계해야 할 듯하다"라 반성하면서도, "할아버지와 손자 모두 실망하여 남은 것이 없으니 이 늙은이가 죽은 뒤에나 그칠 것이다. 아, 눈물이 흐른다"라며 손자에 대한 야속함과 자신의 슬픔을 표현했다. 이문건은 〈노옹조노탄〉을 끝으로 《양아록》을 쓰지 않았다. 손자가 이제 장성하여, 더 이상 자신의 품속에 품을 수 없는 존재라 생각했기 때문일 것이다.

500여 년 전 이 땅을 살아간 조선의 선비가 쓴 《양아록》은 거의 유일한 육아일기라는 점에서 의미가 크다. 그리고 책 속에 담긴 손자에 대한 할아버지의 애정과 엄한 교육 방법, 여종의 아이 젖 주기, 천연두, 단옷날 그네뛰기, 아이들의 음주 문화 등은 조선시대 생활사를 생생하게 증언해주고 있다. 《양아록》은 단순한 육아일기가 아니라 조선시대 역사 사료의 가치를 지닌 명저임이 틀림없다.

**3**

# 남명집 南冥集

## 시골 학자, 서릿발 같은 비판을 쏟아내다

●

## 조정을 발칵 뒤집은 상소문

남명(南冥) 조식(曺植, 1501~1572)은 16세기를 살아간 처사형 학자였다. 이황과 동시대에 태어나 영남학파의 양대산맥이었던 조식은 사림파의 입지를 지키면서, 성리학의 실천을 중시했다. 그의 문집인《남명선생문집南冥先生文集》(이하《남명집南冥集》)에는 경과 의를 신조로 삼으며 일관된 선비의 삶을 살아간 그의 사상이 잘 나타나 있다. 1555년(명종 10) 단성현감직을 제수받은 뒤 이를 사직하며 올린《남명집》〈사단성현감소(辭丹城縣監疏)〉에는 비판적 지식인 남명 조식의 성향이 가장 잘 표출되어 있다. 그해가 을묘년이어서 〈을묘사직소(乙卯辭職疏)〉라고도 한다. 당시 수렴청정하던 문정왕후와 배후의 외척세력을 강하게 비판한 것이었다.

전하의 나랏일이 잘못되어 나라의 근본이 망했고 하늘의 뜻이 가버렸으며 인심도 떠났습니다. 비유하면 큰 나무가 100년 동안 벌레가 속을 먹어 진액이 이미 말라버렸는데 사나운 비와 회오리바람이 언제 닥쳐올지 까마득하게 알지 못하는 것과 같으니 이 지경에 이른 지가 오래입니다. …… 자전(문정왕후)께서는 생각이 깊으시나 깊숙한 궁중의 한 과부에 지나지 않고, 전하께서는 어리시어 다만 선왕의 외로운 후계자[孤嗣]이실

뿐이니, 100가지 1,000가지 천재(天災)와 억만 갈래의 인심을 무엇으로
감당하며 무엇으로 수습하시겠습니까?

-《남명집》 권2, 〈을묘사직소〉

이 상소문에서 조식은 명종 시대 외척 정치의 문제점을 직설적인 문
장으로 표현했다. 1545년의 을사사화와 1547년 정미사화를 거치며 수
렴청정 자리에 오른 문정왕후를 과부로, 명종을 고아로 표현한 것은 권
력에 정면으로 맞선 것이었다. 당연히 조정은 발칵 뒤집힐 수밖에 없었
다. 군주에게 불경을 저질렀다는 이유로 남명을 처벌하자는 주장이 대
세였지만, 대신이나 사관 들 가운데서도 조식을 옹호하는 사람들이 나
타났다. '표현이 적절하지 못한 것일 뿐, 그의 우국충정은 높이 살 만하
다'거나 '조식에게 죄를 주면 언로가 막힌다'는 논리를 들었던 것이다.
조식의 기개도 돋보이지만, 조식을 옹호하며 지방 선비의 언로(言路, 신
하가 임금에게 말을 올릴 수 있는 길)를 변호했던 신하들의 적극적인 움직임
도 높이 평가할 만하다.

조식이 1555년 단성현감을 사직하며 올린 상소문은 선비의 언론을
왕이 수용해야 한다는 주요 근거로 후대에 인용되기도 했다. 이를테면
조선 후기 현종 대에 우의정 김수항(金壽恒)은 조식이 "자전은 과부이
고 명종은 외로운 후계자"라 한 표현을 명종이 받아들인 것을 거론했
다. 또한 영조 대에 한원진(韓元震)의 상소에서도 "옛날 처사 조식의 상
소 가운데 과격한 말이 많았으나 명종께서 초야의 오활(迂闊, 사리에 어둡
고 세상 물정을 잘 모름)한 말이라 하여 죄를 주지 않았다"라는 내용을 언
급한 것을 볼 수 있다.

●

## 칼을 찬 선비 학자

조식은 1501년(연산군 7) 외가인 경상도 합천에서 태어나 사화의 시대를 겪으며 관직에 진출하기보다는 평생을 처사로 살았다. 그러나 은둔자가 아니라, 비판적이고 객관적인 위치에서 현실 사회의 문제점을 끊임없이 지적하고 대안을 찾았다. 조식은 무엇보다 수양과 실천의 중요성을 강조했다. 경(敬)과 의(義)는 바로 조식 사상의 핵심이다. 남명은 '경'을 통한 수양을 바탕으로, 외부의 모순에 대해서는 적극적으로 비판하고 과감하게 실천하는 개념인 '의'를 신념화했다. 경의 상징으로 성성자(惺惺子, 항상 깨어 있음)라는 방울을, 의의 상징으로는 칼을 찼으며, 칼에는 '내명자경 외단자의(內明者敬 外斷者義, 안으로 자신을 밝히는 것은 경이요, 밖으로 과감히 결단하는 것은 의다)'라고 새겼다. 방울과 칼을 찬 선비 학자, 언뜻 연상하기 힘든 개성 강한 모습이지만 조식은 자신의 신념을 실천에 옮겼다.

실천적 행동으로 조정에 잘못이 있을 때마다 상소문을 올려 과감하게 비판하고, 왜구의 침략에 대비하여 후학들에게는 강경한 대왜관을 심어주었다. 1592년 임진왜란 때 정인홍, 곽재우, 김면, 조종도 등 남명 문하에서 많은 의병장이 배출된 것도 그의 가르침이 결코 헛되지 않았음을 보여준다. 《남명집》에 수록된 시 〈욕천(浴川)〉에는 조식이 스스로에게 엄격했던 것이 압축적으로 나타난다. "온몸에 찌든 40년 찌꺼기를, 1,000섬 맑은 물로 다 씻어 없애리라. 그래도 흙먼지가 오장에 남았거든, 곧바로 배를 갈라 흐르는 물에 부치리라"라는 표현은 유학자의

《남명집》 1604년(선조 37) 문인 정인홍 등에 의해 초간본이 간행되었으며, 1622년(광해군 14) 다시 정인홍이 중심이 되어 덕천서원에서 교정하여 5권 3책의 목판본으로 간행했다. 1764년 (영조 40)에는 1622년 간행본을 바탕으로 박정신 등이 14권 8책으로 중간(重刊)했다. 《남명집》 에는 성리학의 요체를 정리한 〈학기류편〉을 제외하면 상소문이나 논설에 관한 내용이 대부분 이다. 조식은 이 책에 현실 문제를 날카롭게 지적하고 그 대안을 제시했다.

입에서 나왔다고 믿기 어려울 정도로 과격하다. 그만큼 자신을 다잡는 강한 의지가 돋보인다. 조식의 사상에서 의(義)는 '실천하는 행동'을 의미했다. 그가 차고 다녔던 '칼'과도 맥을 같이한다. 그의 칼은 안으로는 자신에 대한 수양과 극기로, 밖으로는 외부의 적에 대한 대처와 조정의 관료들에게 향해 있었다. 그는 수양으로 과감하게 현실의 부조리와 모순을 극복하는 실천적 선비 학자였다. 조식의 상소문 또한 이러한 적극적인 실천 행위의 하나로 표출된 것이다.

조식은 학문적으로 실천을 중시했던 만큼 16세기 중반 이황과 기대승 등을 중심으로 전개되었던 이기론(理氣論)을 둘러싼 사단칠정(四端七情) 논쟁을 못마땅하게 여겼다. 조식은《남명집》곳곳에서 이를 비판했다.

요즘 학자들이 높이 성명(性命)을 말하나 실행이 부족하다. 이것은 마치 시장에 다니면서 진기한 보물을 보고 비싼 값만을 따지는 것과 같다. …… 지금의 학자는 성리만을 말하여 자기에게 이익이 없으니 어찌 이것과 다르겠는가.

선생이 항상 세상의 학문을 근심한 것은 인사를 버리고 천리(天理)를 말하는 것인데 제자 하항과 유종지 등이 매번 성명(性命)의 이치를 말하자, 선생(남명)이 말하기를 하학(下學, 실천하는 학문)과 상달(上達, 하늘의 이치에 다다름)은 스스로 단계가 있는데 자네들은 아는가 모르는가.

– 《남명별집(南冥別集)》〈언행총록(言行總錄)〉

이 글에서 나타나듯이 조식은 인간의 본성이나 하늘의 이치만을 따지며 학문의 세계에 도달하려는 상달 논쟁보다는 실천 중심의 하학의 중요성을 제자들에게 강조했다. 조식은 왕 앞에서도 이러한 견해를 당당히 피력했다. 명종에게 "아래로는 인사(人事)를 배우고 위로는 천리를 통달하는 것이 또한 학문이 나아가는 순서입니다. 인사를 버리고 천리를 논하는 것은 한갓 입에 발린 이치이며 반궁실천(反躬實踐, 자신을 반성하여 실천에 힘씀)하지 않고 견문과 지식이 많은 것은 바로 입과 귀로만 하는 학문입니다"《남명집》,〈무진년에 올린 봉사(封事)〉)라고 하여 하학과 인사를 중시하는 풍조가 정치에 반영되기를 거듭 강조했다.

조식이 이론 논쟁을 비판한 까닭은 무엇보다도 이러한 논쟁이 실제 삶에 도움되지 않고 지식인들의 헛된 이름만 내세우는 데 불과하다고 판단했기 때문이다. 다시 말해 이기 논쟁이 일반 민중의 삶을 해결하는 데 별다른 도움을 줄 수 없기에 하학과 인사를 강조하는, 즉 민생과 현실에 직접 관계되는 학문의 중요성을 강조한 것이다. 조식을 실천적 유학자로 일컬을 만한 대목이다.

●

## 조식과 지리산

조식은 61세가 되던 해에 합천을 떠나 지리산이 보이는 산천재(山天齋)에 마지막으로 학문의 터전을 잡았다. 여기서 '산천'이란 산속에 있는 하늘의 형상을 본받아 군자가 강건하고 독실하게 스스로를 빛냄으로써 날로 그 덕을 새롭게 한다는 뜻이다. 지리산은 조식이 가장 닮고 싶었던 산이었다. 다음 시에는 조식의 그러한 심정이 잘 담겨 있다.

청컨대 천 석들이 종을 보게나 請看千石鐘

크게 두드리지 않으면 소리가 나지 않는다네 非大扣無聲

어찌하면 두류산과 닮아 爭似頭流山

하늘이 울어도 울리지 않게 될까 天鳴猶不鳴

1558년(명종 13) 여름 조식은 제자들과 지리산을 여행했다. 이들의 지리산 기행은《남명집》〈유두류록(遊頭流錄)〉에 기록으로 남아 있다. 앞부분에는 당시 선비들의 산행 모습이 잘 나타나 있다.

가정(嘉靖) 무오년(戊午年, 1558) 첫여름에 진주목사 김홍, 이공량, 고령현감 이희안, 청주목사 이정 그리고 나는 두류산(頭流山)을 유람했다. 산속에서는 나이를 귀하게 여기고 관작을 숭상하지 않으므로 술잔을 돌리거나 자리를 정할 때에도 나이순으로 했다. 혹 어떤 때는 그렇게 하지 않았다. 초 10일 우옹(愚翁) 이정이 초계(草溪)에서 내가 있는 뇌룡사(雷龍舍)로 와서 함께 묵었다. 11일 내가 있는 계부당(鷄伏堂)에서 식사를 하고 여정에 올랐다. 아우인 환(桓)이 따라왔다. 원우석(元右釋)은 일찍이 중이 되었다가 환속했는데 지혜롭고 깨달음이 깊으며 노래를 잘 부르기에 불러 함께 길을 떠났다.

조식 일행은 16일 섬진강에 다다랐으며, 악양현을 지나 삽암(鍤岩)에 도착했다. 삽암에서 조식은 고려시대 최충헌의 집권기에 지리산으로 들어가 절개를 지킨 한유한(韓惟漢)의 충절을 기렸으며, 도탄(陶灘)에 도착해서는 선배 사림파 학자 정여창(鄭汝昌)의 죽음에 대해, "도탄에서 한 마장쯤 떨어진 곳에 정여창 선생의 옛 거처가 있었다. 선생은 바로 천령(天嶺) 출신의 유종(儒宗)이다. 학문이 깊고 독실하여 우리 도학(道學)에 실마리를 이어주신 분이다. 처자를 이끌고 산으로 들어갔으나 나중에 내한(內翰)을 거쳐 안음현감(安陰縣監)으로 나아갔다가 교동주(喬桐主, 연산군이 1506년의 중종반정으로 강화도 교동도에 유배를 가서 '교동주'라 표현함)에게 죽임을 당했다"라고 안타까워했다.

19일 아침 조식 일행은 청학동에 가기로 계획했다. 여기에 호남 지역에서 온 사람들이 함께하는 대목이 보이며, 21일에도 "호남에서 온 여러 사람과 함께 날이 저물도록 절의 누각에 앉아서 불어난 시냇물을 구경했다"라는 기록이 있어, 지리산은 조선시대에도 영남의 선비와 호남의 선비들을 소통시키는 공간임을 알 수 있다. 기생들이 앞장서고 그 뒤를 형성하고 요리사와 음식을 운반하는 수십 명이 따르는 행렬의 모습도 기록에 전한다. 그리고 향로봉, 비로봉, 학연(鶴淵) 등 지리산 청학동을 둘러싼 경치에 대해서도 밝히고 있다.

조식은 지리산을 유람하면서 부역에 허덕이는 백성들의 처지를 외면하지 않았다. 백성과 군졸은 유망하고 있는데 자신은 한가로이 유람하는 것을 자책하기도 했다.

"관가(官家)의 부역이 폐지되지 않아 양식을 싸들고 무리를 지어 왕래함이 계속되니 모두 흩어져 떠나가기에 이르렀다. 이들을 안타깝게 여긴 승려가 고을 목사에게 편지를 써서 조금이라도 부역을 덜어주기를 청했다. 산에 사는 중도 이러할진대 산촌의 무지렁이 백성들은 가히 알 만하다. 행정은 번거롭고 부역은 과중하여 백성과 군졸이 유망하니 아버지와 아들이 서로 보호하지 못한다. 이제 조정에서도 이를 크게 염려하는데, 우리는 나몰라라 하며 여유작작하게 노닐고 있으니 이것이 어찌 참다운 즐거움이겠는가?"라고 기록했다.

조식은 기행문 말미에서 지리산 산행을 열한 번이나 했다고 썼다. 그만큼 지리산은 한여름 피서처이자 제자들과 끈끈한 관계를 확인시켜주는 곳이었다. 조식은 생전에 지리산을 노래한 시와 기행문을 남겼다. 그리고 지리산이 보이는 산천재에서 죽음을 맞이했다. 묘소도 자신의 생가가 아닌 앞으로는 덕천강이 흐르고 뒤로는 지리산 천왕봉이 보이는 곳에 잡았다.

●

## 민본사상의 결정체, 〈민암부(民巖賦)〉

《남명집》곳곳에는 백성의 어려운 현실에 대해 근심하는 조식의 모습이 드러나 있다. 제자 정인홍(鄭仁弘)은 스승의 행장에서 "백성들의 괴로움을 염려하여 마치 자기 몸이 아픈 듯이 했고 회포가 이어져 이를 말함에 이르러서는 혹 목이 메어 눈물을 흘렸다. 관리들과 더불어 이야기할 때는 1분이라도 백성을 이롭게 할 수 있는 일이 있으면 힘을 다해서 말했으니 혹 베풀어지기를 바라서였다"라고 스승의 모습을 증언하고 있다.《연려실기술》에는 "일찍이 선비들과 말을 하다가 당시 정치의 득실과 민생의 곤궁한 데 말이 미치면 팔을 걷어붙이고 목이 메어 눈물까지 흘렸다"라고 기록되어 있다.

조식은 〈민암부〉에서 백성의 존재를 이렇게 피력했다.

> 백성이 물 같다 함은 예부터 있는 말이다. 백성이 임금을 받들기도 하지만 백성들이 나라를 뒤엎기도 한다. 내 진실로 알고 가히 볼 수 있는 것은 물이라. 험한 것이 밖에 있는 것은 만만하게 보기 어렵지만 가히 볼 수 없는 것은 마음이라. 험한 것이 안에 있는 것은 만만하게 보기 쉽다. 평지보다 걷기 편안한 곳이 없지만 맨발로 다니며 살피지 않으면 쉽게 다친다. 거처하기에 이부자리보다 편안한 것이 없지만 모서리를 조심하지 않으

면 눈을 다친다. 화(禍)는 실로 소홀함에서 연유하는 것이니 바위는 계곡
에서 생기는 것이 아니다. 원독(怨毒)이 마음속에 있을 적엔 한 사람의 생
각이라 몹시 미세하고 필부(匹夫)가 하늘에 호소해도 한 사람일 적에는
매우 보잘 것이 없다. 그러나 저 밝은 감응은 다른 데에 있지 않고 하늘이
보고 듣는 것은 이 백성이라. 백성이 원하는 바를 반드시 따르니 진실로
부모가 자식에게 하는 것과 같다.

조식은 백성을 물에 비유하고 임금을 배에 비유하여 배를 순항하게
하는 것도, 빠뜨릴 수 있는 것도 물이라고 암시하고 있다.

그는 궁실이 광대함, 여주(女主, 문정왕후)의 성행, 세금이 과중함, 도에
넘치는 사치, 가렴주구의 성행, 형벌의 자행 등 여섯 가지 요인을 현실
정치의 중요한 문제점으로 지적하며 바위가 험해지는 요인이 백성에
게 있고 민심은 왕이 덕으로 바로잡아야 함을 강조했다.

〈민암부〉의 마지막에서는 '막왈민암 민불암의(莫曰民巖 民不巖矣, 백
성을 바위라 말하지 말라, 백성은 바위가 아니다)'라고 표현하여 덕치가 행해
지면 백성들은 결코 국가에 부담이 되지 않는 존재임을 거듭 강조했다.
조식의 민본사상은 백성의 주체적 지위를 인정했을뿐더러 백성을 기
반으로 척신세력이나 부패한 관리를 추방하고, 공도론(公道論)을 강조
하며 등장하는 사림 세력의 입지를 넓혔다고 볼 수 있다.

●

# 성리학의 실천 사상을 담은 《남명집》

《남명집》에는 경의(敬義)를 사상의 핵심으로 하고, 학문에서 실천을 중시한 조식의 성향이 그대로 반영되어 있다. 성리학 이론에 대한 글은 거의 없고, 현실을 비판한 상소문이나 백성의 삶을 해결하기 위해 선비가 해야 할 것 등을 기록했다. 이러한 조식의 실천 사상은 후대에도 그대로 계승되어 임진왜란 때 의병장을 배출했다. 또한 경상우도 지역에 실천적 학풍이 뿌리 깊게 자리를 잡은 것도 조식의 영향력으로 볼 수 있다.

조식과 이황은 1501년 같은 해에 태어나 영남학파의 양대 산맥으로 불렸다. 이황의 근거지였던 안동과 예안은 경상좌도의 중심지였고, 조식의 근거지였던 합천과 진주는 경상우도의 중심지였다. 낙동강을 경계로 '좌퇴계 우남명'으로 나뉜 것이다. 이황은 온화하고 포근한 청량산을 닮았고 조식은 우뚝 솟은 지리산을 닮았다. 퇴계는 성리학 이론을 깊이 심화하며 '동방의 주자'로 칭송되었고, 조식은 실천하는 지성인으로 그 이름을 깊이 새겨놓았다.

18세기의 실학자 성호 이익도 《성호사설》에서 "중세 이후에는 퇴계가 소백산 아래서 태어났고, 남명이 두류산 동쪽에서 태어났다. 모두 경상도의 땅인데, 북도에서는 인(仁)을 숭상했고 남도에서는 의(義)를 앞세워 유교의 감화와 기개를 숭상한 것이 넓은 바다와 높은 산과 같게 되었다. 우리의 문화는 여기에서 절정에 달했다"라고 두 학자를 높이 평가했다.

# 3부

조선을 뒤흔든 임진왜란과 병자호란

# 1

# 난중일기 亂中日記

친필 일기로 만나는
인간 이순신과 장군 이순신

●

## 영웅의 생애

이순신(李舜臣, 1545~1598)은 1545년 서울의 건천동(지금의 을지로4가와 충무로4가 사이)에서 태어났다. 양반이었지만 가세가 기운 집안의 4남 중셋째 아들이었다. 그는 어머니 변씨의 고향인 충남 아산에서 자랐다. 이순신은 1576년(선조 9) 무과에 합격한 뒤 주로 함경도 지역에서 근무하며 여진족 방어에 힘을 다했다.

1589년 정읍현감으로 지방관 생활을 하던 중 절친한 친구였던 재상유성룡(柳成龍)의 추천을 받아 1591년 전라좌도 수군절도사로 남해안과서해안의 바닷길을 책임지게 되었다. 1592년 4월, 임진왜란이 일어났다. 일본군의 파상공격 속에 동래성이 함락되고 국왕인 선조가 의주로피난하는 등 조선군은 크게 위기를 맞았다. 그러나 이순신은 전쟁이 일어나기 전부터 거북선을 건조하고 군사들을 철저히 훈련시키며 적의침입에 대비했다.

일본군은 육군이 경상도·충청도를 거쳐 서울로 진공하고, 해군이 남해안과 서해안을 따라 물자를 보급하는 작전을 펼쳤다. 따라서 남해 바다를 장악하던 이순신 장군과 대결을 피할 수 없었다. 1592년 7월, 이순신 장군이 지휘하는 조선 함대와 일본 함대가 한산도 앞바다에서 일전을 벌였다. 학익진 전법을 구사한 조선 수군의 공격에 일본군은 도망가

**《난중일기》** 친필 초고와 《이충무공전서》에 수록된 일기는 얼마 간 차이가 있다. 친필 초고를 정자로 새겨 판각할 때 글의 내용을 많이 생략했기 때문이다. 일기는 엄격한 진중생활과 국정에 관한 감회, 수군 통제 계획, 일상생활, 가족 및 친지·부하 등 주변 인물들의 상황, 부하들에 대한 상벌, 전황의 보고 등 임진왜란 연구에 필수적인 자료들로 채워져 있다.

기 바빴다. 당시 일본 함대는 배 59척이 격파되고 14척만 남아 겨우 후퇴했다. 이것이 세계 해전사에 빛나는 한산도대첩이다. 이후에도 이순신이 지휘하는 조선 수군은 일본군에 연전연승하며 해상권을 완전히 장악했다.

그러나 이순신은 전공을 시기하고 모함하는 세력에 의해 어처구니 없이 체포되었다. 이후 이순신을 대신하여 원균이 삼도수군통제사에 올랐지만 칠전량해전에서 크게 패하여 조선 수군은 크게 위축되었다. 이때 다시 삼도수군통제사에 오른 이순신은 명량해전에서 배 13척으로 왜선 130여 척을 격파하는, 믿을 수 없는 승리를 거두어 다시금 명성을 떨친다. 그러나 1598년 그는 노량 앞바다에서 적이 쏜 유탄에 맞아 안타까이 죽음을 맞이한다. 전쟁 영웅답게 전장에서 최후를 맞이했다.

●

## 준비된 장군, 이순신

이순신은 1592년 1월 1일부터 1598년 11월 17일까지 7년 동안 진중(陣中, 군대나 부대) 생활을 직접 기록한 친필 일기를 썼다. 바로《난중일기》다. 원래 이 책은《임진일기》(1592),《계사일기》(1593),《갑오일기》(1594),《을미일기》(1595),《병신일기》(1596),《정유일기》(1597),《속정유일기》(1597),《무술일기》(1598)로 구성되는데, 1595년의 을미일기는《이충무공전서》에 수록된 전서본이며 나머지는 필사본이다. 1597년의 일기는〈정유일기〉,〈속정유일기〉 2건이 전한다. 2013년 6월 광주에서 열린 유네스코 세계기록유산 국제자문위원회에서는 새마을운동 기록과 함께《난중일기》를 세계기록유산으로 등재했다. 1997년《조선왕조실록》과〈훈민정음〉이 세계기록유산으로 지정된 이래 이제 우리나라는 세계기록유산을 13건 보유하여 명실공히 '기록의 나라'의 대열에 들어섰다.

《난중일기》는 날짜별로 매우 압축된 문장으로 쓰였다. 거의 매일 기록하다 보니 7년 전란 중에 이순신의 동선뿐만 아니라 고뇌하는 장군의 내면까지 파악될 정도이다. 이러한 점에서《난중일기》는 역사적 의미와 함께 영웅의 기록문학으로도 가치가 크다.

임진왜란이 일어나기 1년여 전인 1591년 2월 이순신은 전라좌수사에

**우리나라가 보유한 유네스코 세계기록유산**

| 지정 연도 | 세계기록유산 |
| --- | --- |
| 1997 | 훈민정음, 조선왕조실록 |
| 2001 | 직지심체요절, 승정원일기 |
| 2007 | 해인사 대장경판 및 제 경판, 조선왕조 의궤 |
| 2009 | 동의보감 |
| 2011 | 일성록, 5·18 민주화운동 기록물 |
| 2013 | 난중일기, 새마을 운동 기록물 |
| 2015 | 유교책판, 이산가족 생방송 영상 기록물 |

임명되었다. 당시 관리 대부분이 전쟁 준비에 소홀했지만 이순신만은 예외였다.《난중일기》에는 왜란이 일어나기 전부터 한 치의 오차도 없이 군사를 지휘하는 이순신의 모습이 잘 나타나 있다.● 이순신은 각종 군기(軍器)와 군사시설을 점검하고 해전에 능한 병사와 선박을 확보하는 데 주력했으며, 특히 왜란 직전에는 거북선 건조에도 힘을 기울였다. 4월 11일쯤 거북선 제작을 끝내고 선상에서 지자포(地字砲)와 현자포(玄字砲)를 시험 발사하는 등 만일에 있을 전투에 치밀하게 대비했다. 4월 12일에는 "식사 후에 배를 타고 거북함의 지자포와 현자포를 쏘았다. 순찰사 군관 남한이 살펴보고 갔다. 정오에 동헌으로 옮겨와 활 10순을 쏘았다"라고 기록되어 있다. 이 밖에 "동헌에 나아가 공무를 보았다. 이날 거북선에 쓸 돛베 29필을 받았다. 정오에 활을 쏘았다. 조이

● 《난중일기》의 번역은, 《이순신의 난중일기 완역본》(노승석 옮김, 동아일보사, 2005)을 주로 참조했다.

립과 변존서가 겨루었는데 조이립이 이기지 못했다. 우후(虞侯, 각도 절도 사에 소속된 군관)가 방답에서 돌아왔는데 방답(防踏) 첨사가 방비에 진력 하더라고 매우 칭찬했다. 동헌 뜰에 화대(火臺) 돌기둥을 세웠다"(1591년 2월 8일)라거나, "날이 저물어서야 방답에 이르러 공사례(公私禮)를 마치 고 무기를 점검했다. 장전(長箭)과 편전(片箭)은 쓸 만한 것이 하나도 없 어서 걱정했으나 전투선은 어느 정도 완전해서 기쁘다"(1592년 2월 25일) 라는 기록에는 전쟁 준비에 최선을 다하는 장군의 모습이 잘 나타나 있다.

이순신은 전쟁 대비를 소홀히 하는 부하들에게 매우 엄격했다. "방 답의 병선(兵船) 군관과 색리(色吏) 들이 병선을 수리하지 않았기에 곤 장을 쳤다. 우후와 가수(假守, 임시 관리)도 역시 단속을 하지 않아 이 지 경까지 이른 것이니 해괴하기 짝이 없다. 자기 한 몸 살찌울 일만 하고 이와 같이 돌보지 않으니, 앞일도 짐작할 만하다. 성 밑에 살고 있는 토 병(土兵) 박몽세는 석수(石手)라면서 선생원(先生院)에 쇠사슬에 박을 돌을 뜨러 갔다가 이웃집 개에게 피해를 끼쳤으므로 곤장 80대를 쳤 다"(1592년 1월 16일)라거나, "순천 관내를 수색하고 검토하는 일이 제 날 짜에 미치지 못하기 때문에 대장(代將), 색리, 훈도 등의 잘못을 추궁해 따졌다"(1592년 3월 20일)라는 대목에서는 부하에게 엄하고 원칙에 충실 했던 장군의 모습을 읽을 수 있다.

●

어머니와 아들을 걱정하는 인간 이순신

《난중일기》에는 가족을 걱정하는 인간 이순신의 모습이 곳곳에 나타나 있다. 특히 어머니와 아들을 잃은 아픔과 그리움이 진솔하게 표현되어 있다. 1593년 5월 4일 "오늘이 어머니 생신이지만 적을 토벌하는 일 때문에, 가서 오래 사시기를 축수하는 술잔을 올리지 못하니 평생의 한이다"라고 했다. 1594년 5월 5일에는 "탐후선이 들어와 어머님이 평안하신 줄 알았다. 다행이다"라고 기록하고 있다. 이 밖에 "오랫동안 어머님의 안부를 듣지 못하니 답답하다"(1596년 8월 12일), "어머님의 소식을 못 들은 지 7일이나 되니 몹시 초조하다"(1595년 5월 15일), "병드신 어머님을 생각하니 눈물이 절로 난다. 종을 보내어 어머니의 안부를 물어오도록 했다"(1597년 4월 11일)라는 대목에서는 전쟁 영웅의 모습보다는 어머니의 건강을 걱정하는 평범한 자식의 모습이 엿보인다.

1597년 4월 13일 이순신은 어머니가 사망했다는 소식을 들었다. "조금 있다가 종 순화가 배에 와서 어머님의 부고를 전했다. 뛰쳐나가 뛰며 뒹구니 하늘의 해조차 캄캄하다. 곧 해안으로 들어가니 배가 벌써 와 있었다. 길에서 바라보는, 가슴이 메이는 슬픔이야 어찌 이루 다 적으랴." 4월 19일의 일기에는 "일찍 길을 떠나며 어머님 영 앞에 하직을 고하고 울며 부르짖었다. 어찌하랴, 어찌하랴 천지간에 나 같은 사정이 또 어디 있을 것인가! 일찍 죽는 것만 같지 못하구나" 하며 어머니의 죽음을 애달파했다.

이순신은 임진왜란 중에 아들의 죽음까지 겪어야 했다. 1597년 10월 14일에는 아들 면의 전사 소식이 기록되어 있다.

저녁에 어떤 사람이 와서 집안 편지를 전했는데 봉함을 뜯기도 전에 뼈와 살이 먼저 떨리고 정신이 혼미해졌다. 겉봉을 뜯으니 거죽에 영(이순신의 아들)의 글씨로 '통곡' 두 글자가 쓰여 있어 면의 전사를 알게 되었다. 간담이 떨어져 목을 놓아 통곡했다. 하늘이 어찌 이다지도 인지하지 못하시는고, 간담이 타고 찢어지는 것 같다. 내가 죽고 네가 사는 것이 마땅한데 네가 죽고 내가 살았으니 이런 어긋난 일이 어디 있겠느냐. 천지가 캄캄하고 해조차도 빛이 변했구나.

이순신은 부인에 대해서도 짤막하게 언급하고 있다. "아침에 탐후선이 들어왔는데 아내의 병이 매우 중하다 한다. 그러나 나랏일이 이러하니 다른 일은 생각할 수 없다."(1594년 8월 30일) "아내의 병이 좀 나아졌으나 원기가 약하다 하니 걱정스럽다."(1594년 9월 2일) "아내는 불이 난 뒤로 크게 다쳐 담과 기침이 심해졌다고 한다. 걱정이다."(1595년 5월 16일) 이 기록들에는 아내의 병을 걱정하는 인자한 남편 이순신의 모습이 드러나 있다. 그러나 나라 걱정 때문에 아내의 병에 대해서는 최대한 절제하려는 모습도 눈에 띈다.

이순신은 가족뿐 아니라 함께 고락을 나누었던 군사와 동료 그리고 전쟁으로 고통받는 백성들의 삶에 대해서도 관심이 깊었다. "아침에 옷 없는 군사 17명에게 옷을 주고는 여벌로 한 벌씩을 더 주었다. 하루 내내 바람이 험하게 불었다"(1596년 1월 23일)라거나, 백의종군 길에 올랐던 1597년 5월 13일의 일기에서는 "이중익이 군색한 말을 많이 하므로 옷을 벗어주었다"라는 구절도 있으며, 그의 군사가 백성의 물건을 훔쳐 먹었을 때는 엄하게 벌하고 대신 갚아주기도 했다.

**《난중일기》 1597년 10월 11~14일** 《이충무공전서》에 수록된 《난중일기》로, 이 가운데 14일 자의 일기는 아들 면의 전사 소식을 들은 날의 기록이다.

●

## 원균과 유성룡에 대한 상반된 감정

《난중일기》에는 이순신의 라이벌로 알려진 원균(元均)에 대한 이순신의 격한 감정이 곳곳에 나타나 있다. 대부분 원균을 비판한 글로, 이순신도 '성웅'이기 이전에 감정을 지닌 '인간'이었음을 보여준다. "경상좌위장과 우부장은 보고도 못 본 체하고 끝내 구하지 않았으니 아주 괘씸했다. 분하기 짝이 없는 일이다. 이를 두고 경상도수사 원균을 나무랐지만 통탄할 일이다. 오늘의 분함을 어찌 다 말할 수 있으랴. 모두가 경상도수사 원균 때문이다."(1593년 2월 22일) "수사 원균이 나타나서 술주정이 심하기가 말할 수 없으니 배 안의 모든 군사가 놀라고 분개했다. 그의 허튼짓을 차마 입으로 말할 수가 없다."(1593년 5월 14일)

1593년 5월 30일의 기록에는 원균에 대한 불신감이 고조되어 있다.

> 이홍명이 보러 왔다. 원균이 송경락이 보낸 불화살을 자기만 사용하려고 했으나 병사 편에 공문을 보내 나누어 보내라 하니까, 공문의 내용을 매우 못마땅해 하면서 이치에 맞지도 않는 말을 많이 했다고 한다. 명나라 관리가 보낸 불화살 1,530개를 나누지 않고 혼자서 모두 쓰려고 하다니 그 잔꾀가 아주 심하여 말로 다 하기 어려울 정도이다. 저녁에 조붕이 와서 이야기를 나누었다. 남해현령 기효근이 배를 우리 곁에 대었는데, 그 배에 어린 처녀를 태우고 남이 알까 봐 두려워했다. 우습다. 나라가 위급한 이때 배에 예쁜 색시를 태우기까지 하니 그 마음 씀씀이가 꼴이 아니다. 그러나 그 대장이라는 원균부터가 이러하니 어찌하겠는가.

이순신은 전장에서도 원균과는 거리를 두고 협조하지 않았다. "경상도수사 원균이 웅천에 있는 적들이 감동포로 들어올지 모른다고 하며 함께 물리치자고 공문을 보내왔다. 흉계가 실로 가소로웠다"(1593년 6월 5일)라거나, "저녁에 경상수사(원균)의 군관 박치공이 찾아와 적선이 물러갔다고 전해주었지만, 원수사와 그 군관이 본래 헛소리를 잘하기 때문에 믿을 수가 없었다"(1593년 8월 7일)라는 기록에서 보듯 임진왜란이 일어난 지 1년이 지난 1593년경 이순신과 원균의 갈등은 극에 달했다. 이 직후 이순신은 삼도수군통제사로 임명되면서 군 선배인 원균을 지휘하는 처지가 되었다. 이러한 점도 원균과 이순신의 갈등을 증폭시키는 원인으로 작용했을 것이다.

왜적의 2차 침공이 있던 1597년(정유재란), 이순신은 선조의 공격 명령에 복종하지 않고 공을 허위로 보고했다는 등의 이유로 조정에 끌려가 고초를 당했다. 선조가 "적장의 목을 가져온다 해도 살려줄 수 없다"라 할 정도였다. 이순신은 겨우 목숨만 부지하여 백의종군으로 전선에 참여하게 된다. 1597년의 일기는 그가 감옥에서 풀려난 4월 1일부터 시작된다.

이순신을 대신해 원균은 삼도수군통제사에 임명되었다. 이로써 두 사람의 관계는 다시 역전되는 듯했지만, 원균은 칠천량해전에서 대패하고 전사했다. 이순신은 부하들의 입을 통한 간접화법으로 원균의 마지막 모습을 기록하고 있다. "이의득이 찾아왔기에 패전한 당시의 정황을 물었다. 모든 사람이 울며 말하기를, 대장 원균이 적을 보자 먼저 육지로 달아나 여러 장수도 육지로 달아나는 바람에 이 지경에 이르렀다고 했다. 대장의 잘못을 차마 입에 올릴 수 없고 다만 살점이라도 뜯어 먹고 싶다고들 했다."(1597년 7월 21일) 이순신은 부하들이 '무능한 대장의 살점이라도 뜯어 먹고 싶다'고 한 표현을 일기에 그대로 옮겨놓으며 원균에 대해 품었던 강한 분노를 드러냈다.

이순신은 절친했던 벗이자 형뻘인 유성룡에 대해서는 매우 우호적이었다. 유성룡은 이순신의 형인 이요신의 친구로, 어린 시절부터 이순신과 교분이 있었다. 유성룡이 이순신을 상당히 신뢰했다는 것은 정읍현감으로 있던 이순신을 추천하여 전라좌도 수군절도사로 임명한 사례에서도 알 수 있다. 일기에도 두 사람의 친밀한 관계가 기록되어 있다.

좌의정 유성룡이 편지와 함께 《증손전수방략(增損戰守方略)》이란 책을 보내왔다. 이 책에는 수륙전과 불로 공격하는 전술 등을 낱낱이 설명하고 있었다. 참으로 만고에 보기 드문 뛰어난 저술이다.

– 1592년 3월 5일

유 정승(유성룡)과 지사 윤우신의 편지가 왔다.

– 1593년 6월 12일

순변사에게 유 정승이 세상을 떠났다는 부음이 왔다고 한다.(유성룡은 1607년에 죽었으므로 잘못된 소식이었다.) 저녁에 마음이 매우 어지러웠다. 혼자 빈 동헌에 앉아 있으니 마음을 걷잡을 길 없고 걱정이 더욱 심해져서 밤 깊도록 잠들지 못했다. 유 정승이 만약 돌아가셨다면 나랏일을 어떻게 해야 할까.

– 1594년 7월 12일

유자 30개를 영의정 유성룡에게 보냈다.

– 1595년 9월 17일

이순신이 감옥에서 풀려난 1597년 4월 1일의 기록에도 "영의정(유성룡)이 종을 보내고 판부사 정탁, 판서 심희수, 우의정 김명원 등이 사람을 보내어 문안했다. 취하여 땀에 몸이 젖었다", 다음 날인 4월 2일에는 "어두워질 무렵 성으로 들어가 영의정과 이야기하다가 닭이 울어서야 헤어져 나왔다"라고 한 것에서 보이듯 두 사람의 관계는 긴밀했다. 이순신은 자신을 알아주는 벗이자 후견인 유성룡에 대해 시종일관 우호적이었다. 유성룡과 이순신의 우정과 서로에 대한 무한한 신뢰는 임진왜란을 승리로 이끈 또 하나의 힘이었다.

●

## 전쟁 상황과 이순신의 전술

조선은 200년 동안 지속된 평화기로 인해 군사체제가 해이해져 있었다. 16세기에 사림파가 정계에 본격적으로 등장하며, 조선의 국시인 성리학의 이념을 지방에까지 전파하고 성리학의 해석을 둘러싸고 치열한 이론 논쟁이 빚어지기도 했다. 이러한 상황에서 국방은 뒷전이었다. 1592년 4월 임진왜란이 일어나자 백성들은 '풍문만 듣고도 놀라 무너지는' 형세였다. 유성룡도 《징비록(懲毖錄)》에서 "이때 세상이 태평한 지가 이미 오래되었으므로, 중앙과 지방이 안일에 젖었고 백성들은 노역을 꺼려 원망하는 소리가 자자했다"라고 묘사했듯 나라의 기강이 해이했다. 이러한 상황에서 벌어진 전쟁이었으니 제대로 준비가 될 턱이 없었다. 《난중일기》에도 전쟁 물자와 군량미 등이 제대로 보급되지 않았던 어려운 상황들이 자주 언급되어 있다. 1593년 6월 8일의 일기에서는 "결원이 거의 수백 명에 달했다"라고 하여 군사가 지극히 부족한 심경을 피력하고 있으며, "영남 여러 배의 사수 및 격군이 다 굶어 죽겠다는 말을 들으니, 참혹하여 차마 듣지 못하겠다"(1594년 1월 19일)라거나 "여러 배에서 옷이 없는 사람들이 거북 모양으로 쭈그리고 추위에 신음하는 소리는 차마 못 듣겠다. 군량미조차 없으니 더욱 민망스럽

鳴梁海戰圖一

右水營

洋島

花源半島

珍島

**〈명량해전도〉** 명량해전에서 이순신이 이끄는 조선 수군은 배 13척으로 왜선 300여 척을 격파하는 전과를 올렸다.

**거북선** 《태종실록》에 거북선에 관한 기록이 나오는 것으로 보아, 거북선은 조선 초기에도 존 재했던 것으로 보인다. 그러나 거북선을 본격적으로 전투에 활용한 이는 이순신이다.

다"(1594년 1월 20일), "수군 1인당 매일 양식 5홉과 물 7홉씩밖에 안 준다 고 하였으니 인간의 일이란 가히 놀랍다"(1595년 6월 9일)라는 기록에는 물자 부족으로 인한 안타까움이 나타나 있다. 또한 전쟁을 피해 이탈하 는 수군이 늘어나는 것도 문제였다. 이순신은 흐트러진 군대의 기강을 바로잡기 위해 이들을 더욱 엄격하게 처벌했다. "발포에서 도망갔던 수 군을 잡아내어 처형하고 순천의 이방(吏房)도 입대에 관한 사무를 태만 히 한 죄로 처형하려다가 그만두었다."(1593년 5월 7일) "녹도 만호가 도 망병 여덟 명을 잡아왔으므로, 그 가운데 괴수 세 명을 처형하고 나머 지는 매를 때렸다."(1594년 7월 26일)

이러한 악조건 속에서도 이순신은 뛰어난 전략과 전술로 전쟁에서 승리를 거둘 수 있었다. 바로 이순신의 지형에 대한 안목이 중요한 역할을 했다. "체찰사가 군관 이지각을 보내어 안부를 묻고, 경상우도 연해안 지도를 그리고 싶으나 도리가 없으니, 본 대로 그려 보내주었으면 고맙겠다 하므로, 내 거절할 수 없어 지도를 초 잡아 보냈다"(1597년 5월 24일), "고개를 넘어오는데 기암절벽이 천 길이나 되고, 강물은 굽이돌며 깊고, 길은 험하고 다리는 위태롭다. 만약 이 험한 곳을 눌러 지킨다면 군사 만 명이라도 지나가지 못하겠다"(1597년 6월 4일) 등의 기록을 살펴보면 이순신은 자신이 관할하는 곳의 지형을 주의 깊게 살피고, 지형을 연구하여 전술에도 적극 이용했음을 알 수 있다.

거북선과 판옥선은 임진왜란을 승리로 이끄는 데 크게 기여했다.《태종실록》에 거북선에 관한 기록이 처음 나오는 것으로 보아, 조선 초기에도 거북선이 있었던 것으로 보인다. 거북선을 본격적으로 전투에 활용한 사람은 바로 이순신 장군이다. 이순신은 임진왜란 때 거북선을 철갑선으로 개발하여 연이은 해전에서 크게 승리를 거두었다. 거북선의 모습은 1795년 정조 대에 간행한《이충무공전서(李忠武公全書)》에 상세하게 그려져 있다. 이순신은 옥포해전에 이어 두 번째로 출동한 당포해전에서 처음 거북선을 타고 참전하여 혁혁한 전공을 세웠다. 판옥선 또한 임진왜란 때 조선 수군의 주력 함대가 되었다. 판옥선은 밑바닥을 편평하게 건조하여 물속에 덜 잠기게 했는데, 배가 항해할 때 자유롭게 움직일 수 있도록 하기 위해서였다. 병사 배치를 위층에는 전투원, 아래층에는 비전투원으로 구분하여 비전투원이 적에게 쉽게 노출되지 않게 했다. 거북선과 판옥선이라는 우수한 전함을 갖추고 있었기

**관음포** 임진왜란의 마지막 격전지로, 이순신은 이곳에서 최후를 맞았다. 그 뒤 관음포 앞바다
는 '이순신이 순국한 바다'라는 뜻에서 '이락파(李落波)'라고도 불린다. 이순신의 공로와 충의
가 담긴 이곳은 역사의 옛터이자 전쟁 극복의 현장이다.

에 이순신이 이끄는 조선 수군은 왜적과의 전투에서 연전연승을 거둘
수 있었다.

●

## 《난중일기》 속 꿈 이야기

《난중일기》에는 이순신이 꿈을 꾼 내용도 다수 기록되어 있다. 이순신
은 다른 사람들처럼 동양 사회의 오랜 전통과 관습에 따라 꿈을 어떤
징조나 계시, 길흉의 조짐으로 여기거나 자기 상황에 맞게 해석했다.
그는 강력한 예지몽을 꾸기도 한다. 《난중일기》에는 평균 40일에 한 번
정도, 모두 마흔 개의 꿈 기록이 나온다.● 1594년 9월 20일의 기록이 대
표적이다.

> 새벽에 바람이 그치지 않고 비도 잠시 왔다 개었다. 혼자 앉아 간밤의 꿈
> 을 떠올려보았다. 바다 한가운데 외딴섬이 달려와 눈앞에 주춤 서는데 그
> 소리가 우레와 같았다. 모두 놀라 사방으로 달아났지만 나만은 홀로 서서
> 그 광경을 처음부터 끝까지 지켜보았다. 참으로 기분이 좋았다. 이것은
> 왜놈이 화평을 구걸하다가 스스로 멸망할 징조다. 또 내가 좋은 말을 타
> 고 어딘가를 천천히 갔는데 이것은 임금의 부름을 받을 징조다.

이순신 휘하의 장수였던 사도첨사(蛇渡僉使) 김완(金完)의 《임진일록

● 박종평, 《이순신 꿈속을 걸어나오다》, 이매진, 2010, 49쪽

(壬辰日錄)》에도 이순신이 꿈에 대해 언급한 내용이 나온다. "선조 30년 정유(1597) 1월 15일 한밤에 통제사(이순신)가 청하여 들어갔더니, '요즘 밤 꿈이 불안하니 군사에 관한 일과 정탐하는 일을 엄밀히 지켜라' 했다." 이 기록에서 이순신은 작전할 때에 자신이 꾼 꿈을 스스로 해몽하고, 이를 부하들과 의논하여 작전에 응용했음을 알 수 있다.

이 밖에도《난중일기》에는 "밤에는 꿈자리가 몹시 어수선했다"(1592년 8월 27일), "새벽녘에 앉아 꿈을 생각해보았다. 밤에는 나쁜 꿈인 듯했으나 곰곰 생각하니 도리어 길한 것 같았다"(1592년 8월 28일), "새벽 2시쯤 꿈을 꾸었는데 어느 한 곳에 이르러 영의정(유성룡)과 함께 이야기를 나누고 있었다. 한동안 둘이 다 의관을 벗어놓고 앉았다 누웠다 하며 서로 나라 걱정을 털어놓다가 끝내는 억울한 사정까지 쏟아놓았다"(1596년 1월 12일)라는 기록이 남아 있다.

●

## 《난중일기》의 자료적 가치

이순신은 치열한 격전이 있었던 날도 일기를 거르는 법이 없었다. 1598년 11월 노량해전에서 전사하기 직전까지도 일기를 썼다. 마지막 기록인 11월 17일 일기에는 "왜적들이 중간 배 1척에 군량을 가득 싣고 남해에서 바다를 건너는 것을 한산도 앞바다까지 추격했다. 그들은 한산도 기슭을 타고 육지로 달아났다"라고 하여 최후까지 왜적을 추격했던 장군의 모습을 떠오르게 한다. 《난중일기》에는 임진왜란의 구체적인 경과와 전술, 병사들의 심리 등 전쟁의 여러 정황이 기록되어 있다.

장군의 인간적이고 진솔한 모습까지 접할 수 있다. 그 안에는 어머니와 아내, 아들 등 가족을 걱정하는 인간 이순신의 모습까지 생생하게 드러나 있다. 임진왜란 초반부터 장군을 압박하던 라이벌 원균에 관한 기록 또한《난중일기》에서 놓칠 수 없는 부분이다. 구국의 영웅 이순신은《난중일기》로 인하여 더욱 위대하게 우리에게 다가서고 있다. 그런 점에서《난중일기》는 단순한 전쟁일기가 아니라 전쟁의 최일선에서 활약한 장군의 감정과 심리까지 볼 수 있는 명저라 하겠다.

**2**

# 쇄미록 瑣尾錄

## 420년 전 임진왜란의 기억

●

## 임진왜란의 피난 일기,《쇄미록(瑣尾錄)》

임진왜란에 관한 기록이라면 이순신의《난중일기》나 유성룡의《징비록》이 가장 먼저 떠오른다. 좀 더 범위를 확장하면《난중잡록(亂中雜錄)》이나《용사일기(龍蛇日記)》,《고대일록(孤臺日錄)》처럼 임진왜란 때 의병장으로 참여한 인물들의 일기를 통해 전쟁의 정황을 좀 더 구체적으로 파악할 수 있다. 그런데 민간인 오희문(嗚希文, 1539~1613)이 쓴《쇄미록(瑣尾錄)》은 별로 알려지지 않았다. 이 책은 1591년(선조 24) 11월부터 1601년(선조 34) 2월까지 9년 3개월 동안 쓴 기록물이다. 임진왜란의 참상을 보여주고 전쟁 시기 민간의 일상을 자세히 기록하고 있다는 점에서 시사하는 바가 매우 크다.

먼저《쇄미록》이라는 제목은《시경》의 '쇄혜미혜 유리지자(瑣兮尾兮 遊離之子, 무엇보다 누구보다 초라한 것은 여기저기 객지를 떠도는 사람)'의 구절에서 따온 것으로, '유리기(遊離記)' 또는 '피난의 기록'이라는 뜻을 담고 있다. 일기는 기본적으로 매년을 1책으로 구성하고 있는 방식으로, 매일이 아닌 중요한 사건만 기록했다. 제1책은〈임진남행일록(壬辰南行日錄)〉으로, 1591년 11월 27일부터 1592년 6월 말까지를 기록했다. 제2책은〈계사일록〉으로 1593년을 기록했으며, 제3책은 1594년의 기록인〈갑오일록〉이다. 제4책은〈을미일록〉,〈병신일록〉,〈정유일록〉으로 1595년,

1596년, 1597년을 기록했다. 제5책과 제6책 역시 1597년의 기록인 〈정유일록〉이며, 제7책은 1599년, 1600년, 1601년의 기록인 〈기해일록〉, 〈경자일록〉, 〈신축일록〉으로 구성되어 있다. 맨처음 쓴 〈임진남행일록〉에는 임진왜란을 전후한 시기에 오희문의 동선이 잘 나타나 있다. 일기는 1591년 12월 27일 새벽 서울을 출발하여 용인 이경여(李敬輿)의 서당에서 자고 이튿날 양산(陽山) 시골집으로 와 행장을 준비하는 것에서 시작한다. 이어 오희문은 직산에 있는 작고한 친구 변신진의 농장에 도착, 이후 망월사 → 목천 → 연기 → 금강 → 은진 → 여산 → 완산부 남문 → 장수 → 황간 → 무주 → 영동 삼촌댁 → 황계 → 무주 한풍루를 거쳐, 3월 19일에 남원의 광한루와 오작교에 도착한다. 3월 20일에는 보성, 21일에는 장흥에 도착하여 나흘여를 머무른 다음 3월 말과 4월 초에 걸쳐 영암, 창평 등 남도 지역을 주로 여행했다. 남행일지는 날짜별로 기록되어 있다. "이튿날 아침 성 남쪽으로 나와 오작교를 지나다가 광한루의 맑은 경치를 들어가서 보려고 했으나, 들으니 부사가 와 있다고 해 그만두고 곡성 땅에 이르러 신대춘의 정자에서 잤다"라는 등 이동한 장소와 만난 사람에 대해 꼼꼼하게 기록하고 있다. 이런 서술 방식은 《쇄미록》 후반부까지 일관되어 저자의 치밀한 기록정신을 잘 보여준다.

《쇄미록》은 임진왜란이 처음 일어난 시점부터 기록되어 있다. "전하는 말을 들으니 부산에 왜선 수백 척이 나타났다 했다. 저녁에 들으니, 부산과 동래가 모두 함락되었다고 하니 놀라움을 누를 수가 없다. 생각건대 성주가 굳게 지키지 못한 까닭이다"라거나 "4월 19일, 영남에서 하루에 세 번이나 변이 보고되었다. 용맹스러운 장수와 강한 군사가 왜

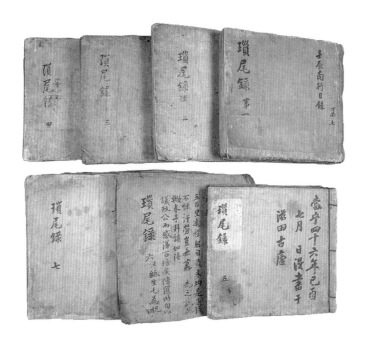

**《쇄미록》** 1591년(선조 24) 11월부터 시작하여 1601년(선조 34) 2월까지 9년 3개월 동안 쓴 장기간의 기록물이다. 임진왜란의 참상과 전쟁 시기 민간의 일상을 자세히 기록하고 있다.

병의 소식만 듣고 먼저 무너지고, 큰 고을과 견고한 성이 하루도 못 되어 함락되었다고 한다. …… 신립, 이일 두 장수는 조정에서 믿는 바 견고하게 지킬 줄 알았는데, 부월(斧鉞, 출정하는 대장에게 통솔권의 상징으로 임금이 손수 주던 작은 도끼와 큰 도끼)을 받고 와 지키다 중도에서 패하고 조령(鳥嶺)의 험한 곳을 지키지 못했다. 이에 적이 서울로 침투하여 왕의 가마가 서쪽으로 파천하고 도성을 지키지 못했으니 슬프다. 우리 백성들이 모두 흉한 칼날 앞에 피를 흘리고 늙은 어머니와 처자가 유리하여 떠돌아 죽고 산 것을 알지 못하니 밤낮으로 통곡할 뿐이다"라고 하며 왜적의 침입을 적절히 방어하지 못한 조정의 대응을 원망했다. 오희문은 피난을 떠난 상황에서도 왜란의 전황을 비교적 신속하고 정확하게 파악한 것이다. 이러한 정황은 8월 7일과 8일에는 조정의 인사 상황을 기록한 일기에도 잘 드러난다. "지금의 인사 관계를 보니 이산보가 이조판서, 이항복이 병조판서, 이성중이 호조판서, 이덕형이 대사헌이요, 그 나머지는 쓰지 않았다"라거나 "초8일, 정종명이 문과 1등 1인으로서 전적에 올랐고, 이태호는 무과 1등 1인으로 선공감 주부가 되었다. 이는 필시 주상께서 평양에 들어가 따로 정시를 베풀어 문무 합격자를 뽑게 한 것이다"라는 기록에서도 알 수 있다.

●

### 전쟁의 참상에 대한 증언

1592년 7월의 여름은 오희문에게 무척이나 더웠다. 피난의 고통이 처절했던 것은 7월 4일 "산속의 바위 밑에서 잤다"라는 기록에서 잘 알 수 있다. 5일 "산속 바위 밑에 있었다. 아침에 사람을 현에 보내서 적의 소식을 알아오게 하고 또 종 두 명을 보내서 감추어둔 바위구멍에서 옷을 가져다가 추위를 막을 계획을 세웠다"라는 기록이나, 7일 "산속 골짜기 시냇가에서 잤다. 이날은 곧 칠석이다. …… 갓모를 쓰고 밤을 새웠다. 이 밤의 괴로움은 입으로 형용하여 말할 수가 없다"라는 기록을 비롯하여, 13일에서 29일까지는 계속해서 "산속 바위 밑에서 잤다"라고 기록하여, 피난살이의 고단함을 그대로 전하고 있다.

　오희문은 8월까지 산속 피난 생활을 했다. 계속되는 고통 속에서 급기야 하혈(下血)하기까지 했다. "산속 바위 밑에서 잤다. 내가 산속에 들어온 뒤로 정차 한 달이 넘어 절기가 중추로 접어드니 찬 기운이 사람을 엄습하여 갑절이나 처량하다. …… 또 오늘 비로소 하혈을 보았는데 어느 날부터 시작했는지 알 수가 없다. 이는 반드시 오랫동안 냉하고 습한 곳에 있었기 때문이다"라고 힘든 피난 생활을 기록했다. 피난 후 서울 집으로 돌아온 뒤의 처참한 상황도 전하고 있다.

> 죽전동(竹廛洞) 친가는 당초에 적이 들어와 진을 쳤지만 적이 나간 뒤로 가까이 있는 주민들이 먼저 들어와 도둑질해갔다. …… 진고개에 있는 윤해(允諧, 오희문의 아들)의 양가(養家)는 온 집 안이 모두 철거되었고 깨진 기와와 헐어진 흙이 남은 터에 가득했다. …… 주자동 종가에 가보니 모두 타버렸고, 사당만이 홀로 남았는데 들으니 신주를 후원에 묻었다고 하므로 처음에는 들어가 보고 파내서 뵈려 했으나 종 천복의 남편 수이가 말하기를, 집 안에 죽은 시체가 쌓여 있어 들어갈 수가 없다고 한다.
>
> ─《쇄미록》1593년 5월 8일

전쟁 중에 왜적에 투항한 백성이 생기고, 조선 백성의 시체를 왜병의 시체라고 하는 등 아비규환이 된 참상도 전하고 있다. "이같이 추운 날씨에 우리 식구처럼 위아래 얇은 옷을 입고 갈 곳도 없을뿐더러 가진 물건도 다 잃었으니, 비록 적의 손에는 죽지 않는다 해도 필경 굶어 죽거나 얼어 죽을 것이니 민망하고 걱정된다"(1592년 11월 16일)라는 기록이나, "구례를 분탕질한 적은 왜적이 아니다. 곧 조선 사람이 왜적의 옷으로 바꾸어 입고 왜인의 목소리를 낸 것이다. 이에 목책을 지키던 군사가 모두 흩어지고 거기 사는 백성들도 놀라 모두 달아나니, 적들은 재물을 노략질하고 집들을 불태웠다"(1593년 7월 14일)라는 기록이 대표적이다.

가족 간의 이별 등을 통해 전쟁의 참상을 생생히 전달하기도 한다. "길에 아이가 큰소리로 통곡하고 있었다. 여인 하나는 길가에 앉아서 얼굴을 가리고 슬피 울고 있었다. …… '남편이 우리 모자를 버리고 갔다고 합니다.' …… 부자는 천성이 지극히 일류을 사랑하는 바로써 비록 새와 짐승이라도 모두 사랑하고 불쌍히 여기는데 심지어 길에 버리고 돌아다보지 않으니 부득이한 일이 아니고서야 어찌 이리 지극한 데에 이르렀는가?"(1593년 7월 15일)라는 기록과, "길에서 굶어 죽은 시체를 거적으로 말아서 덮어둔 것을 보았는데 그 곁에 두 아이가 앉아서 울고 있다. 물었더니 어미라 한다. …… 그 뼈를 묻으려 해도 비단 제힘으로 옮길 수 없을뿐더러 땅을 팔 연장을 얻을 수가 없다고 한다. …… 슬프고 탄식스러움을 이길 수가 없다"(1594년 2월 24일)는 기록에서는 전쟁의 처참함이 그대로 드러난다.

심지어 사람을 서로 잡아먹기에 이른다. "그윽히 들으니 영남과 경기에서는 사람들이 서로 잡아먹는 일이 많다고 한다. 하물며 육촌의 친척도 죽여 씹어 먹는다 하기에 항상 상서롭지 못하다고 했더니, 이제 다시 들으니 서울 근처에서 전일에는 비록 쌀 한두 되 가진 자라도 죽이고 빼앗았는데, 근일에는 사람이 혼자 가면 쫓아가서라도 죽여놓고 먹는다라고 한다"(1594년 4월 3일)라는 기록에서 전쟁이 인간을 얼마나 나락까지 몰고 갈 수 있는지를 여실히 알 수 있다.

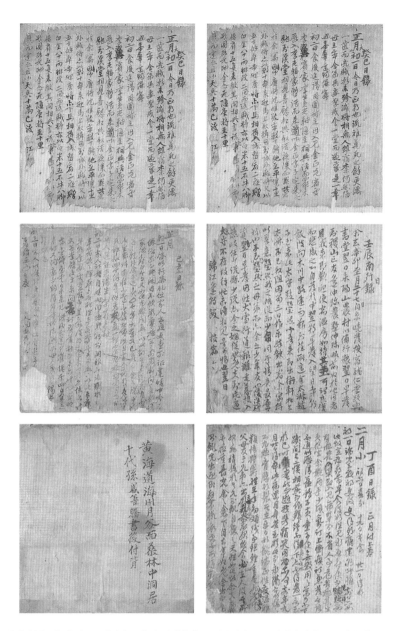

**《쇄미록》** 맨 위 왼쪽부터 〈갑오일록〉, 〈계사일록〉, 〈기해일록〉, 〈임진남행일록〉, 〈정유일록〉

## 16세기 생활사의 보고

《쇄미록》은 임진왜란의 피난 생활과 더불어 전쟁의 참상을 전하는 내용이 중심을 이루지만, 기록 곳곳에는 오희문의 생각과 일상을 보여주는 내용들이 다수 기록되어 있다. 오희문은 피난살이하면서도 아들 형제를 서당으로 보내 과거 진출을 독려하고 결과에 집착했다. 1597년 장남 오윤겸이 39세 때 초시 합격에 이어 별시 문과에 급제한 3월 19일 일기에서는 "온 집안의 기쁨은 말할 것도 없거니와 윤해가 실패한 것이 유감이라 하겠다. 어찌 두 사람의 영광을 바랄 수 있겠는가? 전전해서 기별이 오나 사실 같지가 않다. 강경(講經)한 사람은 200여 명인데 급제자는 19명뿐이라고 한다. 문중에 5대조 이후로 과거 급제가 없었는데, 이번에 나의 아들이 처음으로 이겨낸 것이다. 지금부터 뒤를 이어 일어날 희망이 있으므로 한 가문의 경사를 말로 어찌 다 표현하리오. 한없는 기쁨이 넘친다. 하늘에 계신 아버님의 영혼이 필경 어둡고 어두운 저승에서도 기뻐하실 것을 생각하니 비감한 마음을 누를 길이 없다"(1597년 3월 19일)라고 하여 기쁨을 크게 표현했다. 남아를 선호한 시대 분위기도 나타난다. "윤겸의 처가 해산했는데 또 딸을 낳았다 하니 서운함을 이길 수 없다"(1592년 12월 24일)라는 기록이 대표적이다. "아내 및 두 딸, 윤해와 네 계집종이 모두 학질로 앓아누워 저녁밥 지을 사람이 없으니 그들이 덜 아프기를 기다려 짓는다면 반드시 밤이 깊을 것이다"(1593년 9월 17일)라는 기록에서는 가사노동이 전적으로 여자에게 있었던 모습이 나타난다. "아침에 나와 두 아들은 함께 콩죽 반 그릇을 먹었고 집사람과 세 딸은 전혀 얻어먹지 못하고 긴 해를 지냈다"(1594년 3월 1일)라는 기록에서도 남녀를 차등하는 사회 분위기를 엿볼 수 있다.

병과 약재 처방에 대한 기록도 흥미롭다. "전일에 종 명복(命卜)과 수호인을 시켜 오미자를 따게 했다. …… 말리면 두 말이나 될 것이니, 만약 목숨을 보전하면 약재에 쓰려고 한다"(1592년 9월 12일)라는 것이나 "이른 아침에 박 넝쿨을 태워 술에 타 마셨다. 학질을 고치기 위해서다"(1593년 7월 25일)라는 기록, "아침에 박 넝쿨을 태워서 술에 섞어 또 마셨다"(1593년 7월 26일)라거나 "또 오늘 어머님이 학질을 앓기 시작하셔서 일찍 학질 떼는 방법 세 가지를 했다. 하나는 주문을 외우며 복숭아씨를 먹는 것이고, 하나는 헌 신 밑창을 불에 태워서 물에 섞어 먹는 것이요, 하나는 제비 똥을 가루로 만들어 술에 타 코 밑에 대어 냄새를 맡도록 하는 것이다. 이는 모두 옛날에 쓰던 방법으로 효력이 가장 잘 나타난다고 해서 하는 것이요, 또한 하기 어렵지도 않은 것이다"(1595년 6월 2일)라고 하여 민간요법을 기록했다.

생활의 무료함을 달래기 위해 술을 자주 마셨던 기록도 있다. "나도 또한 역천암으로 돌아오다가 중도에서 마침 품관 오우 등 네댓 명을 만났다. 이들이 주인 형을 뵈올 일로 술을 가지고 간다면서 즉시 술 한 병과 안주 한 그릇을 꺼내었다. 함께 돌 위에 앉아 길가 늙은 버드나무 밑에서 석 잔을 마시고 얼큰하여 돌아오니 아직 해가 떠 있었다"(1592년 9월 4일)라거나, "방 안에 쭈그리고 있어 술을 얻으려 하나 어찌할 수가 없다. 그런데 마침 이광복이 좋은 술 한 병을 일부러 사람을 시켜 보냈다"(1592년 11월 18일), "추로(秋露, 소주)를 과음해서 밤새도록 고생하다가 새벽에 토하기까지 하고, 늦도록 음식을 먹지 못하다가 오후에 비로

소 만두를 먹었다"(1592년 12월 29일)라는 기록을 볼 수 있다. 힘든 상황이었지만 여가 생활을 하는 모습도 엿보인다. "마을의 여러 소년이 모여 종정도(從政圖, 넓은 종이에 품계와 종별에 따라 벼슬 이름을 써놓고 알을 굴려 나온 끗수에 따라 벼슬이 오르고 내림을 겨루는 놀이)를 하는데 놀이에서 꼴찌(품계가 가장 낮은 자)를 한 아이에게 먹으로 두 눈을 그려 웃음거리로 삼았다"(1592년 11월 19일)라거나 "마을 아이들의 반선(半仙, 그네) 놀이를 구경하다가 돌아왔다"(1593년 5월 4일)는 기록, "저녁때까지 요월당(邀月當)에 있는데 마을의 젊은이와 어른이 다 모여 바둑을 두거나 종정도를 하거나 장기를 두고, 쌍륙(雙六, 여러 사람이 편을 가른 후 주사위 두 개를 차례로 던져서 말을 먼저 궁에 들여보내는 놀이)도 하고 놀면서 긴 해를 보냈다"(1593년 7월 22일)라는 기록, "근래에 주리고 곤한 나머지 무료하고 근심스럽고 괴로운 회포를 풀 길이 없어서 매양 바둑판을 대하여 추자(楸子)놀이를 했다"(1594년 6월 26일)라는 기록에서는 힘든 삶 속에서도 종정도, 쌍륙, 바둑 등 여가생활을 즐겼던 사람들의 모습이 나타나 있다.

《쇄미록》에 쓰인 기록들은 임진왜란이라는 전쟁 상황을 증언하는 한편 그 시대를 살았던 사람들의 모습을 생생히 전하고 있다. 이 기록을 통해 420년 전 임진왜란이라는 힘겨운 상황을 살았던 옛사람들의 모습을 떠올렸으면 한다.

조명연합군의 평양성 탈환 모습을 묘사한 병풍

**3**

# 징비록 懲毖錄

국정의 최고 책임자,
전란을 반성하다

●

# 유성룡은 왜 《징비록》을 썼나

이순신의 명성만큼은 아니지만 임진왜란 하면 이순신을 장군으로 추천한 유성룡(柳成龍, 1542~1607)이 대표적으로 떠오른다. 유성룡은 이순신보다 세 살 연상이며, 왜란 당시 직위도 현재 국무총리에 해당하는 영의정이었다. 국정의 최고 책임자로서, 임진왜란을 경험한 유성룡은 1598년 11월 관직에서 물러난 뒤 고향인 안동으로 돌아와 《징비록(懲毖錄)》을 남겼다. 《징비록》에는 1592년(선조 25)부터 1598년(선조 31)까지 7년에 걸쳐 전개된 임진왜란의 원인과 경과, 전황, 상황에 대한 반성 등이 자세히 기록되어 있다.

책 제목인 '징비'는 《시경(詩經)》〈소비편(小毖篇)〉에 나오는 "여기징이비역환(予其懲而毖後患)", 즉 "나는 미리 징계하여 후환을 조심한다"라는 구절에서 따온 것이다. 유성룡은 스스로 쓴 서문의 첫머리에서 "《징비록》이란 무엇인가? 임진왜란이 발생한 뒤의 일을 기록한 것이다. 간혹 임진왜란 이전의 일을 기록한 것은 전란의 발단을 규명하기 위해서이다"라고 하여 임진왜란의 원인과 경과를 밝히고자 이 책을 저술했음을 밝히고 있다.

이어 "나와 같이 보잘것없는 사람이 어지러운 시기에 나라의 중책을 맡아 위태로운 판국을 바로잡지 못하고 넘어지는 형세를 붙들어 일

**《징비록》** 이 책은 전쟁의 경위와 전황에 대한 충실한 묘사에 그치지 않는다. 조선·일본·명나라 3국 사이에서 급박하게 펼쳐지는 외교전을 비롯하여 전란으로 인하여 극도로 피폐해진 일반 백성들의 생활상, 이순신·신립·원균·이원익·곽재우 등 전란 당시에 활약했던 주요 인물의 공적과 인물평까지 포함하고 있다.

으키지도 못했으니 그 죄는 용서받을 수 없다. 그런데도 오히려 시골구석에서 목숨을 부쳐 구차하게 생명을 이어가고 있으니 이것이 어찌 왕의 너그러우신 은혜가 아니겠는가?"라며 자신에 대한 반성에서《징비록》을 남겼음을 서술하고 있다. 이어서 "한가한 틈을 이용하여 내가 귀로 듣고 눈으로 본 바, 임진년부터 무술년까지의 일을 대강 기술하니 이것이 얼마가량 되었고, 또 장계(狀啓), 상소, 차자, 문이(文移)와 잡록(雜錄)을 그 뒤에 부록했다"라고 하여《징비록》의 구성이 1592년부터 1598년까지 자신이 견문한 내용과 장계와 상소문 등을 합했음을 기록하고 있다.

임진왜란에 관한 기록은 《징비록》 외에도 오희문의 《쇄미록》, 정경운(鄭慶雲)의 《고대일록》, 이로(李魯)의 《용사일기》, 조경남(趙慶男)의 《난중잡록》 등이 있다. 그러나 유성룡이 전란 당시 좌의정과 병조판서, 영의정, 도체찰사 등 최고의 직책을 맡은 점을 고려하면 최고 책임자가 쓴 전쟁 기록이라는 점에서 역사적 의미가 있다. 그는 전쟁의 전개 상황과 명군의 참전, 강화 회담의 뒷이야기, 백성들의 참상 등을 누구보다 정확하게 포착할 수 있는 위치에 있었을뿐더러 조정의 여러 공문서에 접근할 수 있었다. 그만큼 《징비록》은 객관성과 신뢰성이 높다. 이런 점을 인정받아 《징비록》은 국보 제132호로 지정되었다.

《징비록》이 처음 출간된 것은 1633년(인조 11)이다. 아들 유진(柳袗)이 유성룡의 문집인 《서애집(西厓集)》을 간행하면서 그 안에 《징비록》을 수록했다. 이후 1647년(인조 25) 그의 외손자인 조수익(趙壽益)이 경상도관찰사로 재임하던 중 16권으로 구성된 《징비록》을 간행했다. 《징비록》의 가치는 일본에도 알려져 1695년(숙종 21) 일본 교토에서 간행되기도 했는데, 조정에서는 1712년(숙종 38) 《징비록》의 일본 수출을 금하기도 했다. 전란에 대한 조선의 대응방안을 정리한 책이 일본에 유출되면 국익에 도움이 되지 않을 것으로 판단했기 때문이다.

●

## 명재상 유성룡의 생애

유성룡은 1542년(중종 37) 외가인 경상도 의성에서 황해도관찰사 유중영의 아들로 태어났다. 어린 시절 서울에 올라와 남산의 묵사동(墨寺洞,

현재의 남산 한옥마을 인근)에 살았던 것으로 보인다. 16세 가을에 향시에 급제했고, 19세에는 관악산에서《맹자》를, 20세에는 고향에 돌아가《춘추》를 읽었다. 1562년 21세 때, 안동의 도선에서 퇴계 이황을 배알하고 그 문하로 들어가《근사록》등을 배웠다. 1564년 7월 생원시와 진사시에 연이어 합격했고, 1565년 성균관에 들어갔다. 25세가 되던 1566년 문과에 급제하여 승문원 권지부정자로 관직에 진출하여 1567년 8월에는 예문관 검열이 되었고, 다음 해 8월에는 성주사고에 가서 포쇄 임무를 수행했다. 1570년에는 수찬, 정언 등을 거쳐 이조좌랑에 올랐다. 1571년 3월 이황의 장례식에 참석했으며, 이해 가을에 호를 '서애(西厓)'라 했다. 서애는 안동 하회마을의 서쪽 절벽을 뜻하는 말이다. 1573년 6월 다시 이조좌랑에, 1575년 9월에는 이조정랑에 올랐다. 이후 헌납, 응교, 사간을 거쳐 1581년 부제학이 되어 왕명으로《대학연의(大學衍義)》를 초(抄, 필요한 부분만 뽑아 정리하는 것)하여 올렸다. 1582년 봄 대사간, 도승지, 대사헌 등을 거쳤으며, 1583년 7월 함경도관찰사에 특채되었으나 어머니의 병환으로 사양했다. 1584년 예조판서가 되었으며, 1585년에는 왕명으로 정몽주의 문집인《포은집(圃隱集)》을 교정하고 발문을 썼다. 1588년 형조판서 겸 홍문관과 예문관의 대제학으로 활동했으며, 1589년 예조판서를 거쳐 이조판서가 되었다. 1589년 정여립 모반 사건이 일어나고 사건의 여파로 동인 내에서 당파가 분립되었는데, 이때 이발과 정인홍, 이산해가 중심이 된 북인과 맞서는 남인의 영수가 되었다. 이후에도 정인홍과 이산해와는 정치적으로 계속 대립했다. 1590년 5월 우의정에 올랐으며, 1591년 좌의정으로서 이조판서를 겸하면서, 정읍현감으로 있던 이순신을 전라좌수사로 천거했다. 정읍현감이 종6품이

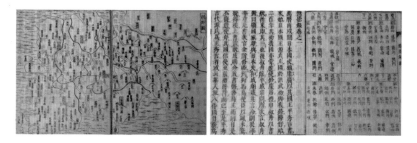

고 전라좌수사가 정3품이므로, 무려 7등급이나 오른 파격적인 승진이 었다. 이때 유성룡은 권율을 의주목사로 천거하기도 했는데, 임진왜란 당시 이순신과 권율의 활약에는 인재를 알아보는 유성룡의 안목이 있었음을 알 수 있다.

1592년 4월 임진왜란이 일어났을 때 좌의정과 병조판서, 도체찰사를 겸하면서 전시 정부의 최고 책임자가 되었다. 이해 5월에 개성에서 영의정에 임명된 뒤 바로 파직되었으나, 계속 선조를 수행하면서 평안도 도체찰사 등의 임무를 수행했다. 명나라 제독 이여송과 평양성 탈환을 논의했고, 평양성 탈환 후 이여송이 왜군과의 강화(講和) 협상에 나서자 이에 반대하고 왜적에 대한 총공세를 주장했다. 1593년 10월 선조를 호가(扈駕, 임금이 탄 수레를 호위하며 뒤따르던 일)하여 환도한 뒤 다시 영의정에 올랐고, 직업 군인으로 구성된 훈련도감의 설치를 청했다. 1594년 전쟁이 소강상태에 이르자, '전수기의십조(戰守其宜十條, 전쟁에서 마땅히 지켜야 할 10조목) 등을 올리며 전쟁에 대한 대비책을 구체적으로 제시했다. 1597년 정유재란이 일어난 뒤에도 왕명으로 경기도와 충청도 등 지방을 순시하며 전쟁의 최일선에서 활약했다. 《서애집》을 살펴보면, "정유년에 적이 다시 준동하여 양호가 와해되었고, 9월에는 서울 변두리를 핍박했다. 나는 임금의 명을 띠고 한강 방면을 순찰하며, 경기 우방어사 유렴(柳濂)에게 일러 안성, 죽산, 양성, 용인, 양지, 진위 등의 군사를 감독·통솔하게 하여 양성의 무한산성(無限山城)을 지키도록 했고, 별장 조발(趙撥)에게 일러 수원, 남양, 김포, 양천, 통진, 부평 등의 군사를 거느리고 독성(禿城)을 지키도록 했으며, 좌방어사 변응성(邊應星)에게는 여주, 이천, 양근 등의 군사로 파사성(婆娑城)을 지키게 했다. 이로 인하여 한강 연안 일대를 왕래하면서 얕은 여울의 경비를 각각 책임지게 하고, 군령장(軍令狀)을 주어 조금이라도 그르침이 있으면 마땅히 군법으로 다스리도록 재삼 신칙(申飭, 단단히 일러서 경계)했다"라고 한 기록에서 정유재란 당시 유성룡이 활동했던 모습을 파악할 수 있다.

1598년 9월 명나라 조사관 정응태와 지휘관 양호 사이의 내분으로 조선이 일본과 짜고 명나라를 침공할 것이라고 명나라 조정에 허위로 보고한 소위 '정응태 무고 사건'이 일어나자, 선조는 이를 무마하기 위해 유성룡이 진주사로 명나라에 가길 바랐으나, 유성룡은 이항복과 윤두수를 추천했다. 중국 사신 길은 여정이 멀어 부담스러운 데다 명의 내분에 휩쓸려 큰 성과를 기대하기 어렵다고 판단했기 때문이다. 이것이 빌미가 되어 진주사와 영의정에서 체직되었다. 이 무렵 선조의 신임을 받은 이산해, 이이첨 등 북인이 유성룡 탄핵에 총력을 집중하면서 11월 19일 결국 파직되었다. 공교롭게도 1598년 11월 19일은 이순신이 노량해전에서 전사한 날이었다.

파직 후 1599년 2월 유성룡은 고향인 안동 하회로 돌아왔다. 형 유운

〈동래부순절도〉와 〈부산진순절도〉 왼쪽은 동래성 전투를 그린 〈동래부순절도〉이고, 오른쪽은 부산진 전투를 그린 〈부산진순절도〉이다.

룡과 옥연정사에서 뱃놀이를 하는 등 오랜만에 여유로운 생활을 하며 《징비록》을 집필했다. 1604년 7월에는 임진왜란 때의 공을 인정받아 호성공신(扈聖功臣) 2등에 녹훈되었다. 이때 화공(畵工)을 보내어 그의 초상화를 그리도록 했는데 거절했다. 공신이면서도 유성룡의 초상화가 없는 까닭이다. 이후에는 주로 집필 활동에 전념하다가 1607년 5월 13일 66세의 일기로 생을 마감했다. 이해 7월 풍산현 수동리(壽洞里)에서 장사를 지냈으며, 1614년에 병산서원에 유성룡의 위판(位版)을 봉안했다.

《선조실록》과 《선조수정실록》에는 각각 유성룡의 졸기가 기록되어 있는데, 공과(功過)가 교차한다. "왕의 신임을 얻은 것이 오래였지만 직간했다는 말을 들을 수 없었고, 정사를 비록 전단(專斷, 혼자 결정하고 단행함)했으나 나빠진 풍습을 구하지 못했다"라거나 "국량(局量)이 협소하고 지론(持論)이 넓지 못하여 붕당에 대한 마음을 떨쳐버리지 못했다"라는 등 부정적인 내용이 많다. 《선조실록》은 북인의 관점에서, 《선조수정실록》은 서인의 관점에서 기록되었던 탓에 남인 영수인 유성룡에 대한 평가에 인색했던 것이다. 《선조수정실록》에는 "일찍이 임진년의 일을 추기(追記)하여 이름하기를 《징비록》이라 했는데 세상에 유행하게 되었다. 그러나 식자들은 자기만 내세우고 남의 공은 덮어버렸다 하여 이를 기롱했다"라며 《징비록》에 관해서도 인색한 평가를 내렸다.

●

## 《징비록》의 기록 속으로

전란의 조짐은 이미 감지되고 있었다. 조선으로 파견된 일본 사신이 보인 오만한 태도나, "군사를 이끌고 명나라를 치러 가겠다"라는 일본의 국서로 이미 알 수 있었다. 하지만 조선은, 일본과의 교류가 명나라의 심기를 불편하게 만들지도 모른다며 그 파장을 축소하는 데 급급했다. 대표적인 사례가 1591년 일본에서 귀국한 통신사 일행에게 선조가 전쟁의 가능성을 묻는 장면이다. 통신정사 황윤길과 서장관 허성이 침략 가능성을 보고했음에도 조정에서는 침략 가능성을 낮게 본 통신부사 김성일의 의견을 채택하는 결정적인 잘못을 범하게 된다. 김성일은 퇴계 이황의 문하에서 동문수학했던 절친 인사였던 만큼, 유성룡은 《징비록》에서 김성일의 입장을 변호하는 데 많은 내용을 할애하고 있다. 이를테면 일본에 갔을 때 조선통신사를 무례하게 대하는 일본 측의 조치에 김성일이 거세게 항의했음을 기록하고 있다.

일본의 침략이 가시화되는 위기의 시기, 조선의 정계는 당쟁으로 심한 국론 분열을 겪고 있었다. 1575년(선조 8) 동인과 서인의 분당(分黨)으로 처음 당쟁이 시작되고, 1589년에는 '정여립 모반 사건'의 여파로 동인 내에서 남인과 북인으로 분열했다. 임진왜란 직전 조정은 서인, 남인, 북인이 대립했는데, 윤두수와 정철이 서인, 유성룡이 남인, 이산해가 북인의 영수였다. 국론이 분열되고 민심이 동요하는 상황에서 유성룡은 전란에 대비하여 여러 계책을 선조에게 건의했다. 그는 종6품의 정읍현감 이순신을 7등급의 품계를 뛰어넘어 정3품 전라좌수사로 천거했고, 형조정랑 권율을 의주목사로 천거하여 국방에 대비하게 했다. 이순신을 천거한 대목은 그야말로 '신의 한 수'로, 《징비록》에서도 이에 대해 깊은 자부심을 보이고 있다.

유성룡은 조선이 초기 전투에서 패한 원인을 진관체제(鎭管體制)를 버리고 제승방략(制勝方略)체제를 고수한 것에서 찾고 있다. 을묘왜변 이후에 군의 편제를 고쳐 제승방략체제로 바꿈으로써, 임진왜란 때 군사들이 모여 지휘관을 기다리는 과정에서 적의 공격에 효율적으로 대비하지 못했음을 지적하고, 진관제도의 정비를 건의했다. 그러나 유성룡의 주장은 '이미 오래전부터 사용해온 제승방략을 갑자기 바꿀 수 없다'는 반대 논리에 막혀 폐기되었다.

탄금대 전투에서 패배한 신립 장군에 대한 비판도 신랄하다. 유성룡은 "원래 신립은 날쌔고 용감한 것으로 이름 높았으나 전투의 계책에는 부족한 인물이었다. 옛사람이 이르기를, '장수가 군사를 쓸 줄 모르면 나라를 적에게 넘겨주는 것과 같다'고 했는데, 이제 와서 후회한들 무슨 소용이 있겠는가. 그러나 후손들에게 경계가 될 것이라 생각해 상세히 적어둔다"라며 신립의 무능함을 강하게 비판했다.

선조의 피난 행렬을 보는 백성들의 불편한 시선에 대해서도 생생하게 기록하고 있다. "이 무렵 연광정에서 왕께로 향하던 나는 아녀자와 어린아이까지 분노를 감추지 않고 소리 지르는 모습을 보았다. '성을 버리고 갈 거면 왜 우리는 성 안으로 들어오게 했소? 이야말로 우리를 속여 적의 손에 넘겨주려는 속셈이 아니고 무엇이란 말이오?'"라는 기록에서는 피난하는 왕에게 분노하는 백성들의 모습이 잘 나타나 있다.

유성룡은 평양성마저 버리려는 선조에 대해 강하게 반발했다. 명나라에 구원병을 요청해놓은 상황에서 골짜기로 들어간다면 다시는 서울을 수복할 수 없다는 논리에서였다. 그는 말을 하면서도 목이 메어 눈물을 흘렸다. 그러나 6월 11일 선조는 최흥원, 정철 등과 영변으로 길을 떠났고, 유성룡은 순찰사 이원익 등과 함께 명나라 장수를 접대하기 위해 평양에 머물렀다.

《징비록》에서는 명나라 원병의 오만한 모습도 기록하고 있다.

하루는 명나라 장수들이 군량이 바닥났다는 것을 핑계 삼아 제독(이여송)에게 돌아갈 것을 주장했다. 그러자 제독은 화를 내며 나와 호조판사 이성중과 경기도좌감사 이정형을 불러들였다. 뜰아래 우리를 꿇어앉히고는 큰 소리로 문책하는 것이었다. 나는 우선 사죄하며 제독을 진정시켰다. 그러나 나라의 모습이 어찌 이 지경에 이르렀는가 하는 생각이 들자 눈물이 저절로 흘렀다. 내 모습을 본 제독은 민망했던지 자기 휘하의 장수에게 화살을 돌렸다. …… 문을 나온 나는 개성 경력 심예겸을 곤장에 처했다. 그러자 배 수십 척이 군량을 싣고 강화에서 와 서강에 부려놓았다.

이 기록을 보면 명군에 군량을 조달받는 데 어려움을 겪는 상황이 적나라하게 나타난다. 특히 유성룡이 사죄하면서 이여송을 진정시키는 모습은 약소국의 설움을 느끼게 한다. 명군은 평양성 탈환의 공을 명군의 참전에 있다고 인식했고, 무엇보다 조선은 명 황제의 은혜를 잊지 말아야 한다는 점을 강조했다. 다음 기록은 이러한 인식을 잘 보여준다.

그 무렵 명나라 경략 송응창이 탄핵을 받아 소환되고 고양겸이 새 경략에 임명되어 요동에서 왔는데 그는 참장 호택을 시켜 공문 하나를 우리 조정에 전달했다. 그 내용은 꽤나 길었는데 요약하면 다음과 같다. '그대의 나라를 점령한 왜적은 파죽지세로 서울, 개성, 평양을 점령하고 나라의 8, 9할을 점령했으며 왕자와 수행하는 대신들까지 사로잡았다. 이에 분노하여 우리 황제께서 그들을 쳐서 한 번 싸움으로 평양을 수복하고 두 번 싸움으로 개성까지 되찾으셨다. 왜적들은 결국 도망치고 왕자와 수행 대신들을 석방했으며 2,000리에 이르는 영토 또한 되찾게 했다. 그러나 이 과정에서 황제의 재산과 병사 그리고 마필의 손실도 대단했다. 우리 조정에서 조선을 위해 은혜를 크게 베풀었으니 황제의 은덕 또한 한이 없는 것이다.

·

## 《징비록》에서 그린 이순신

《징비록》에는 자신이 추천한 이순신이 임진왜란의 가장 큰 주역이었음을 강조하는 측면도 좀 있었다. "정읍현감 이순신을 발탁하여 전라좌도 수군절도사로 삼았다. 이순신은 담력과 지략이 있고 말타기와 활쏘기를 잘했다. 일찍이 조산만호로 있었는데, 그 무렵 북쪽 변방에 사변이 많았다. 이순신이 배반한 오랑캐 우을기내(于乙其乃)를 꾀로 유인하여 잡아 묶어 병영으로 보내 베어 죽이니 이후로는 근심이 없어졌다. …… 왜적이 쳐들어온다는 소식이 나날이 급하게 전해지자 임금께서 비변사에 명하여 제각기 장수가 될 만한 인재를 천거하라 했다. 내가 이순신을 천거했는데 정읍현감에서 수사(水使)로 차례를 뛰어넘어 임명되자 사람들은 혹시 그가 갑작스레 승진한 것을 의심하기도 했다"라고 하여 이순신이 파격적으로 전라좌수사로 천거된 일이 당시에도 의혹을 샀음을 언급했다. 그러나 다른 한편으로는 해전에서 이순신의 활약을 자세히 기록하여 자신의 안목이 결코 헛되지 않았음을 입증했다. 특히 1592년 7월의 한산도대첩에 대한 기록이 자세하다.

이순신은 판옥선 40척을 거느리고 이억기와 약속한 대로 거제로 나와 원균과 군사를 합쳐 나아가 적의 전선과 견내량에서 만나게 되었다. 이순신이 말하기를, "이곳은 바다가 좁고 물이 얕아서 배를 돌리기가 어려우니 우리가 거짓으로 물러가는 체하여 적병을 유인하고, 바다가 넓은 곳으로 나가서 싸우는 것이 좋을 듯합니다"라고 하자, 원균은 분함을 견디지 못하여 바로 나가서 맞닥뜨려 싸우려 했다. 이에 이순신은 "공은 병법을 알지 못하니 이같이 하면 반드시 패전할 것이오"라고 말하고 마침내 깃발로 배를 지휘하여 물러갔다. 그러자 적병은 크게 기뻐하며 앞다투어 따라왔다. 적이 이미 좁은 곳을 다 나왔을 때 이순신이 북소리를 한 번 울리자 여러 배가 일제히 방향을 돌려 바다 한가운데 열을 지어 서서 정면으로 적의 배와 맞부딪치니, 서로 거리가 수십 보밖에 떨어지지 않았다. 이보다 앞서 이순신이 거북선을 창조했는데, 목판으로 배 위를 덮으니 그 형상이 가운데가 높아 마치 거북과 같았으며, 싸우는 군사와 노 젓는 사람들은 모두 배 안에 있고, 좌우와 전후에 화포를 많이 싣고 마치 베 짜는 북〔梭〕처럼 이리저리 마음대로 드나들었다. 적의 배를 만나면 잇달아 대포를 쏘아 부수고, 여러 배가 일시에 합세하여 쳐부수니 연기와 불꽃이 하늘에까지 가득했고 적의 배가 수없이 불타버렸다.

이처럼 한산도해전에서 이순신이 탁월한 작전 수행 능력과 전쟁 전에 미리 개발한 거북선을 활용하여 대승을 거둔 장면을 생생히 기록하고 있다. 반면 원균에 대해서는 무능하고 무모한 장수임을 부각시켰다.

이어서 유성룡은 "이순신이 단 한 번의 싸움으로 드디어 적군의 한쪽 세력을 꺾었기 때문에 일본 장수 유키나가가 비록 평양을 점령했으나 형세가 외로워져서 감히 나아가지 못했다. 우리나라에서는 전라도, 충청도, 황해도, 평안도 연해 지역 일대를 보전함으로써 군량이 보급되고 조정의 호령이 전달되도록 하여 나라의 중흥을 이룰 수 있었다. 요동의 금주, 복주, 해주, 개주, 천진 등도 소란을 당하지 않아 명나라가 육로로 나와 구원함으로써 적군을 물리치게 된 것이다. 모든 일은 이순신이 단 한 번 싸움에서 이긴 공이니, 아아 이것이 어찌 하늘의 도움이 아니겠는가"라 하며 한산도해전의 승리가 나라의 중흥을 이룰 수 있었던 기반이 되었음을 강조했다.

부하들과 늘 소통의 시간을 가진 이순신의 면모도 드러난다. "이순신은 한산도에 있을 때 운주당(運籌堂)이라는 집을 짓고 밤낮으로 그 안에서 여러 장수와 전쟁에 관한 일을 함께 의논했다. 비록 지위가 낮은 군졸일지라도 찾아와서 말하게 함으로써 군중(軍中)의 사정에 통달했다. 매양 전쟁할 때마다 부하 장수들을 불러서 계책을 묻고 전략을 세운 뒤 나가서 싸웠기 때문에 패전하는 일이 없었다"라며 이순신의 인품을 칭송했다. 이와는 대조적으로 원균에 대해서는 "원균은 자기가 사랑하는 첩과 운주당에 거처하며 울타리로 집 안팎을 막아 여러 장수가 그의 얼굴을 보기가 어려웠다. 또 술을 즐겨 날마다 주정을 부리고 화를 내며 형벌을 쓰는 일에 법도가 없었다"라고 부정적으로 기록했다.

이순신이 1597년 8월 3일 삼도수군통제사로 복귀한 뒤 40여 일 만인 1597년 9월 16일에 치러진 명량대첩에 관한 내용도 자세하다.

> 통제사 이순신이 진도 벽파정 아래에서 왜병을 쳐부수고 장수 마다시를 죽였다. 이순신이 진도에 이르러 병선(兵船)을 수습해 겨우 10여 척을 얻었다. 배를 타고 피란하는 이가 수없이 많았는데 이순신이 왔다는 소문을 듣고 기뻐하지 않는 사람이 없었다. 이순신이 여러 방면에서 이들을 불러 모으자 멀고 가까운 지방에서 구름처럼 모여들어 이들을 군대의 후방에 있도록 하여 우리 군대의 형세를 돕게 했다.

《징비록》에는 이순신 장군의 최후의 모습까지 자세히 기록하고 있다. "화살이 빗발치는 속에서도 이순신은 직접 나서 싸우다가 날아오는 총알을 맞았다. 총알이 가슴을 관통해 등 뒤로 빠져나갔다. 주위 사람들이 그를 부축하여 장막 안으로 옮겨놓자, 그는 지금 싸움이 급한 상태다. 내가 죽었다는 사실을 알리지 말라고 하고는 숨을 거두었다." 이순신이 전사한 1598년 11월 19일은 기이하게도 유성룡이 탄핵을 받고 영의정 직에서 물러난 날이었다.

전란의 총책임자로서 유성룡이 처절한 반성을 위해 쓴 기록《징비록》은 한때 드라마로도 방영되어 많은 사람에게 깊은 울림을 준 동시에 역사 기록의 중요성을 다시금 환기했다.

**4**

# 박씨전 朴氏傳

병자호란과 여걸 영웅의 탄생

●

## 병자호란의 치욕과 《박씨전》의 탄생

역사 속에서는 인생 역전을 시도하여 성공한 인물들이 있다. 얼굴이 너무나 추했던 여인이 절세미인이자 영웅 여걸로 대변신한 박씨 역시 소설 속의 주인공이기는 하지만, 인생 역전에 성공한 인물로 볼 수 있다. 그리고 이것은 단순히 개인의 이야기가 아니라 병자호란이라는 시대상을 반영하고 있다는 점에서 역사소설로 손꼽히고 있다. 《박씨전》은 신분적 지위가 매우 낮은 데다 박색이어서 강박관념과 열등감을 지녔던 여인 박씨의 변신을 소재로 한 조선 후기의 소설이다. 하지만 《박씨전》에는 병자호란과 이어진 삼전도의 치욕을 씻으려는 백성들의 열망이 반영되어 있다.

1623년 3월 광해군 정권을 무너뜨린 인조반정은 조선의 외교정책에도 큰 전환점이 되었다. 인조반정 이후 인조와 집권세력은 전통적인 외교노선인 친명배금(親明排金) 정책을 고수했다. 그러나 명나라를 능가하는 군사강국으로 성장한 후금은 명의 배후인 조선을 침공했다. 1627년(인조 5) 정묘호란이었다. 강화도로 피난 간 조정은 형세가 좋지 않음을 깨닫고 후금과 강화를 맺고 겨우 전쟁의 확대를 막았다. 그러나 정묘호란 이후에도 조선은 후금에 강경책을 고수했다. 내부 국방력에 대한 점검이 없는 상황에서 명분만 앞선 외교정책은 후금을 더욱 자극

했다. 1636년 12월 국호를 청으로 바꾼 후금은 중국 중원 지배의 야망을 현실화하며 황제 태종이 직접 조선 침공에 나섰다. 병자호란의 시작이었다. 별다른 방어 없이 우왕좌왕하던 인조와 조정 대신은 서둘러 강화도로 피난하려 했지만 청의 빠른 진격에 피난길도 끊어져버렸다. 서둘러 피난간 곳은 남한산성이었다. 청의 대군에 포위당한 조선 조정은 의병들의 참전을 기대했지만 그나마도 용이하지 않았다.

찬바람이 유난히도 매서웠던 1637년(인조 15) 1월 30일 아침, 산성에서의 격론 끝에 인조는 항복을 주장하는 주화파의 의견에 따라 남한삼성을 내려오게 된다. 청나라 장수 용골대와 마부대는 인조가 빨리 성밖으로 나올 것을 재촉했다. 참담하고도 비통한 표정으로 인조는 삼전도(지금의 잠실 석촌호수 부근)로 향했다. 그곳에는 전쟁의 승리자 청 태종이 거만한 자세로 앉아 있었고 곧이어 치욕적인 항복 의식이 행해졌다. 인조는 세자와 대신들이 지켜보는 가운데 청나라 군사의 호령에 따라 '삼배구고두(三拜九叩頭, 세 번 절하고 머리를 아홉 번 조아림)'의 항복례를 마쳤다. 당시 인조의 이마에 피가 맺혔다는 야사가 전해질 정도로 비참했던 상황에 조선의 온 백성은 치를 떨고 분노했다. 1636년 12월의 병자호란으로 남한산성에 피난을 갔던 조선 국왕이 50일 만에 굴욕적인 항복을 한 삼전도의 치욕, 그것도 이전까지 오랑캐라고 업신여겼던 청나라에 당한 치욕이었기에 나라 전체가 참담한 패배의식에 빠졌다. 전쟁의 여파로 인조의 두 아들인 소현세자와 봉림대군이 인질로 잡혀가고 수많은 조선인이 포로로 끌려가 청나라 노예시장에서 팔려가는 등 패전국의 아픔을 치러야 했다.

《박씨전》은 바로 이러한 병자호란을 배경으로 탄생한 소설이다. 조선 정부가 무기력하게 당했던 호란의 치욕적 패배 그리고 이 패배를 통쾌하게 설욕해줄 수 있는 영웅의 탄생을 누구나 갈망하던 바로 그 시대에 박씨는 소설 속 주인공으로 나타난 것이다.

●

## 영웅 여걸로 변신하는 박씨

《박씨전》 전반부는 전생의 업보 탓에 추녀가 된 박씨가 허물을 벗는 이야기로, 후반부는 병자호란 이후 영웅으로 크게 활약하는 박씨의 이야기로 구성되어 있다. 전반부는 배경이 세종대로 설정되어 있으나 실제 이야기는 인조 대를 시대 배경으로 하고 있다.

금강산에 사는 박 처사라는 사람이 어느 날 한양에 찾아와 이득춘과 신기(神技)를 겨루며 놀다가 자기 딸과 이득춘의 아들(이시백)의 혼인을 청한다. 이득춘은 박 처사의 뛰어난 능력을 믿고 며느릿감도 보지 않은 채 혼인을 승낙한다. 그러나 아들 시백은 첫날밤 들어온 신부가 너무나 박색인 것에 실망한다. 그날 이후 가족 모두가 박씨를 거들떠보지 않는다. 그러나 홀로 생활하면서도 박씨는 이득춘이 입을 조복(朝服)을 하루 아침에 만들고, 볼품없는 말을 싸게 사 잘 길러 중국 사신에게 높은 값으로 파는 등 비범한 능력을 선보인다. 급기야 남편 이시백이 과거를 보러 갈 때 신기한 연적을 주어 장원 급제하는 데 결정적으로 기여한다. 소설속 박씨의 남편으로 설정된 이시백은 병자호란 당시 남한산성 수어사직을 수행했던 실존 인물이다. 시집온 지 3년이 되는 해, 박씨가 구름을 타고 친정에 다녀왔다. 박 처사는 딸의 액운이 다한 것을 알고 마침내 시백의 집에서 도술로 딸의 허물을 벗겨준다. 가족 모두가 일순간 추녀에서 절세미인으로 바뀐 박씨를 사랑하게 되고, 그녀의 대활약이 시작된다.

박씨가 사랑받게 된 구체적인 계기는 얼굴 허물을 벗고 참한 여인으로 변신한 것이다. 이처럼 여성의 용모는 시대를 초월하여 여성을 평가하는 중요한 잣대였다. 왕실에서도 여성의 용모는 중시되었다. 세종은 황희 등 신하들과 세자빈 간택을 논의하는 자리에서, "이제 동궁을 위하여 배필을 간택할 때이다. 가문과 부덕은 본래부터 중요하나, 혹시 인물이 아름답지 않다면 또한 불가할 것이다. …… 잠깐 본 나머지 어찌 곧 그 덕을 알 수 있으리오. 이미 덕으로 뽑을 수 없다면 또한 용모로 뽑지 않을 수 있겠는가"라 했는데, 이 기록에서도 가문이나 부덕과 함께 용모가 왕비 후보의 중요한 기준이었음이 명확히 드러난다. 박씨가 허물을 벗고 미인이 되어 활약하는 것도 용모가 아름다운 여성에 대한 선호도가 반영되어 있다.

《박씨전》의 후반부는 오랑캐의 침입과 이에 저항하는 내용이 주류를 이룬다. 호시탐탐 조선 침략을 꾀하던 호왕(胡王, 청나라 왕)은 조선 침공에 앞서 박씨의 남편인 이시백과 명장 임경업을 제거하기 위해 이시백에게 기룡대라는 여성을 첩자로 보낸다. 박씨가 이 사실을 먼저 알고 기룡대를 쫓아버리자, 호왕은 용골대 형제에게 10만 대군을 주어 조선을 침략하게 한다. 역시 신통력으로 이 사실을 안 박씨는 조정에 이에 대한 대비를 건의했으나 받아들여지지 않았고, 국왕은 남한산성으로 피난한 끝에 항복한다. 많은 사람이 희생당한 가운데 박씨가 오랑캐의 침입에 대비해 만든 피화당(避禍堂)이라는 거처에 모인 부녀자들만 무사했다. 이를 안 적장 용홀대가 재차 피화당을 침입하려 하지만 박씨는 오히려 그를 죽이고 복수하러 온 동생 용골대마저 격퇴시킨 뒤 마침내 항복을 받았다. 용골대가 마지막으로 형 용홀대의 머리를 고국으로 보내달라고 부탁하자, 박씨는 "나도 옛날 일을 생각하건대 용홀대 머리를 옻칠하여 남한산성에서 패한 분을 만분의 일이나 풀리라. 너의 정성은 지극하나 각기 그 임금 섬기기는 일반이라 아무리 애걸해도 그렇게는 못하리라" 하여 남한산성의 치욕을 반드시 갚고 왕에게 충성을 다하겠다는 의지를 분명히 했다. 용골대는 인질들을 데리고 퇴군하다가 의주에서 임경업 장군에게 크게 패한다. 임경업은 청군에 대항한 실존 인물로 소설에도 등장하고 있다.

조선의 산천을 유린했던 오랑캐가 물러간 뒤 왕은 박씨의 탁월한 능력을 인정해 충렬부인에 봉한다. 추녀라는 이유로 가정에서도 버림받았던 박씨가 위기에 처한 조선을 구한 공로로 국왕에게 최고의 찬사를 받으며 영웅 여걸로 거듭 태어난 것이다.

●

## 《박씨전》의 또 다른 짝 《임경업전》

소설 속에서 청나라 군대를 가장 통쾌하게 무찌르는 인물이 여걸 박씨라면, 현실에서는 임경업(林慶業, 1594~1646)이었다. 청나라 군대에 가장 적극적으로 대항했다. 임경업은 《박씨전》에도 등장하는데, 소설 속에서 박씨의 남편 이시백과 남경에 사신으로 가 내란의 위기에 처한 명나라를 구하기도 하고 박씨에게 대패해 퇴군하는 용골대 군사를 크게 무찌르기도 한다.

전쟁 이전부터 산성을 짓고 보수하는 등 방어에 주력하던 임경업은 1636년 병자호란이 일어나자 봉수대를 통해 전쟁이 일어났음을 알고 자신의 주둔지인 백마산성을 굳건히 지켰다. 청군이 백마산성을 포기하고 바로 남한산성으로 진격할 정도였다. 임경업은 병자호란 이후에도 계속 명군과 우호관계를 유지하며 청군을 곤경에 빠뜨리는 데 앞장섰다. 청나라는 임경업을 요주의 대상으로 주시했다. 1643년 임경업은 명나라에 들어가 병사 4만을 이끌었으나 이듬해 북경이 청에 함락되면서 청 군사에 체포되었다. 임경업을 어떻게 처리할지 고심하던 청나라 측은 1646년(인조 24) 6월 사은사 이경석이 방문하자 그의 귀국 길에 임경업을 조선으로 돌려보냈다. 청나라는 은근히 조선의 조정에서 임경업을 처리해줄 것을 바랐고, 청의 기대대로 김자점 등 간신들이 적극 나서서 그가 역모에 연루되었음을 주장했다. 결국 임경업은 고문 끝에 옥중에서 사망했다.

　명장 임경업을 추앙했던 백성들은 그의 죽음을 매우 슬퍼했다. 민간에서는 그의 화상(畵像)을 신당에 모시고 제사를 지냈으며, 임경업에 관한 설화들도 유행처럼 퍼졌다. 소설《임경업전》이 유행한 것도 이 무렵이다. 임경업의 무용담이 소설로 등장한 것은 영원히 죽지 않고 청을 물리쳐달라는 민중의 염원을 담은 것이다.《임경업전》은 비운의 명장의 일생과 김자점 같은 간신들이 들끓는 조정의 문제점을 지적하는 영웅소설이자 역사소설의 성격을 띠고 있다. 실존 인물을 주인공으로 한 만큼 다른 소설에 비해 비교적 정사(正史)에 기초하고《임충민공실기(林忠愍公實紀)》등 임경업의 생애와 활동을 전기 형식으로 편집한 각종 문헌 기록과도 상당히 일치한다. 어렵던 시대적 상황에 거의 홀로 청군에 대항했던 실존 영웅을 영원히 기억하고자 했던 민중의 바람이 소설로 이어진 것이다.

《박씨전》이 가상의 여인 박씨를 통해 청에 통쾌한 복수를 시도했다면,《임경업전》은 실존 인물의 활약을 통해 청에 대한 조선인들의 울분을 풀어주려 했다. 두 소설 모두 정묘호란과 병자호란 등 청나라와의 거듭되는 전쟁에서 청에 복수하여 치욕을 씻겠다는 사상이 팽배하던 당시 사회상을 반영하고 있다. 비록 현실 속 패배는 인정하더라도 소설이라는 상상의 공간에서나마 마음껏 승리할 수 있는 영웅을 학수고대했던 민중의 바람이《박씨전》과《임경업전》을 유행시킨 것이다.

●

## 병자호란의 치욕과 북벌(北伐)의 길

1636년 12월의 병자호란과 이어진 1637년의 삼전도 굴욕은 이후 조선후기 정국 전개에 커다란 영향을 미쳤다. 먼저, 인조의 두 아들 소현세자와 봉림대군이 인질로 심양에 끌려가고 남녀노소를 포함한 수많은 전쟁 포로가 청에 잡혀갔다. 끝까지 청과의 전쟁을 주장한 홍익한, 윤집, 오달제는 청나라에 가서도 자신의 정당성을 주장하다가 모두 처형되었다. 조선의 조정에서는 이들을 삼학사(三學士)라 칭하고 이들의 충절을 기렸지만, 무엇보다도 이제까지 오랑캐라고 인식했던 청나라에 치욕당했다는 데서 민족적 자존심이 내려앉았다.

그러나 이러한 현실을 냉정히 인식할 것을 주장하는 사람들도 나타났다. 즉 청나라를 과거의 야만국으로만 볼 것이 아니라, 정치·문화의 강국임을 현실적으로 인정하고 이러한 바탕 위에 국제관계를 유지해야 한다는 입장이었다. 이런 논의의 중심에 선 인물이 바로 소현세자였다. 인조의 뒤를 이어 차기 대권주자 1순위로 꼽히던 왕세자가 이처럼 진취적으로 생각했다는 것이 무척이나 주목된다. 부왕 인조의 치욕적인 항복의식을 직접 목격했던 소현세자는 초기에 반청 감정이 강했을 것이다. 그러나 심양에서 생활하며 놀랍게 발전한 청나라에 크게 자극받았다. 중국 대륙을 통일한 뒤 신생대국으로 거침없이 뻗어가던 청나라의 군사적인 측면과 문화대국으로 성장해가는 잠재력을 읽을 수 있었던 것이다. 당시 청나라는 아담 샬(Adam Schall)과 같은 선교사를 통해 천주교뿐 아니라 화포, 망원경과 같은 서양의 근대 과학기술을 적극 수용하고 있었다. 소현세자는 아담 샬과의 만남을 통해 조선에도 서구 과학이 필요함을 절감했으며, 서구 문명에 개방적인 청나라 조정과도 우호적인 관계를 유지하고자 했다.

그러나 인조를 비롯한 조정 대신들은 소현세자가 청과 긴밀한 관계를 맺는 것을 곱지 않은 시선으로 보았다. 소현세자는 단지 인조의 아들이 아니라 차기 국왕 후보였기 때문이다. 인조는 무엇보다 청이 자신을 물러나게 하고 소현세자를 왕으로 삼으려 하는 움직임을 경계했다. 정통으로 왕위를 계승하지 못하고 반정으로 집권한 왕이기에 본능적으로 왕위 유지에 집착하면서 아들마저도 경쟁자로 본 것은 아닐까?

조정 신료들 또한 남한산성의 치욕을 준 청나라를 현실의 군사대국으로 보지 않고 여전히 오랑캐로 인식했다. 장성한 소현세자와 세자빈 강씨가 귀국했을 때 인조와 조정 대신들은 냉담했다. 얼마 뒤 소현세자는 의문의 죽음을 당한다.《인조실록》의 기록만으로도 명백히 독살 의

혹이 제기되는 의문의 죽음이었다. 당시 소현세자에게는 세 아들이 있었지만 인조는 나이가 어리다는 이유로 세손에게 왕위를 물려줄 수 없다고 했다. 결국 인조의 둘째 아들이자 소현세자의 동생인 봉림대군(후의 효종)이 왕위를 물려받았다. 소현세자와 함께 심양에 갔던 세자빈 강씨는 청에서 많은 재물을 모으는 등 나름대로 새 시대에 눈뜬 모습을 보였다. 그러나 귀국 후 소현세자가 의문의 죽음을 당하고 나아가 자신의 아들인 세손이 왕이 되지 못하자 인조에게 격렬히 저항했다. 죽음을 각오한 강빈은 머리를 풀어헤치고 인조의 침실로 달려가 하소연하며 통곡하는가 하면, 맏며느리로서 국왕에게 올리는 조석 문안도 한때 중지해버렸다. 분노한 인조는 강빈을 유폐시키고 궁중에서 한 발짝도 움직이지 못하게 했다. 갈등의 끝은 세자빈의 죽음으로 이어졌다. 어느 날 인조의 수라상에 독이 든 전복이 발견되었고 강빈은 이를 사주한 혐의로 사약을 받고 한 많은 생을 마감했다. 제주도로 유배된 소현세자의 세 아들 가운데 둘도 풍토병에 걸려 사망하는 등 소현세자 일가는 그야말로 참혹한 화를 당했다.

인조에 의해 뜻하지 않게 왕위에 오른 봉림대군은 자신이 왕이 된 이유를 누구보다 잘 알고 있었다. 자신을 왕으로 밀어준 선왕의 치욕을 대신 갚아야 한다는 것, 바로 북벌(北伐)의 길로 나아가는 것이었다.

●

## 현실적 패배와 소설 속 승리

병자호란은 조선 역사상 유례없는 치욕적인 사건이었다. 정치적·경제

**《박씨전》** 주인공 박씨는 원래 신분이 매우 낮은 데다 박색이었지만 절세미인으로 변신하여 영웅 여걸이 되었다. 인생 역전에 성공한 인물이라 볼 수 있다. 이는 단순히 개인의 이야기가 아니라 병자호란이라는 시대상을 반영하고 있다. 《박씨전》에는 병자호란, 그리고 삼전도의 치욕을 씻으려는 백성들의 열망이 반영되어 있다.

적 손해는 물론이고, 백성들에게도 돌이킬 수 없는 패배의식과 민족적 자존심에 상처를 남겼다. 청에 포로로 끌려 노예시장에 팔려갔다가 겨우 돌아온 여성들은 환향녀(還鄉女), 즉 '화냥년'이라는 치욕스런 이름만 덧붙게 되었다.

병자호란 이후 조선은 사상적으로 북벌과 북학의 갈림길에 선 시기였다. 그 갈림길에서 북학 의지가 컸던 소현세자가 의문의 죽음을 당하고 봉림대군이 효종(孝宗, 1619~1659, 재위 1649~1659)으로 즉위하면서 청을 물리쳐야 한다는 '북벌'이 국시(國是)로 자리 잡았다. 그러나 효종은 북벌 계획에 혼신의 힘을 쏟다가 그 꿈을 이루지 못한 채 승하했다. 결국 상처 입은 민족적 자존심은 현실에서 회복되지 못한 채 조선인의 응어리에 영원히 맺히게 된 것이다.

《박씨전》은 오랑캐에게 철저히 당했다는 현실적인 분노와 고통을 소설 속에서나마 복수하고 싶었던 시대적 욕구를 반영한 작품이다. 특히 가부장제 사회질서 속에서 억압된 채 살아간 여성을 주인공으로 설정하고 여성에게 초인적인 능력을 부여함으로써 통쾌하게 청나라에 복수하도록 했다.

현실적으로 패배한 전쟁 병자호란은 소설《박씨전》을 통해 승리한 전쟁이 되었다. 조선의 여걸 박씨 앞에 청나라 장수들이 무릎을 꿇고 항복하게 함으로써 현실에서 당한 치욕과 분노를 대신 풀어준 것이다. 소설이라는 가상의 세계에서나마 민족적 상처를 통쾌하게 씻어주고자 했던 조선 사람들의 열망은 신비의 여인 박씨를 통해 조선인들의 가슴 속에 깊이 스며들었다.

# 4부

## 17세기, 성리학의 새로운 시도

**1**

# 홍길동전 洪吉童傳

조선 최고의 아웃사이더 허균의 꿈

●

## 아버지를 아버지라 하지 못한 서얼의 설움

홍길동이 시대를 초월하여 많은 사람을 강하게 어필하는 것은 무엇보다 소설 《홍길동전》 덕분일 것이다. 《홍길동전》은 최초의 한글소설이라는 점에서 문학사적으로 가치가 크다. 《홍길동전》이 꾸준히 사랑받는 까닭은 무엇일까?

홍길동은 판서인 아버지와 시비(侍婢) 출신인 어머니 춘섬 사이에서 태어났다. 주인공의 이러한 설정은 홍길동이 필연적으로 신분 문제에 저항할 수밖에 없는 인물임을 암시한다. 서얼(庶孼)은 양반의 취첩을 허용하는 조선의 사회구조에서 필연적인 산물이었고 조선 전기만 해도 그다지 크게 차별받지 않았다. 그러나 16세기 이후 조선 사회에 성리학 이념이 확고히 정착되면서 반상(班常)의 구분, 적자와 서얼의 차이가 좀 더 분명해졌다. 이를테면 서얼은 과거에 영구히 응시하지 못하게 했다. 조선시대 젊은이들이 자신의 꿈과 이상을 실현하는 통로였던 과거에 응시조차 못하게 한 일은 인간의 존재 의미를 박탈하는 가혹한 조처였다. 조선 중기 이후 성리학의 이념이 보다 확고히 자리 잡으며 서얼 차별은 더 심해졌다. 《홍길동전》 속 이야기처럼 아버지가 있으나 아버지라고 부르지 못하는 시대가 된 것이다.

《홍길동전》에는 "8세에 총명함이 다른 사람보다 뛰어났으며 스스로

**《홍길동전》** 비범한 재주와 능력을 지닌 홍길동이라는 인물을 통해 당시 사회에서 통용되던 적서차별의 문제점과 관리들의 치부행위 등 지배층의 무능을 비판한 사회소설이다. 또한 통쾌하게 복수하는 주인공의 캐릭터를 부각시키기 위해 홍길동에게 도술적인 능력을 부여하고, 율도국이라는 새로운 이상세계를 건설토록 하는 영웅소설의 성격을 띠고 있다.

도술을 익힌다"라는 내용이 있다. 홍길동이 무술이나 축지법·둔갑술 등 각종 도술에 능한 인물이었던 점은 도가사상과 밀접한 관련이 있다. 도가사상은 조선 사회의 주류적 흐름인 성리학에 밀려 저류(底流)적 흐름으로 명맥을 이어갔다. 이를테면 김시습(金時習, 1435~1493)이나 서경덕(徐敬德, 1489~1546)과 같이 도가사상에 깊은 관심을 보인 학자가 다수 있었다. 특히《홍길동전》의 저자 허균의 아버지 허엽(許曄, 1517~1580)은 서경덕 문하의 수제자였다. 소설《전우치전(田禹治傳)》을 보면, 소설 속 서경덕 또한 도술에 매우 능한 인물로 묘사된다. 현실 정치에서 좌절을 경험한 인물을 중심으로 도가사상이 수용되었던 것이다.

이어, 길동은 자신을 해하라 사주했던 사람이 부친의 첩인 초란임을 알게 되지만, 부친이 그녀를 사랑했기 때문에 죽이지 않았다. 이 대목에서 조선 사회를 지배하던 효의 관념이 지속됨을 알 수 있다. 홍길동이 도적으로 성공한 뒤 아버지와 형이 고난에 처하자 스스로 체포되는 길을 택하는 장면에서도 여전히 자식 된 도리를 다하려는 전통시대 인물 모습이 드러난다. 특히 율도국 정벌을 계획할 때 부친상을 당하자 삼년상을 모두 마치고서야 군사훈련을 하는 장면은 효의 덕목이 당시에 중시되었음을 보여준다.

《홍길동전》에서 갈등이 가장 부각되는 곳은 아버지를 아버지라 부르지 못하는 서얼의 설움을 표현한 대목이다.

> 소인이 대감의 정기를 타고나 당당한 남자로 태어났사오니 이만한 즐거운 일이 없사오되, 평생 설워하옵기는 아버지를 아버지라 부르지 못하고 형을 형이라 부르지 못하오니……

이처럼 가족에게 호칭 하나 마음대로 할 수 없는 서얼차대(庶孼差待) 현실은 가족의 범위를 넘어 사회에서 더 큰 제약으로 다가왔을 것이다. 홍길동은 결국 이러한 현실 장벽을 극복하기 위해 사회적으로 비난받아 마땅한 도적의 길로 들어선다. 홍길동이 연산군 대에 실존한 도적이라는 점과 허균이 크게 영향받았다는 소설《수호전(水滸傳)》의 주인공이 도적인 점을 감안하면, 주인공을 도적으로 설정한 점을 자연스레 이해할 수 있다.

도적의 우두머리가 된 홍길동은 부정축재로 재산을 모은 해인사 같은 절이나 탐관오리가 수령으로 있는 지역을 집중적으로 약탈하는 의적이 된다. 그리고 무리의 이름을 '백성을 살린다'는 뜻의 '활빈당(活貧黨)'이라 한다. 홍길동은 고통받는 민중의 편에 서서 탐관오리를 통쾌하게 물리침으로써 민중에게 대리 만족을 준 것이다.

《홍길동전》 후반부에는 좀 더 허구적인 상황이 설정되어 있다. 소설이라는 공간을 이용하여 작자가 소망했던 바를 파격적으로 실현해나가는 것이다. 홍길동이 백룡의 딸을 납치한 요괴와 싸워 승리한 뒤 백룡의 딸과 결혼한다든가, 포도부장을 물리친 뒤 병조판서를 제수받는 등의 내용도 있다.

홍길동이 율도국(당시 유구국, 현재 일본 오키나와 부근)으로 건너가 율도국 왕을 제압하고 왕이 되는 장면은 화려한 대미를 장식한다. 여기서 우리가 주목할 점은 왜 하필 바다 건너 율도국의 왕이 되느냐는 점이다. 결국 홍길동의 꿈은 현실이 아닌 율도국이라는 새로운 공간, 즉 이상세계에서만 실현될 수 있음을 강조한 것이다. 누구 못지않은 자유인이었던 허균 역시 신분 차별이 엄격했던 당시 사회의 높은 벽을 끝내 넘어설 수 없었던 것은 아닐까?

●

## 하늘이 인재를 나게 함은 한 시대의 쓰임을 위한 것

소설 《홍길동전》은 조선 중기의 학자 허균(許筠, 1569~1618)의 체험이 형상화된 작품이라 평가된다. 특히 주인공 홍길동이 서얼로 설정된 것은 작자 허균의 주변 상황과도 무관하지 않다. 허균은 아버지 허엽이 판서직을 역임하고 형·누나 모두 학문과 문장으로 이름난 명문가의 기대주였다. 그러나 스승 이달(李達, 1539~1612)이 서얼이라는 점 때문에 차별받고 서양갑·심우영 등 명문가의 능력 있는 젊은이들이 단지 서얼이라는 이유만으로 좌절하는 현실을 결코 좌시하지 않았다.

양반이 첩을 두는 것을 관행으로 둔 조선의 사회구조 속에서 서얼이 양산되었다. 시간이 지나면서 의식 있는 서얼들이 서로 모이게 되었다. 한 개인으로 고립된 것이 아니라 같은 처지에서 고민하는 사람들이 늘면서 서로 힘을 북돋울 수 있는 여건이 마련되었다. 첩을 두는 양반은 대개 정치적으로나 경제적으로 안정기에 접어들었던 사람들이다. 이때에 맞이한 첩은 어느 정도 용모나 교양을 갖추고 있었다. 때론 정실부인보다 뛰어난 규수가 첩으로 들어오기도 했다. 이러한 부모를 둔 서얼은 신분을 제외하면 지식이나 용모 등에서 정실 자식에게 결코 뒤지지 않았다.

서얼들은 점차 자신의 불우한 처지를 비관만 하던 단계에서 벗어나 자신들의 입장을 알리고 서얼제도의 모순을 근본적으로 해결하려고 했다. 1613년(광해군 5)에 있었던 칠서지옥(七庶之獄)에서 《홍길동전》의 모델을 찾을 수 있다. '칠서'란 '일곱 명의 서자'를 일컫는 말로, 이들이 현실 개혁에 뜻을 품기 시작한 직접적인 동기는 1608년에 제기한 서얼허통(庶孽許通, 서얼들도 관직에 등용되도록 요구한 것) 요구가 받아들여지지 않은 데 있었다.

1613년 봄, 서인 영수 박순의 서자 박응서(朴應犀)를 비롯해 서양갑·심우영·이경준·박치인·박치의·허홍인 등 서자 7명이 조령에서 은상(銀商)을 살해하고 은 700냥을 강탈한 죄로 체포되었다. 국문 도중 이들이 무인과 결탁해 역모를 꾸몄다는 놀라운 사실이 밝혀졌다. 서얼이라는 신분 문제로 차별받는 현실을 바꿔보려고 했다는 것이다. 이들은 이 사건이 있기 전부터 '강변칠우(江邊七友)' 또는 '죽림칠현(竹林七賢)'이라 자칭하고 교분을 쌓으며 시국을 비반했다. 한편으로 중앙의 관리들과 교유하면서 자신들의 목소리가 정치권에 반영되기를 기대했다. 이들과 친밀한 관계를 유지한 관리 가운데 대표적인 인물이 바로 허균이었다. 개방적이고 개혁적인 성향을 지녔던 허균은 이들의 처지에 크게 공감했으며, 나아가 서얼들이야말로 자신이 추구하는 개혁사상의 동반자임을 확신했다.

차별 없는 인재 등용의 중요성을 주장한 〈유재론(遺才論)〉에서 허균은 서얼에 관한 자신의 입장을 드러낸다.

> 국가를 다스리는 사람과 하늘이 맡긴 직분을 다스릴 사람은 인재가 아니고서는 되지 않는다. 하늘이 인재를 태어나게 함은 본래 한 시대의 쓰임을 위해서였다. 그래서 인재를 태어나게 함에는 고귀한 집안의 태생이라 하여 성품을 풍부하게 해주지 않고, 미천한 집안의 태생이라 하여 품성을 인색하게 해주지만은 않는다. …… 예부터 지금까지 서얼 출신이라 하여 어진 인재를 버리고 어머니가 개가했다고 하여 재주를 쓰지 않는 것을 듣지 못했다. 그러나 우리나라는 그렇지 아니하여 어머니가 천한 출신이거나 개가한 자손은 모두 관직에 나아갈 수 없다. 변변치 않은 나라로 두 오랑캐 사이에 끼어 있어 모든 인재가 국가의 쓰임이 되지 않을까 염려해야 할 판에 도리어 인재 등용을 막고 "인재가 없다. 인재가 없다"라고 하니, 이것이 월(越)나라로 가면서 수레를 북쪽으로 돌리는 것과 무엇이 다르겠는가? 이웃 나라에 알려지지 못할 일이다. 한 부인이 원한을 품는 것도 걱정

스러운데 원망하는 남정과 홀어미가 나라 안에 반이 넘으니 화평한 기운을 이루기는 또한 어렵다. …… 하늘이 낳아주는 것을 사람이 버리니 이것은 하늘을 거스르는 것이다. 하늘을 거스르면서 하늘에 기도하여 목숨을 영원하게 한 자는 없다.

허균은 이렇듯 〈유재론〉에서 서출이라 하여 능력 있는 인재를 수용하지 않는 것은 우리나라에만 국한된 일임을 지적하고, 많은 사람이 서얼차대를 불만으로 표출할 것임을 강력히 시사하고 있다.

1613년 서얼들의 역모 계획은 칠서였던 박응서가 조령에서 동래의 은상을 살해한 뒤 체포되면서 진상이 밝혀졌다. 이들이 나무꾼·소금장수·노비를 불러 모아 도적질을 일삼고, 축적한 재물을 역모 자금으로 활용하려 했다는 혐의였다. 교분을 통해 현실을 한탄하며 또 다른 세상 만들기를 갈망했던 서얼들은 모두 역모죄라는 올가미를 쓰고 형장의 이슬로 사라졌다. 그러나 이는 파란의 시작일 뿐이었다. 역모 자금을 확보하여 영창대군을 왕으로 옹립하려 했다는 칠서의 역모 계획은 정국에도 엄청난 파장을 몰고 왔다. 역모의 수창자로 지목된 영창대군의 외할아버지 김제남과 그의 세 아들이 화를 당했을 뿐만 아니라, 집권층 북인의 반대 세력인 서인들이 대거 관직을 삭탈당하고 유배되었다. 결국 영창대군까지 강화도에 위리안치(圍籬安置, 죄인이 유배지에서 달아나지 못하도록 가시나무 울타리를 두르고 그 안에 가두는 중형)되었다가 살해되는 왕실의 비극으로 이어졌다.

1613년의 칠서지옥은 조선 정부에 대한 서얼들의 최초의 조직적 저항이었다. 개혁지향적인 사상가 허균은 이러한 서얼들의 움직임에 주

**김홍도의 〈규장각도〉** 정조는 규장각에 서얼 출신의 인재를 대거 등용하여 자신의 개혁정치를 뒷받침하게 했다. 박제가, 유득공, 이덕무 등이 대표적인 인물이다.

목했고, 곧《홍길동전》을 집필한 것으로 보인다. 허균은《홍길동전》으로 사회제도의 모순을 폭로하며 현실에서 이루지 못한 서얼들의 꿈과 희망을 대변했던 것이다.

허균과 서얼 7명에 의해 싹을 틔운 서얼들의 신분상승운동은 조선 후기에 들어 좀 더 적극적인 양상을 띠었다. 이러한 노력으로 1777년(정조 1) '서얼허통절목'이 반포됨으로써 서얼들의 관직 진출이 공식적으로 허용되었다. 학자 군주였던 정조는 특히 서얼들의 능력을 높이 평가했다. 정조가 개혁정치의 산실로 확대한 규장각에는 박제가·유득공·이덕무 등 서얼 출신 학자들이 검서관으로 발탁되어 학문 연구와 정책결정에 핵심적인 역할을 했다. 19세기에 이르면 서얼들은 보다 자신감을 보이며, 자신들만의 역사를 정리한《규사(葵史)》를 편찬하기에 이른다. 그러나 책 제목에 '해바라기 규(葵)' 자를 써서 '국왕에 대한 변함없는 충성심'을 보여주려 한 것을 보면, 여전히 체제 내에서 신분상승운동을 전개하는 데 만족했던 태도를 확인할 수 있다.

●

## 실존 인물, 도적 '홍길동'

《홍길동전》을 보다 흥미롭게 하는 점은 홍길동이라는 사람이 허균이 살았던 당시에 유명했던 실존 인물이었다는 사실이다. '홍길동'이란 인물은《조선왕조실록》에도 등장한다.《연산군일기》와《중종실록》등에 보이는 홍길동(洪吉同)은 연산군 대에 체포된 도적으로, 한자가《홍길동전》의 주인공 '홍길동(洪吉童)'과는 차이가 있다. 그러나 역사 속 홍길동이 도적이라는 점과 인근 관리들을 꼼짝 못하게 한 점은 소설 속 주인공과 매우 흡사하다.

《연산군일기》연산군 6년 10월 22일의 기록에는 강도 홍길동을 잡았다는 기록이 있다. 이어 홍길동을 도와준 엄귀손 등을 처벌했다는 내용이 나온다. 같은 해 12월 29일의 기록에는 "강도 홍길동(洪吉同)이 옥정자(玉頂子)와 홍대(紅帶) 차림으로 첨지(僉知)라고 자칭하며 무기를 가지고 대낮에 떼를 지어 관부(官府)에 드나들며 기탄없는 행동을 자행했는데, 권농(勸農)이나 이정(里正), 유향소(留鄕所)의 품관(品官)들이 어찌 이를 몰랐겠습니까. 그런데 체포하여 고발하지 아니했으니 징계하지 않을 수 없습니다. 이들을 모두 변방으로 옮기는 것이 어떠하리까"라는 내용이 있어 홍길동이 도적질을 할 때 관원 복장을 하고 일부 하급관리들의 도움도 받았음을 시사하고 있다.

《중종실록》중종 25년 12월 28일의 기록에는 "홍길동의 무리들은 신(臣)이 찰리사(察理使)로 가서 추국(推鞫)했는데, 홍길동이란 자가 당상의 의장(儀章)을 했기 때문에 수령도 그를 존대하여 그의 세력이 치성하게 되었습니다"라고 하여 홍길동이 당상관으로 행세하여 수령들까지 홍길동에게 당하는 모습을 묘사하고 있다. 그만큼 홍길동이 대도의 풍모를 지니고 있었음을 보여주는 대목이다.

이러한 기록들만 보아도 실존 인물 홍길동은 연산군 대에 대도로 이름을 떨쳤던 도적임이 확실하다. 아마도 허균은 홍길동이라는 도적의 존재를 익히 들어 알고 있었을 것이다. 그리고 자기 소설의 주인공으로 적극 끌어들였다. 이미 이름이 널리 알려진 인물을 주인공으로 선택함으로써 보다 많은 사람이 공감할 수 있도록 한 것이다.

●

## 천지간의 괴물 혹은 혁명적 지식인

허균은 선조 대에서 광해군 대에 걸쳐 활약한 문장가이자 사상가·개혁가였다. 한국사에는 수많은 인물이 역사의 무대를 장식하며 명멸해갔지만 허균처럼 극적인 삶을 산 인물은 흔치 않다. 당시 사회에서 허균의 사상은 불온한 것으로 취급되었다. 결국 허균은 사회의 안정을 해치는 위험인물로 지목되어 1618년(광해군 10) 역적 혐의를 받고 처형되었다.

《조선왕조실록》을 비롯해 조선시대 당대의 자료는 한결같이 허균에 대해 비판적이다. 그만큼 그가 개성이 강하고 과격하고 독단적인 성향을 지닌 인물이었기 때문이다. 그러나 한편으로는 조선시대에 허균과 같이 개혁 지향적인 인물을 찾기란 쉽지 않다. 허균이 살았던 16세기 말에서 17세기 초는 조선 사회가 보수와 혁신의 갈림길에서 고민하던 시기였다. 허균은 이러한 시기에 개혁의 길을 택한 대표적인 인물이다.

허균이 살던 무렵은 임진왜란이라는 전란을 겪은 뒤 전란의 후유증을 조기에 극복하고 사회질서를 안정시키기 위해 사회 개혁을 필요로 하던 시기였다. 극도의 난세는 아니었으나 왕조의 중흥을 가늠할 새로운 변화와 개혁이 요구되던 시대였다.

16세기 조선은 안으로는 성리학의 도덕규범이 향촌사회에까지 퍼져 문치(文治)의 극성을 이루었으나 부작용으로 붕당정치가 심해지고 경제력과 군사력이 약화했다. 임진왜란은 이러한 조선 내부의 취약점을 파고든 외환이었다.

왜란에서의 승리는 왕조에 자신감을 북돋아주었으나 개혁과 중흥의 과제는 여전히 남아 있었다. 지배사상인 성리학은 정신적인 면에서 크게 위력을 발휘했다. 그러나 성리학자들이 소모적인 당쟁을 일삼고 출세의 수단으로 학문을 하여 뜻있는 지식인들의 반성을 불러일으켰다. 많은 식자가 백성들의 삶의 문제 해결과 국부(國富) 증진에 도움이 되는 방향으로 성리학을 재구성해야 한다고 생각했지만, 이를 몸소 실천하고 학문 이론으로 다듬어간 사람은 많지 않았다. 허균은 바로 흔치 않은 선 각자 중에서도 가장 적극적으로 자신의 의사를 표현한 인물이었다.

허균은 1568년(선조 2) 경상도관찰사 허엽의 3남 2녀 중 막내아들로, 외가인 강릉에서 태어났다. 그가 태어난 곳은 조그마한 야산이 마치 이무기(용이 되지 못한 구렁이)가 기어가듯 꾸불꾸불한 모양을 이루고 있다해서 예부터 교산(蛟山, 교蛟는 이무기란 뜻)이라 불렀다. 맏형 허성과 둘째형 허봉은 부친과 더불어 조정의 명신으로 활약했으며, 성리학과 문장·외교 활동으로 이름 날렸다. 누이 또한 조선시대 최고의 여류시인으로 평가받는 허난설헌이다. 난설헌은 7세 때부터 시를 훌륭하게 짓는다고 유명했으며 여자 신동이라고까지 불렀다. 허난설헌의 시재(詩才)와 다정다감한 성격은 허균에게 영향을 많이 끼쳤다. 1606년에 허균이 명나라 사신 주지번에게 난설헌의 시집을 주었을 때, 그의 시에 감탄한 주지번은 이를 본국으로 가져가 중국의 역대 시문을 모은 책에 수록하기도 했다.

이러한 명문재사(名文才士)의 혈통을 이은 허균은 12세에 아버지를 여의고 편모슬하에서 자라면서 난설헌과 함께 둘째 형의 벗인 이달의 문하에서 수학했다. 이달은 최경창(崔慶昌)·백광훈(白光勳)과 함께 조선 중기 삼당시인(三唐詩人)으로 꼽힐 만큼 시재가 뛰어났다. 그러나 서자라는 신분상의 제약 탓에 높은 뜻을 펼칠 수 없었다. 허균이 《홍길동전》에서 주인공을 서자로 설정한 것은, 좁게 보면 스승의 불행을 곁에서 지켜본 경험에서 나온 것이며, 넓게 보면 당시 조선 사회가 안고 있던 사회문제를 과감하게 폭로하기 위한 것이었다.

허균의 문집 《성소부부고(惺所覆瓿藁)》에는 스승 이달 외에도 네 명의 전기가 수록되어 있다. 〈엄처사전〉의 엄처사, 〈장산인전〉의 의인(醫人) 장씨, 〈남궁선생전〉의 남궁두(南宮斗), 〈장생전〉의 장생(蔣生)이 그들로, 모두 재능은 있지만 신분이 미천하여 불우한 인생을 살다간 인물들이었다. 이들이야말로 허균이 〈유재론〉에서 제시한 인재의 표본인 셈이다.

〈장생전〉의 말미에 허균은 스스로 "내가 젊은 시절에 협사(俠士)들과 친하게 지냈고, 장생과도 해학을 걸 정도로 아주 친하게 지내면서 그의 잡기놀이를 모두 구경했다. 슬프다! 그는 신이었거나 아니면 옛날에 말하던 검선(劍仙)과 같은 부류가 아니냐"라고 술회했듯이, 호협한 기상과 기인의 면모를 지닌 인물들과 친분이 각별했다.

허균은 당대의 인사들이 '천지간의 한 괴물'이라 칭할 만큼 꺼리는 인물이었다. 이는 허균이라는 인물이 당시 사회체제를 비판하고 체제에 적극 저항하는 지식인이었음을 역설적으로 드러내기도 한다. 강한 실천력을 겸비한 인물이 작자로 나섬으로써 소설은 대중에게 좀 더 쉽게 다가갈 수 있었다.

●

## 《홍길동전》에 쏟아부은 허균의 꿈

《홍길동전》의 저자가 허균이라는 것에 의문을 제기하는 사람들이 있다. 그러나 조선 중기 한문학 4대가의 한 사람인 택당 이식(李植)은 자신의 문집에서 허균이 《홍길동전》의 저자임을 분명히 밝히고 있다.

세상에 전하기를, 《수호전》을 지은 사람은 삼대가 농아가 되어 그 응보를 받았다. 도적이 된 사람들은 그 책(수호전)을 좋아했다. 허균·박엽 등도 좋아해서 그 책에 나오는 도적의 우두머리를 각각 호로 삼아 서로 즐거워했다. 허균은 《홍길동전》을 지었는데 《수호전》을 모방한 것이다. 그 무리였던 서양갑·심우영 등이 그대로 실행하다가 한 마을이 가루가 되고 허균 또한 모반죄로 처형되었으니, 이것은 농아로 보복받은 것보다 심한 것이다.

-《택당집》 가운데

《택당집(澤堂集)》은 허균 외에도 16세기에 활약한 주요 인물들의 행적을 자세히 기록하여 인물 평가에 대한 신빙성이 매우 높은 자료이다. 또 18세기의 학자 황윤석(黃胤錫)도 《이재난고(頤齋亂藁)》라는 책에서 《홍길동전》이 허균의 작품이라는 세간의 설을 소개하고 있다. 19세기의 학자 홍한주(洪翰周) 역시 "세상이 전하기를, 《홍길동전》은 허균이 지은 것이라 한다"라는 기록을 남겼다.

따라서 뚜렷한 반대 견해가 제시되지 않는 한, 《홍길동전》이 허균의 작품임을 부정할 수 없다. 무엇보다 적서 차별의 부조리한 사회현실 고발, 초능력을 지닌 영웅의 출현 등 허균 자신의 삶의 이력에서 보여주는 여러 모습이 소설 속에 나타나는 것에서 《홍길동전》은 작자의 삶의 지향점이 매우 구체화된 작품이라 할 수 있다.

허균은 명문가 출신으로 뛰어난 학문적 재질을 발휘했지만 그에 대한 당대 및 후대의 평가는 철저히 부정적이었다. 이것은 그가 역모죄로 처형될 당시 "그는 천지간의 한 괴물입니다. …… 그 몸뚱이를 수레에 매달아 찢어 죽여도 시원치 않고 그 고기를 찢어 먹어도 분이 풀리지 않을 것입니다"(《광해군일기》 광해군 10년(1618) 윤4월 29일)라는 평가에서도 확인할 수 있다. 허균을 부정적으로 평가한 까닭은 무엇일까? 이것은 무엇보다 허균의 사상과 행동이 당시의 주류적 흐름인 주자성리학에서 상당히 일탈해 있었기 때문이다. 허균은 성리학 이외에 불교·천주교 등에 이르기까지 다양한 학문과 사상에 관심을 두는가 하면, 상중(喪中)에도 기생들과 거리낌 없이 어울렸다고 비판받을 정도로 자유분방했다. 이는 겉으로나마 점잖고 조신한 선비의 모습을 보이려 했던 다른 학자들의 반발을 샀고, 특히 과단하고 직선적인 기질은 다른 학자들과 쉽게 타협하지 못하는 요인이 되었을 것이다.

> 아우는 본디 성품이 방탕하여 세속에 따르기를 좋아하지 않고 마음이 또한 편협하여 참고 용납하질 못하니, 벼슬하면서 일을 처리할 적에도 간혹 엉성하게 꿰맞추는 실수를 면치 못하고, 일이 그른 뒤에야 마음속으로 자책한 적이 자주 있습니다.
>
> – 가형(家兄)에게 답해 올리는 글

> 저는 일찍이 부친을 여의어 엄하게 훈계받지 못했고, 어머니와 형은 어여삐 여기기만 하고는 가르침과 경계를 가하지 않아 제멋대로 방랑하여 항간에 떠돌아다니면서 찻집이나 술집까지 드나들지 않는 곳이 없었으니, 이것을 본 사람들은 분명 나를 경시했습니다. 자라면서 익혔던 것도 자질구레한 기예였을 뿐 취할 것이 없었으며 남을 비웃고 잘잘못을 가려 남의 이목을 유쾌하게 하는 데만 힘쓰느라 저도 모르게 경박한 데에 빠지고 말았습니다.
>
> – 이대중에게 보낸 첫 번째 글

16세기 이후 조선 사회에 정착된 성리학은 사림 사회에 영향력을 행사하며 모든 사회생활을 지배하는 원리로 대두되었다. 그리고 성리학에 대한 이론 논쟁을 수반했다. 이러한 이론 논쟁은 성리학 이론을 더욱 깊이 연구할 수 있게 하는 기반이 되기도 했으나, 실사(實事)보다는 공담(空談)을 위주로 하는 풍토를 조성하여 사회문제 해결에는 미흡한 점이 많았다.

허균이 당시 성리학 이론 논쟁에 빠지지 않고 다양한 사상을 접하게 된 것은 모순된 사회현실을 극복하는 방안으로 여러 학문과 사상에 관심을 기울였기 때문이다. 허균은 명나라에 사신으로 갔을 때 천주교 서적을 구해오기도 했다. 당시는 명나라에 천주교가 막 도입되던 시점이었다. 이를 고려하면 허균의 신학문에 대한 호기심이 어느 정도였는지 알 수 있다. 그에게는 주자성리학의 울타리 속에 지식인을 가두고 체제에 순응할 것을 요구한 조선 사회가 너무 좁았다.

이미 역사 속에서 민중의 힘을 발견한 허균은 〈유재론〉이나 〈호민론(豪民論)〉과 같은 글을 통해 능력 있는 인재를 적극적으로 등용할 것을 주장했다. 특히 〈호민론〉에는 허균의 민중지향적 사상이 함축되어 있다. 허균은 〈호민론〉에서 "천하에 두려워할 바는 백성뿐이다"라고 하며 백성을 호민·원민(怨民)·항민(恒民)으로 나누었다. 여기에서 항민은 '무식하고 천하며, 자신의 권리나 이익을 주장할 의식이 없는 백성'을 말하며, 원민은 '정치가로부터 피해를 입고 원망만 하지, 스스로 행동에 옮기지 못하는 백성'으로 지금의 개념으로는 나약한 지식인을 뜻한다. 이와는 달리 호민은 '자신이 받는 부당한 대우와 사회의 모순에 과감하게 대응하는 백성'으로, 시대의 사명을 인식하고 현실 개혁에 적극적으로 나서는 인물을 뜻한다. 그리고 호민의 주도로 원민과 항민이 합세하여 무도한 무리를 물리친다고 했다.

〈호민론〉은 무엇보다 "국왕은 백성을 위해 존재하는 것이지, 백성 위에 군림하지 않는다"라는 사실을 강조하여 백성의 위대한 힘을 자각시키고 있다. 허균의 이러한 주장은 당시 사회에서는 혁명적인 것이었다.

허균이 소설에서 설정한 주인공 홍길동은 특히 그의 이러한 사상과 맞닿아 있다. 홍길동은 가정에서의 신분적 제약과 관직에 등용되지 못하는 사회적 모순에 부딪혔지만 이를 극복해나가는 인물, 바로 호민의 모습을 보이고 있다. 허균은 또 중국 진나라 때의 진승·오광의 난, 당나라 때 황소의 난처럼 나라가 어지러울 때 그 틈을 타 호민이 백성을 규합하여 나라를 무너뜨린 사례를 지적했다. 그러나 허균이 이들 사례를 통해 무엇보다 강조한 것은 호민이 나설 필요가 없는 안정된 국가를 건설하는 것이었다.

허균은 〈유재론〉이나 〈호민론〉을 통해 신분이나 배경보다는 능력 있는 인재의 등용을 줄곧 주장했다. 그리고 개혁 성향을 지니고 이를 실천하는 인재를 등용하는 것만이 내우외환의 위기를 극복할 수 있다고 확신했다. 《홍길동전》은 바로 시대를 앞서간 지식인 허균이 모든 고민과 정열을 쏟아부은 걸작이다. 허균은 역모 혐의로 생을 마감했지만, 그의 작품이 시대를 뛰어넘어 오늘날까지도 깊은 감동을 주는 것은 그가 사회 모순에 저항하는 지식인으로서 책무를 다하려 했기 때문은 아닐까?

**2**

# 지봉유설 芝峰類說

박학과 열린 세계가 표출된
문화백과사전

●

## 전환의 시기, 중국을 사행하다

《지봉유설(芝峰類說)》의 저자 이수광(李睟光, 1563~1628)은 본관이 전주로, 선계(先系)는 태종과 후궁 효빈 김씨 사이에서 태어난 경녕군 이패(李裶)로부터 시작된다. 이수광의 집안은 왕족의 후손이라는 이유로 4대 동안 관직 진출이 막혔다가, 이수광의 아버지 이희검(李希儉, 1516~1579) 대에 비로소 출사(出仕)의 길이 열렸다. 이희검은 명종 초 문과에 급제하여 선조 초에 판서를 지냈고, 청백리에도 뽑힌 인물이다. 이수광은 아버지의 청백을 늘 자랑하며 살았으며, 뒷날 《지봉유설》을 쓸 때 〈성행부(性行部)〉의 '검약'조에서 부친의 일화를 소개하기도 했다.

이수광은 이희검과 세종 대에 청백리로 이름을 떨친 유관(柳寬)의 후손인 어머니 사이에서 외아들로 태어났다. 출생지는 부친의 임지인 경기도 장단이었으나, 동대문 밖 유관이 물려준 집에 주로 기거했다. 이수광의 호 '지봉(芝峰)'은 이 집 인근 상산(商山)의 한 봉우리에서 따온 것으로, 그가 평생 동안 이곳에 애착이 깊었음을 알 수 있다. 또한 당호 '비우당(庇雨堂)'은 '겨우 비나 피할 수 있는 집'이란 뜻으로, 청빈한 생활을 견지하려는 의지가 내포되어 있다. 만년에 이수광은 수원의 전사(田舍)에 살았다. 특히 창덕궁 서쪽 계곡 부근에 천민(賤民) 시인 유희경(劉希慶)이 주로 활동한 침류대(지금의 원서동)에 모여 차천로·신흠·유몽

**비우당** 청백리로 유명했던 정승 유관의 집을 외손자인 이수광이 다시 지었다. 오늘날 서울 낙산공원에 있다. 이곳에서 이수광은《지봉유설》을 집필했으며, 조선시대 청백리의 상징으로 남았다. 서울시가 최근 복원했다.

인·임숙영 등 당대 명사들과 교유했다. 그러나 뚜렷하게 친분을 쌓은 교우는 없었으며, 철저한 자기관리와 꾸준한 탐구로 자신의 학문체계를 완성하는 데 전력했다. 이수광은 '비록 몸은 서울에 있지만 마음은 산림에 있다'는 의미의 '성시산림(成市山林)'을 자처했다.《인조실록》〈졸기(卒記)〉에는 이수광이 교유를 일삼지 않았으며, 음악과 여색, 이욕(利慾)에 대해서도 담담한 생활을 했다는 기록이 있다. 그는 전형적인 선비의 풍모를 지닌 인물이었다.

이수광은 뛰어난 외교력과 문장력을 인정받아 1590년(선조 23) 28세에 성절사(聖節使)의 서장관(書狀官)으로, 7년 뒤인 1597년에는 진위사(陣慰使)로 명나라에 파견되었으며, 49세 때인 1611년(광해군 3)에도 중국을 다녀왔다. 세 차례의 사행 기간 중에 안남(베트남)·유구(중국의 동쪽에 있다고 전해지는 나라)·섬라(Siam, 타이) 사신들과 교유하며 국제적인 안목을 키울 수 있었다.《조선왕조실록》〈졸기〉에는 "그가 중국에 사신으로 갔을 때 안남·유구·섬라의 사신들이 그의 시문을 구해보고 그 시를 자기 나라에 유포하려고 했다"라는 기록이 있어, 이수광이 당대에 국제적인 경쟁력을 갖춘 인물이었음을 짐작케 한다.

이수광이 살아간 시대는 복잡한 정국이 계속되었다. 그중에서도 임진왜란은 전란의 참상을 직접 경험하게 하는 한편, 위기의 시기에 지식인이 해야 할 역할을 되돌아보게 한 사건이었다. 한편 선조 대 후반부터 조금씩 시작된 붕당정치와 이로 인한 정쟁은 마침내 대규모 정치 보복으로 이어졌다. 1613년(광해군 5)에는 정국의 중심 세력인 대북세력이 주도하여 '인목대비 폐위 사건'을 일으키면서 정국은 더욱 얼어붙었다. 이수광은 이 사건의 여파로 관직을 그만두고 동대문 밖 자택에 은거하며 그간 틈틈이 견문한 내용들을 모아 1614년에《지봉유설》을 완성했다.《지봉유설》에는 이수광이 전환의 시기를 경험하며 보고 들은 내용과 당대 학문 수준이 체계적으로 정리되어 있다. 또한 시대를 앞서간 지식인이 추구했던 학풍과 문화관이 함축되어 있어, 조선 중기 사상계의 흐름을 이해하는 데에도 중요한 단서가 된다.

이수광은 1616년(광해군 8) 다시 관직에 복귀하여 순천부사를 지냈으나, 3년간 봉직한 뒤에는 수원으로 내려가 다시 독서와 저술에 전념했다. 1623년 인조반정 후 관직에 복귀하여 도승지·대사간·대사헌·이조참판 등 요직을 두루 거치다가, 1628년 66세로 생을 마감했다. 이수광은 안동 김씨 부인과의 사이에 2남 1녀를 두었는데, 장남 이성구는 영

**《지봉유설》** 지봉 이수광은 무엇보다도 실천·실용의 학문에 힘썼다. 그 스스로 무실(務實)의 학문을 강조했을 뿐만 아니라, 실생활에 유용한 다양한 분야의 학문을 섭렵하고 이를 체계적으로 정리했다. 《지봉유설》은 바로 이러한 노력의 결과물이다.

의정, 차남 이민구는 대사성까지 올랐다. 두 아들은 《지봉유설》 간행에도 큰 역할을 했다.

●

## '무실(務實)'의 학문을 위하여

이수광은 《지봉유설》에서뿐만 아니라 상소문 등으로 실용과 실천의 중요성을 강조했다. 기본적으로는 성리학자였지만, 성리학의 이념만을 고집하지 않고 국가의 부나 민생의 안정에 필요한 것이라면 다양한 이념과 사상을 수용해야 한다는 것이 그의 기본적인 생각이었다. 따라서 그는 이론 탐구만을 고집하는 학풍이나 성리학을 출세의 도구로 활용하려는 세태에 비판적인 입장을 보였다.《지봉유설》곳곳에 '학문을 하는 사람은 실천에 힘을 기울여야지 구담(口談)에만 치중해서는 안 된다'는 점을 강조했다. 비록 '이단'이라 할지라도 선입견 없이 그것이 지닌 유용성에 가치를 두는 개방적이고 유연한 사고를 보여주었다.

그렇다 하더라도 이수광이 성리학 이념을 버린 방외인(方外人)적인 사상가는 아니었다. 그가 1625년(인조 3)에 국가의 중흥을 위한 방책으로 올린 상소문에는 성리학의 이념에 입각하여 제도개혁을 추구하는 성리학자로서의 입장이 잘 나타나 있다. 이수광은 상소문에서 왜란으로 무너진 국가기강과 사회기강을 바로잡아 사족(士族) 지배체제를 강화하는 동시에 선비들의 철저한 자기반성과 도덕적 정화를 통해 수기치인(修己治人)이 명실공히 관철되는 이상적인 유교 정치의 재건을 주장했다.

이수광은 성리학의 모든 측면을 신념화하지 않고 성리학에서 시대적 과제를 해결할 수 있는 부분들을 강조하는가 하면, 성리학 이념을 보완할 수 있는 다른 사상체계를 적극적으로 수용했다.《지봉유설》에 양명학이나 도가, 불교 등을 긍정적으로 서술한 것에서 그의 개방적인 사상을 느낄 수 있다.

> 이단은 진실로 해롭지만 또한 취해서 얻을 만한 것이 있다. 도가의 무위(無爲)는 유위자(有爲者)의 경계가 되고, 양생(養生)은 삶을 버리는 자에게 경계가 된다. 석씨(釋氏)의 견심(見心)은 곧 방심(放心)하는 자의 경계가 되고, 그 살생을 경계하는 것은 곧 죽이기를 좋아하는 자에게 경계가 된다.

도가나 석가와 같은, 당시로서는 이단이었던 사상이라 할지라도 그 것이 생활에 유용한 부분이 있으면 이를 수용했던 것이다.

이수광은《지봉유설》〈문장부(文章部)〉에 시인을 소개하는 항목에서 도 사대부 학자뿐 아니라 방외인·승려·천인·규수(閨秀)·기첩(妓妾) 등 신분이 낮은 사람들의 시를 소개하기도 했다. 한편 이수광과 동시대의 인물인 신흠이나 유몽인·한백겸 등의 학풍에서도 성리학과 이단 사상 을 서로 절충하려는 움직임이 나타났다. 조선 중기 사상계가 기존에 알 려진 것처럼 성리학 일변도의 경직된 분위기가 아니라 보다 폭넓고 다 양한 사상이 공존하는 분위기였다는 것을 알 수 있다.

이수광의 사상은 당시에 잘 알려지지 않았던 세계에 대한 인식에도 그 대로 이어졌다.《지봉유설》권2의 〈제국부(諸國部)〉'외국'조는 안남에서 부터 유구국·섬라·일본·대마도·진랍국(캄보디아)·방갈자(榜葛剌, 방글라 데시)·석란산(錫蘭山, 스리랑카) 등 동남아 국가의 역사·문화·종교에 대한 정보를 기록하고 있다. 일본에 관한 내용은 신숙주의《해동제국기》를 비롯하여,《후한서》,《산해경》등을 인용하고 있다. 아라비아 및 불랑기 국(佛浪機國, 포르투갈)·남번국(南番國, 네덜란드)·영길리국(永吉利國, 영국)· 대서국(大西國, 이탈리아) 등 유럽 나라들에 대한 소개도 있다. 이들 국가 에 대해서는 자연환경·경제 상황·역사·문화·종교 등을 가능한 한 객 관적이고 실용적으로 서술하고 있다.

포르투갈이나 영국이 보유한 군함이나 화포에 관한 내용도 있다. 임 진왜란을 겪은 직후 이수광이 서양의 국방력에 깊은 관심을 보였음을 알 수 있다. 이탈리아 부분에서는 그 나라 임금을 교화황(敎化皇)이라 한 것이 흥미롭다. 그는 교황은 세습하는 것이 아니라 어진 이를 세우

《지봉유설》〈제국부〉 '외국(外國)' 조

는 것이라고 이 책에 기록했다. 선교사 마테오 리치(Matteo Ricci)가 중국에 들어와 《천주실의(天主實義)》를 소개했다는 내용 또한 눈길을 끈다. 조선시대 기록에서 처음으로 천주교 관련 내용이 등장하는 부분이다.

그의 열린 인식은 북학파를 비롯한 후대 실학자에게도 크게 영향을 주었다. 이수광은 무엇보다 국가의 발전이나 백성의 삶에 도움이 되는 방향으로 학문을 실천했다. 이러한 사상은 실학의 흐름과도 일치한다. 이수광이 실학의 선구자가 된 것은 1930년대 국학자들에 의해서였다. 그러나 조선 후기 대표 실학자였던 이익의 《성호사설(星湖僿說)》과 이규경의 《오주연문장전산고(伍洲衍文長箋散稿)》 등이 바로 《지봉유설》을 발전시킨 것임을 감안한다면, 조선 후기 실학자들이 이미 이수광을 모범으로 삼아야 할 스승으로 인식했음을 알 수 있다.

●

## 우리 문화에 대한 자긍심으로 쓴 책

《지봉유설》은 우리나라 최초의 문화백과사전으로 손꼽을 수 있는 책이다. 이 책의 서문에 따르면 1614년(광해군 6) 이수광이 52세 때 이 책을 탈고했다. 저자가 오랜 시일에 걸쳐 견문한 사실을 체계적으로 정리한 것이다. 이후 《지봉유설》은 1633년(인조 11) 이수광의 두 아들이 《지봉선생집(芝峰先生集)》과 함께 《지봉유설》을 출간했다.

《지봉유설》 서두에는 교우(交友)인 김현성(金玄成)의 서문과 함께 이수광의 자서(自序), 편찬 원칙을 밝힌 '범례' 3칙이 수록되어 있다.

1. 유설은 모두 3,435조이다. 처음에는 나의 기억에서 나왔으나, 얻는 대로 곧 적어둔 편질(篇秩)이 이미 많아졌으므로 비로소 종류별로 나누었다. 그러니 박잡(駁雜, 이것저것 뒤섞여 있음)함을 면치 못한다.

2. 고서와 견문에 나온 것은 반드시 그 출처를 적었다. 그러나 자못 자의로 망단(妄斷)한 것도 있다. 출처를 말하지 않은 것은 나의 망의(妄意)로 된 것이다.

3. 인용한 서적은 육경에서부터 근세의 소설·문집에 이르기까지 모두 서적 348가(家)에 의거했다. 기록한 사람은 상고로부터 본조에 이르기까지 2,265인이다. 모두 별권에 기재했다. 그 가운데 간혹 성만 적은 것은 이름을 바로 쓰고 싶지 않아서이다. 또한 숨겨야 할 이유가 있었기

때문이다.

　범례에서 주목할 만한 것은 다루고 있는 항목이 3,435조에 달한다는 것, 가능한 전거를 밝혔다는 것과 인용된 서적이 348가이며 유교경전에서부터 최신 자료까지 폭넓게 활용했다는 것 등이다. 그만큼 자료 조사에 치밀함을 기하는 한편, 광범하게 자료를 수집한 흔적이 나타난다.

　《지봉유설》에는 천문·지리·역사·정치·경제·경학·시문·신형·언어·잡사·기예·외도·궁실·복용·식물·금충 등 인간이 갖추어야 할 인문적인 교양과 생활사, 자연에 관한 것 등 거의 모든 내용이 망라되어 있다. 오늘날과 체제가 조금 다르긴 하지만,《지봉유설》은 그야말로 문화백과사전이다. 각 항목에 대해서는 중국과 우리나라의 역대 사례를 중심으로 해당 항목을 설명하는 방식과 인용 자료를 최대한 활용하여 고증하는 방식을 취하고 있다.

　물론 저자 역시 성리학자인 까닭에 〈경서부〉나 〈문장부〉와 같은 항목이 크게 비중을 차지한다. 그러나 천문·지리·기예·식물·금충 등 일반 성리학자들이 별다른 관심을 보이지 않은 항목에도 세심하게 배려한 대목이 눈길을 끈다. 이 책의 서문에서 그는 우리의 전통과 문화에 대한 자부심을 드러낸다.

　　우리나라는 예악(禮樂)의 나라로 중국에 알려지고, 박학(博學)하고 아존(雅尊)한 선비가 거의 뒤를 이어 나왔건만 전기(傳記)가 없음이 많고 문헌에 찾을 만한 것이 적으니, 어찌 애석하지 않은가? …… 내가 보잘것없는 지식으로 어찌 감히 망령되이 책을 저술하는 축에 들기를 흉내 낼 수 있겠

는가마는, 오직 한두 가지씩을 대강 기록하여 잊지 않도록 대비하려는 것

이 진실로 나의 뜻이다.


그는 이 책을 편찬하게 된 동기가 예의 있는 우리 문화와 뛰어난 역사
적 인물을 소개하는 데 있다고 밝혔다. 이러한 정신은《지봉유설》곳곳에
배어 있다. 먼저 〈본국〉에서는 각종 자료를 이용하여 우리 역사에서 쟁점
이 되는 부분을 서술한 뒤《산해경(山海經)》등을 인용하여 우리나라가
군자국이라는 점과 동방이 전통적으로 착한 품성을 가진 곳임을 강조
했다.

'고려'라는 국호에 대해서도 '산고수려(山高水麗)'의 뜻에서 나온 이
름이라 하고, "중국에는 고려국에 태어나서 금강산 보기를 원한다는
시가 있으며, 금강산의 이름을 천하에 떨친 지 오래다"라는 내용을 소
개하여, 우리나라의 아름다운 경치에 자부심을 드러냈다. 또한 명나라
에서 사신의 서열은 우리나라가 제일이고 안남과 유구는 미치지 못한
다는 점을 지적했다. 이는 조선이 예의지국이며 시서(詩書)가 뛰어나
기 때문이라고 자부하고 있다. 〈언어부〉 잡설에서는 "우리나라 사람의
일로, 중국 사람들이 미치지 못하는 것이 네 가지가 있다. 부녀의 수
절, 천인(賤人)의 장례와 제사, 맹인의 점치는 재주, 무사의 활 쏘는 재
주 등이다. 또 우리나라에는 나고 중국에는 나지 않는 것이 네 가지가
있다. 경면지(鏡面紙)·황모필(黃毛筆)·화문석·양각삼(羊角蔘) 등이다"라
하여, 우리나라의 좋은 전통이나 물산에 대해 깊은 관심과 애정을 보
였다.

이 밖에도 생활의 곳곳에 자신의 견해와 함께 시시콜콜하다는 느낌

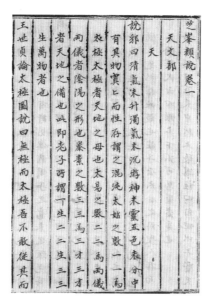

《지봉유설》〈천문부〉 '천(天)' 조

이 들 정도로 많은 정보를 기록했다. '술' 항목에서는 "함부로 술을 마시는 사람치고 일찍 죽지 않은 사람이 드물다. 술이 사람을 상하는 것이 여색보다 심하다"라는 등의 표현으로 술의 폐단을 언급했으며, 우리나라의 대표적인 과일로 거창의 감, 보은의 대추, 밀양의 밤, 충주의 수박, 회양의 해송자, 안변의 배를 들기도 했다.

외국 문화의 수용에도 적극적이었다.《지봉유설》'외국'조에서 동남아시아와 서양 각국의 역사·문화 등을 비교적 객관적으로 서술하고 서양의 과학이나 지도, 천주교에 대해서도 선구적으로 소개했다.

# 17세기 지식과 정보의 총합

《지봉유설》에는 17세기 초반에 저술된 책이라고는 믿기지 않을 정도로 다양한 세계 정보가 들어 있다. 이러한 정보는 세 차례에 걸친 사행 경험을 통해 축적된 것이었다. 당시에 개인이 중국을 세 번이나 다녀오는 일은 흔치 않았다.

사행 과정에서 이수광은 중국 문화를 직접 체험하고 동남아 지역의 사신들과도 교유하면서 각국의 역사와 문화를 보다 넓게 이해할 수 있었다. 또한 중국에서 활약하던 서양인 선교사들과도 만나 천주교를 비롯한 서양의 종교와 과학기술에 대해 많은 정보를 얻을 수 있었다. 그는 《지봉유설》에 '외국'조와 '북로(北虜)'조를 따로 두어 세계 50여 개국의 지리·기후·물산·풍속·역사 등을 가능한 한 객관적으로 소개함으로써 조선 사회를 세계와 함께 공존하는 사회로 인식했다. 물론 이러한 세계 인식의 바탕에는 우리의 전통과 문화에 대한 자부심이 있었다.

이수광의 학문과 사상은 조선 후기 지식인들에게 크게 영향을 끼쳤다. 《지봉유설》의 뒤를 이어 이익의 《성호사설》, 이덕무의 《청장관전서 (靑莊館全書)》, 이규경의 《오주연문장전산고》 등은 백과사전적인 학풍이 조선 후기 학자들 사이에 상당히 풍미했음을 보여준다. 이 저술들은 실천·실용적인 학풍, 즉 실학이 조선 후기의 사상계에 자리 잡는 데 중요한 역할을 했다.

이수광은 내적으로 붕당정치가 심화되고 외적으로 전란의 상처가 심했던 16세기 후반과 17세기 전반의 시기를 살며 위기를 극복하기 위해 편견 없이 다양한 학문을 섭렵하는 한편, 유연하고 개방적인 태도를 취했다. 그리고 우리의 전통문화에 폭넓은 관심과 애정이 있었으며 세계에 열린 시각을 지니고 있었다. 이수광의 이러한 세계관은 전통문화에 대한 이해 없이 무분별하게 세계화만 외치는 오늘의 현실에도 메시지를 던져주고 있다.

3

# 반계수록 磻溪隨錄

영조가 주목한 개혁 교과서

●

## 다양한 학문에 관심을 가진 저자 유형원

조선시대 사상사에서 17세기 중·후반은 주자성리학이 대세를 이루었지만 이에 대한 비판으로 새로운 학풍인 실학이 대두되는 시기였다. 이 시기 실학을 체계화한 학자가 바로 유형원(柳馨遠, 1622~1673)이다. 북인이었던 부친 유흠(劉歆)이 인조 대에 광해군의 복위를 꾀하였다는 혐의에 연루되어 사망하자, 유형원은 관직에 뜻을 버리고 조상 대대로 하사받은 전북 부안의 우반동(愚磻洞)을 중심지로 학문에 전념했다. 호 반계(磻溪)는 '우반동의 계곡'이라는 뜻이다. 안정복은 유형원의 연보에서 "선생은 당쟁이 횡행할 때 태어나 세상을 등지고 스스로 저술하기를 즐겼다"라고 하여, 유형원이 실학자가 된 것이 당쟁과 깊은 연관이 있음을 기록하고 있다.

18세기의 실학자 이익은 유형원을 특히 존경했다. 그는 "국조 이래로 시무를 알았던 분을 손꼽아보아도 오직 이율곡과 유반계 두 분뿐이다. 율곡의 주장은 태반이 시행할 만하고, 반계의 주장은 그 근원을 궁구하고 일체를 새롭게 하여 왕정(王政)의 시초를 삼으려 했다"라고 하여 유형원을 대표적인 개혁가로 평가했다. 그러나 무엇보다 유형원은 《반계수록(磻溪隨錄)》이 담고 있는 토지, 교육, 과거, 관직제도에 이르는 구체적인 개혁안 덕에 '개혁가', '실학자'로 널리 알려져 있다. '수록(隨

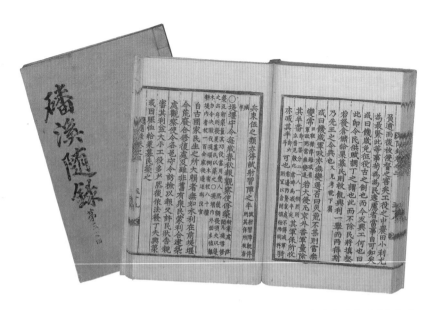

《반계수록》 유형원은 이 책에 토지·교육·과거·군사 제도의 문제점과 이에 대한 체계적인 개혁 방향을 제시했다. 성리학의 의리론이나 명분론보다는 현실에 적용되어야 할 학문과 정책의 중요성을 강조한 점에서 이 책은 실학의 대표작으로 손꼽힌다.

錄)'은 '붓 가는 대로 그때그때 쓴 기록'이란 뜻이지만, 유형원은 시대의 고민을 담아 구체적인 개혁 방안을 제시하며 이 책을 썼다. 책 말미에 쓴 〈서수록후(書隨錄後)〉에는 절박하게 개혁해야 하는 현실을 강조하면서, 과거 위주의 공부보다는 실제 현실에 필요한 정책을 제시하는 것이 중요함을 역설했다.

유형원의 학문적 연원에 대해서는 율곡 이이에서 비롯되는 기호학파의 학풍을 계승하여 실학의 선구자가 되었다는 것이 일반적이었다. 최근에는 유형원의 실학풍이 이황 학파의 성리학설에서 비롯되었으며 영남학파와도 관련되었다는 주장이 있다. 그러나 유형원의 삶의 궤적을 살펴보면, 어느 학통 하나를 강조해 그의 학풍을 이해하는 입장은 바람직하지 않다고 본다. 유형원은 16세기의 대표 학파인 이황 학파, 이이 학파, 조식 학파, 서경덕 학파의 학풍을 다양하게 흡수했으며 김세렴과 같은 인조 대 실무 관료 학자에게도 영향을 받았다.

유형원 하면 사회개혁자의 이미지를 먼저 떠올린다. 그러나 그는 실제로 다양한 학문에 능통했다. 이익이 쓴 유형원의 전기에 따르면, 그가 문예·사장(詞章, 시와 문장)·병법·천문·지리·의약·복서(卜筮, 점)·산학(算學, 수학) 등에 두루 능통했음을 유형원의 여러 저술에서 알 수 있다. 어학서인 《정음지남(正音指南)》,《동국문초(東國文鈔)》, 지리지인 《동국여지지(東國輿地志)》, 병법서인 《기효신서절요(紀效新書節要)》와 《무경(武經)》, 도가서인 《참동계초(參同契抄)》에서 드러난다.

그러나 현재는 그의 저서 가운데 《반계수록》과 《동국여지지》만 남아있다. 나머지 책은 제목만 전하고 있어 그의 폭넓은 학문세계는 상당히 잊혔다. 남인 실학자는 대체로 유형원의 학문이 이익을 거쳐 안정복, 정약용 등으로 계보가 이어진다. 이익이 《성호사설》을, 안정복이 《잡동산이(雜同散異)》와 같은 백과사전적인 저술을 남긴 것에서 남인 실학자들이 다양한 학문에 두루 관심을 가졌음을 확인할 수 있다. 그리고 그 중심에는 유형원이 있었다.

●

## 전국의 순력과 폭넓은 교유관계

유형원은 어린 시절 아버지를 여의고 일정한 스승이 없었지만 고모부인 김세렴(金世濂)에게 학문적 영향을 많이 받았다. 김세렴은 호조판서, 평안도관찰사 등을 지내며 조선의 주요 사회경제 정책을 추진한 관리였다. 유형원은 5세 때 김세렴에게 수학했으며, 15세 때는 병자호란을 피하여 김세렴의 집에 기거하기도 했다. 그는 말년에 전라도 부안의 우반동에서 거처했지만, 젊은 시절에는 전국 각지를 돌아다녔다. 1636년에 병자호란 때는 원주로, 1642년에는 경기도 지평에, 다음 해에는 여주에 거처했다. 1643년 겨울에는 고모부 김세렴이 함경도관찰사로 부임하자 그곳에 따라가 북방 지역의 실상을 직접 보고 겪었다. 이후에도 금천, 안양, 영남, 호서지방, 금강산 등지를 두루 돌아다녔다. 유형원은 한정된 지역에만 머물지 않고 여러 지역의 실상을 경험하며 당시의 현실을 목격한 학자였다. 또한 이이, 유성룡, 조헌, 이수광 등 선배학자들이 올린 상소문 등을 통해 현실의 문제점들을 파악했을 뿐아니라 10여 차례 지방 여행을 하며 얻은 경험으로 《반계수록》을 집필할 수 있었다.

유형원의 저작 가운데 《동국여지지》라는 지리지도 있다. 그가 이 지리지를 편찬할 수 있었던 데에도 여러 지역을 돌아다닌 경험이 크게 작용을 했을 것이다. 《반계수록》에서 토지제도와 농업, 교육 문제 등에 대해 다양한 개혁 정책을 제시할 수 있었던 것도 전국을 돌아다니며 민생의 현실을 보고 느꼈던 경험이 바탕이 된 것이다.

유형원의 학문 형성에 폭넓은 교유관계도 중요한 역할을 했다. 흔히 실학자라고 하면 재야에서 홀로 학문을 연구하는 이미지를 떠올리지만 이들의 학문에 폭넓은 교유관계가 중요한 영향을 주었다. 유형원 또한 당대의 근기남인(서울·경기 지역에서 주로 활동한 남인) 학자인 허목이나 윤휴 등과 교분을 유지했다. 윤휴와 허목은 남인이지만 사상적 원류는 북인에서 비롯되는데, 이 또한 아버지가 북인의 중심인물이었던 유형원과 통하는 부분이다. 이들은 주자성리학만을 고집하기보다는 박학(博學)을 강조하는 북인과 연결되면서 학문과 사상에서 많은 부분 공감대를 형성했다. 허목, 윤휴, 유형원은 특정 당색에 좌우되지 않고 비정치적인 인사와도 두루 친분을 맺었다. 유형원과 가장 친했던 벗도 지방에 은거한 학자 배상유(裵尙瑜)였다. 배상유는 숙종 때 상소문을 올려 유형원이 《반계수록》에서 제시한 개혁안을 시행할 것을 청하기도 했다.

●

## 《반계수록》에 나타난 개혁정책

《반계수록》은 유형원이 관직생활을 단념하고 전라도 부안 우반동에 칩거해 52세까지 22년 동안 연구한 성과를 엮은 책이다. 이 책에는 경상도관찰사 이미(李瀰)가 1770년(영조 46)에 쓴 서문과 후학 오광운(嗚光運)이 1737년에 쓴 서문이 실려 있다. 책의 말미에는 유형원이 쓴 '서수록후(書隨錄後)'가 있다. 본편에는 유형원이 제시한 개혁안과, 중국과 우리나라의 역대 토지·정치·사회제도에 대한 내용을 다룬 고설이 각각 절반씩 수록되어 있다.

《반계수록》은 총 26권으로 구성되어 있다. 권1~2는 전제(田制), 권3~4는 전제후록(田制後錄), 권5~6은 전제고설(田制攷說), 권7~8은 전제후고설로, 무엇보다 유형원은 토지제도에 관심이 많았다는 것을 보여준다. 그는 국가에서 농민들에게 토지를 고르게 분배하고 환수할 수 있는 균전제(均田制)를 실시하여 자영농 육성을 우선할 것을 주장했다. 권9~10은 교선지제(敎選之制), 권11~12는 교선지설(敎選之說)로 교육과 과거의 문제점과 대책을 담고 있다. 유형원은 과거가 출세의 도구로 선비들이 오직 옛 문구를 모으는 데만 치중하는 현실을 개탄하면서, 그 대안으로 천거제(薦擧制)를 주장했다.

권13은 임관지제(任官之制), 권14는 임관고설, 권15~16은 직관지제(職官之制), 권17~18은 직관고설(職官考說)로, 관직의 정비에 관한 의견을 제시하고 있다. 유형원은 관료의 임기제를 철저히 지켜 행정의 실효성을 높이자고 주장하고, 왕실을 위해 설치된 수많은 관청을 대폭 축소하여 국가 재정을 안정시키고자 했다. 이러한 견해는 현대 정치의 정책에도 실현되고 있는 '작은 정부' 구조와 유사하다.

권19는 녹제(祿制), 권20은 녹제고설로(祿制考說), 관료의 봉급을 증액시켜 부정이 없도록 하며 특히 봉급이 전혀 지급되니 않는 하위직 서리에게도 일정한 봉급을 주어 백성을 수탈하는 일이 없도록 하는 방안을 제시했다. 권21~24는 병제 등 국방과 군사제도에 관한 내용을 담고 있는데, 병농일치의 군사조직과 함께 성지(城池)의 수축과 무기의 개선, 정기적인 군사훈련의 실시 등을 주장했다.

이어 속편에서는 노비제도의 문제점을 들며 점차적으로 노비세습제도를 완전히 폐지할 것을 주장했다. 유형원은 기본적으로 명분(名分), 등위(等位), 분수(分數), 귀천(貴賤) 등에 따라 상하 간의 계층이 생기는 것이 당연하다는 성리학적인 입장에 섰다. 토지 분배에서 사족(士族)을 우대해야 한다고 했던 것도 이러한 입장에서 나온 것이다. 그는 신분제적인 사회질서는 수용하되, 신분적 특권이나 차별이 영속적으로 고정되어서는 안 된다고 보았다. 신분의 귀속성보다는 획득적인 측면을 강조한 것이다. 유형원은 노비제를 당장 없앨 수 없는 현실은 인정하지만, 노비종모법(奴婢從母法)을 실시하여 노비의 수를 점차 줄이는 한편, 용역제(傭役制)나 고공제(雇工制)를 시행해 노동력을 확보할 수 있는 제도 마련을 제시했다. 그러나 궁극적으로는 노비제 폐지를 주장했다는 점에서 유형원의 주장은 매우 혁신적이었다.

> 현재 우리나라에서는 노비를 재물로 취급한다. 대저 사람이란 같은 법인데 어찌 사람이 사람을 재물로 취급하는 도리가 있겠는가? …… 왕의 입장으로는 하늘을 대신하여 사람을 다스리는 것으로, 나라는 곧 왕의 나라이며, 백성은 곧 왕의 백성이니, 어찌 왕과 백성 사이에 노비라는 계층을 만들어 자기 백성을 해치게 할 수 있겠는가?

순조 대인 1801년에 들어 공노비가 해방되고, 1894년 갑오경장으로 사노비가 해방된 점을 고려하면 유형원의 주장은 시대를 앞서간 주장임이 명백하다.

●

## 사후에 빛을 본 개혁 교과서

1670년경에 완성된 《반계수록》은 유형원이 재야의 학자였던 까닭에 처음에는 그 가치를 크게 인정받지 못했다. 1678년(숙종 4) 6월 20일 유형원과 교분이 깊었던 배상유가 상소문을 올려《반계수록》에서 제시한 정책을 시행할 것을 청했으나 조정에서는 이를 수용하지 않았다. "배상 유가 고(故) 진사(進士) 유형원이 저술한《반계수록》속의 전제(田制)·병 제(兵制)·학제(學制) 등 7조목을 진달하며 차례로 시행하기를 청하므로, 묘당(廟堂, 의정부)을 내렸더니, 묘당에서 그 말이 오활(迂闊, 실제와는 거리 가 먼 것)하다 하여 내버려두었다"라는 기록에서, 당시 유형원의 주장이 오활하다는 이유로 채택되지 못했음을 알 수가 있다.

1741년(영조 17)에는 승지 양득중(梁得中)이 경연에서《반계수록》을 강 론하자고 요청하는 등 꾸준히《반계수록》의 중요성이 제기되었다. 양 득중은 "근세에 호남의 유사(儒士) 유형원은 전제(田制)에서부터 설교 (說敎), 선거(選擧) 및 관직(官職), 병록(兵祿) 제도에 이르기까지 미세한 부분을 모두 저서에 거론(擧論)했습니다. 이를《수록(隨錄)》이라고 이름 지었는데 무릇 13권이었습니다. 신이 일찍이 그 책을 신의 죽은 스승 윤증(尹拯)의 집에서 보았습니다. 비록 윤증은 죽었지만, 그의 자손이 바야흐로 호남의 부안과 경기의 과천에 살고 있다고 합니다. 삼가 바라 건대, 특별히 그 고을의 수령에게 명하여 그 책을 가져다 바치게 하여 을람(乙覽, 임금이 밤에 독서하는 일)에 대비하도록 하시고, 곧 중외에 나누 어 반포해서 차례대로 시행하게 하소서"라고 건의했다. 1750년(영조 26) 에는 좌참찬 권적이 "고(故) 징사(徵士) 유형원이 지은《반계수록》은 삼 대(三代) 이후에 제일가는 경국책(經國策)입니다" 하고 간행하여 중외 에 반포하기를 청했다. 많은 사람이 영조에게 추천하자 영조는 이를 수 용했다. 결국 1769년(영조 45)에《반계수록》은 경제에 관련한 탁월한 저 술로 인정받아 국가에서 3부를 인쇄·간행했다. 그리고 1부는 곧 남한산성에 보내어 판본을 새기게 하고, 5사고(史庫)에 간직할 것도 남한산성에서 인쇄해 가지고 오게 했다. 재야학자의 저술《반계수록》이 사후 100여 년 만에 빛을 보게 된 것이다.

정조 역시《반계수록》에 주목했다. 그는 화성을 건설하면서 우리나라 학자들의 성제(城制)에 관한 이론을 검토했는데, 이때《반계수록》에서 수원에 성지(城池)를 건축해야 한다는 주장을 받아들였다. 정조는 "100년 전에 마치 오늘의 공사를 본 것처럼 논설했다"라거나, "그가 수원의 지형을 논하며 읍치를 옮기는 계책과 성을 쌓는 방략을 100년 전 사람으로서 오늘날의 일을 환히 알았다. 면(面)을 합치고 번을 드는 대신에 돈을 내게 하는 등의 세세한 절목도 모두 마치 병부(兵符)를 맞추듯이 착착 들어맞았다. 그의 글을 직접 읽고 그의 말을 직접 들었더라도 대단한 감회가 있다고 할 터인데, 그의 글을 보지 못했는데도 본 것과 같고 그의 말을 듣지 못했는데도 이미 쓰고 있으니, 나에게 유형원은 아침저녁으로 만난 사람이라고 할 수 있겠다"라며 유형원을 높이 평가했다. 이 점은 실학자 유형원의 입지를 더욱 굳건히 해주었다.

《반계수록》은 유형원이 활동했던 시대를 뛰어넘어 영조와 정조처럼 현명한 군주의 시대에 그 가치를 더욱 인정받았다. 실제 국가정책에도 활용되었다는 점에서 의미가 큰 저술이다. 또한 유형원이 추구했던 사상은 이익, 정약용으로 이어지는 남인 실학자의 개혁사상의 원류가 되었다.《반계수록》또한 '개혁 교과서'의 모범으로 후대에 널리 영향을 끼쳤다.

# 5부

## 18세기, 우리를 찾고 세계를 다시 보다

# 1

## 성호사설 星湖僿說

실학파 별들이 노닌 거대한 호수

●

# 불우한 환경에서 길어올린 '실사구시'의 우물

18세기를 대표하는 실학자 이익(李瀷, 1681~1763)은 그의 호 '성호(星湖)' 처럼 별과 같이 쟁쟁한 실학파 학자들을 한자리에 모이게 한 거대한 호수였다. 그는 경기도 안산의 첨성촌을 무대로 실학을 연구하며 후학들을 가르쳤으며 조선 후기에 실학이 만개할 수 있도록 기반을 제공했다. 이익이 주로 활동한 18세기는 17세기부터 제기되었던 실학 추구의 학풍이 보완·발전해가던 시기였다. 실학이 하나의 학파로 성립했으며 이익은 바로 그 중심에 선 인물이었다.

이익이 연구한 실학은 붕당정치가 치열하게 전개되던 시대 상황과도 관련이 깊다. 1680년(숙종 6)의 경신환국(庚申換局)으로 남인이 서인에 의해 숙청되면서, 남인이었던 이익 집안도 몰락했다. 이익은 부친 이하진(李夏鎭)이 경신환국으로 평안도 운산에 유배되었을 때 그곳에서 태어났다. 이후 부친이 유배지에서 사망하자 선대부터 살던 경기도 안산의 첨성리로 돌아와 홀어머니 슬하에서 자랐다. 첨성촌에는 이익이 별을 관측하던 도당산과 수백 년 된 느티나무와 향나무를 거느린 성호장(星湖莊)이 남아 있었으나 1981년 안산의 신도시 건설계획에 따라 이 지역에 택지가 조성되면서 사라졌다. 그의 호 '성호'는 이곳에 있던 호수에서 따온 것인데, 그 역시 '실학에서 별들의 호수' 같은 역할을 했다.

**《성호사설》** 성리 철학에 대한 이론보다는 당시 실생활에 필요한 다양한 내용이 주를 이룬다. 조선의 기본 산업인 농업 외에 서양과학에 관한 관심을 피력한 내용도 다수 수록되어 있으며, 저자의 박물학적인 관심과 당시 사회제도에 대한 비판의식도 엿볼 수 있다.

이익의 집안은 당쟁 중에 피해를 크게 입었지만, 다행스럽게도 집안 대대로 내려온 책이 수천 권 남아 있었다. 이 가운데에는 부친 이하진 이 1678년(숙종 4) 사신으로 중국 연경에 갔을 때 구해온 책도 많았다. 이 익이 실학을 꽃피울 수 있었던 것은 정치적으로 세력을 잃고 농촌에 은 거하며 백성의 실상을 목격하는 한편, 선대로부터 전해온 장서를 섭렵 했기 때문이다. 이익이 《성호사설》에서 다양한 사물과 제도 등을 언급 하고, 전거를 기록할 수 있었던 것은 그만큼 책을 많이 접했기에 가능 한 것이었다. 18세기에는 이익과 같은 재야의 학자뿐만 아니라 이덕무, 유득공 등 중앙에서 활동하던 학자들도 다양한 서책을 섭렵하고 저술 을 펴내는 것이 일반적이었다.

이익은 〈반계선생문집서〉, 〈반계수록서〉, 〈반계유선생전〉을 저술하 면서 유형원에 대한 존경의 뜻을 보였다. 그는 《성호사설》에서도 자주 유형원을 언급했다. "반계 유형원이 말하기를, '만약 벽골제 같은 것을 두세 곳에만 만들어놓는다면 노령 밖은 흉년이 없을 것'이라 했다"라거나, "반계가 각 고을에 와옥(瓦屋)을 설치해야 한다고 했는데, 그의 말에 '주민이 기와 만드는 기계를 개발하면 십 수 년 만에 마을 하나가 다기와집이 될 것이다. 만약 토목이 편리하고 가까운 곳에 와국(瓦局)을 설치하여 기와를 굽고 백성에게 무역하게 한다면 원대한 생각을 하게 될것이다. 또한 백성을 거느리는 방법은 함부로 이사 다니지 못하게 하는것이 중요하니 이미 기와집이 있으면 곧 자리 잡아 사는 한 시초가 되므로 빨리 시행해야 한다'고 했다"라는 기록 등이 있다.

이익의 학문과 사상은 그가 처한 불우한 환경과 선배 남인 학자들의 영향을 받아 성립된 것이다. 그는 정치·경제·사회·풍속·자연·역사·문학·철학 등 여러 방면에 걸쳐 비판적이고 창의적인 의견을 제시하여 '성호학'이라 불릴 만한 독자적인 사상체계를 형성했다.《성호사설》에는 이익의 학문적 진수들이 녹아 있다.

●

동서양의 천문지식을 망라한 〈천지문〉

《성호사설》〈천지문(天地門)〉은 223항목으로 구성되어 있다. 주로 천문과 역사·지리에 관한 내용이 중심을 이룬다. 일월(日月)·성신(星辰)·풍우·뇌진·조석·일식 등의 천문 지식을 비롯해 단기강역(檀箕彊域)·삼한·한사군·예맥·울릉도·여진·대마도 정벌에 이르는 다양한 역사와 지리 지식으로 채워져 있다. 이 가운데는 지구가 둥글다는 것, 지구의

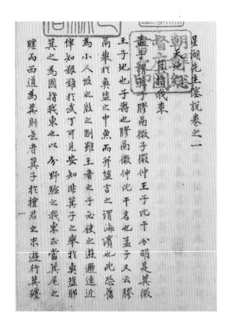

**《성호사설》〈천지문〉** 사설이란 '자질구레하고 번잡한 글'이란 뜻이나 이는 이익이 자신을 최대한 낮추어 표현한 것일 뿐. 실제 이 책에는 천문·지리·역사·관제·군사·경제·풍속·문학·종교·음악·생활사 등 전 분야에 걸쳐 매우 다양하고 풍부한 내용이 담겨 있다.

아래위에 사람이 살고 있다는 것 등 서양의 과학 지식을 흡수한 내용도 많다. 이익은 중국 고전을 인용하며 자연의 변화를 서술하는데, 역법과 태양의 궤도·춘분·일식뿐 아니라 당시 중국에서 들어온 한역(漢譯) 서양 서적에 나타난 서양의 천문·역법 및 선교사 마테오 리치의 〈곤여만국전도(坤輿萬國全圖)〉와 시원경(視遠鏡, 망원경) 등 서양의 과학 지식도 흡수하려고 노력했음을 엿볼 수 있다.

이익은 지도에도 관심을 가졌다. 선비의 학문으로서 지도를 그리는 방법에 대해 "아무리 세밀하여 그리기 어려운 것이라도 엷은 종이에 들기름 칠을 하거나 양초를 녹여 발라 투명하게 한 뒤 붓을 대면 된다"라고 언급하고 있다. 이처럼 이익이 지도에 해박한 지식을 갖게 된 데에는 영조 대의 대표적인 지도학자 정상기(鄭尙驥)와의 교분이 크게 작용한 것으로 보인다. 중국에서 지도를 입수한 뒤 이익은 〈동국지도〉에 관해 "나의 친구 정여일(鄭汝逸, 정상기)이 세밀히 연구하고 정력을 기울여 만든 백리척으로 정밀한 측량을 거쳐 지도 여덟 권을 작성했는데, 멀고 가까운 거리와 높고 낮은 지형까지 모두 실형으로 묘사되었으니 정말 진귀한 보물이며 이 지도와도 대체로 들어맞는다"라 쓴 기록이 남아 있다.

이익은 우리 역사의 시원이라 할 수 있는 단군조선과 기자조선의 유구성에도 자부심을 가졌다. 〈단기강역〉에서 "단군시대에 벌써 순(舜)의 통치권 내에 들어간 것이니, 우리나라가 미개사회에서 중국의 문화를 받아들인 지 벌써 오래되었다. …… 요순시대부터 중국 내지(內地, 한나라의 영토)와 같이 다루어왔고 단군·기자·백이·숙제의 교화가 이루어졌으니, 문명의 영향을 받은 곳이 여기만 한 곳이 없었다"라며, 우리나라가 일찍이 중국의 선진문화를 수용했음을 강조했다.

●

박물학적 관심과 방대한 정보량, 〈만물문〉

《성호사설》의 권4에서 권6에 걸쳐 총 368항목을 다룬 〈만물문(萬物門)〉에는 의복과 음식, 곤충과 동식물에 관한 관찰기록과 망원경·조총·자명종·안경 등 당시 중국을 통해 수입된 서양 물품을 소개했다. 특히 마테오 리치에 의해 1581년 중국에 이미 안경이 들어왔던 사실을 고증하고 있다. 그뿐 아니라 두부·목장·담배·술 등 일상생활에 관한 기록과 생(笙)·가야금·속악(俗樂) 등 음악에 관한 기록, 화총·병기·화전(火箭)

등 무기에 관한 기록이 망라되어 있다. 이 밖에 윷놀이와 장기·줄타기 등 민속놀이에 대해서도 언급했으며, 악어·붕(鵬)·게·남과(南瓜, 호박) 등 동식물에 관한 내용도 풍부히 담고 있다.

각 항목들에 대해서는 세밀한 고증을 바탕으로 자신의 의견을 개진하는 방식을 취했다. 이를테면 '게'에 관한 항목에서는 "갯가와 바다 연안에는 게가 많다. 내가 본 것이 열 종류나 된다. 여항(呂亢)의 〈십이종변〉 및 〈해보〉, 〈본초(本草)〉, 〈도경(圖經)〉, 〈자의(字義)〉 등의 서적을 상고해본 결과, 물의 형태도 지대에 따라 다르고 혹 살펴서 아는 것에도 옳음과 그름이 있다"라고 기록했다.

〈만물문〉에서 성호는 담배에 대해 "우리나라에 광해군 말년부터 담배가 유행했는데, 세상에 전하기로는 남쪽 바다 가운데 있는 담파국(湛巴國)이란 나라에서 들어온 까닭에 '담파'라 한다"라고 쓰고 있다. 이어 어떤 이가 담배란 것이 사람에게 유익한 것인지를 묻자, "담배는 목구멍에 가래침이 걸려 뱉어도 나오지 않을 때 유익하고, 구역질 나고 침이 뒤끓을 때 유익하며, 먹은 것이 소화가 안 되어 눕기가 불편할 때 유익하고, 가슴이 조이면서 신물이 나올 때 유익하며, 한겨울에 추위를 막는 데 유익하다"라 했다. 그러나 안으로는 정신을 해치고 밖으로는 듣고 보는 것까지 해쳐 머리가 희어지고 얼굴이 늙게 되며 이가 일찍 빠지는 등 이로움보다 해로움이 훨씬 많음을 강조했다. 또한 담배의 냄새가 고약한 점, 재물을 없애는 점, 담배 구하기에 급급한 세태 등 세 가지를 가장 큰 문제점으로 지적했다. 이익이 살던 시대에는 그만큼 남녀노소 가릴 것 없이 담배를 즐겼고 그만큼 문제점도 컸던 것 같다.

술에 대해서는 "나는 술의 유익한 점을 단 한 가지도 모르겠다"라며

《성호사설》〈만물문〉'남초' 조

曰今之南草益乎曰痰在喉咯不出則益氣迸而涎
潮則益食不消而坊卧則益上焦停飲而吐酸則益
隆冬禦寒則益日益害乎曰害尤甚內宮精神
外宮耳目髮得之而白面得之而蒼齒得之而洞肉
得之而削令人能老余謂害尤有甚焉者臭惡不得
齋戒而交神一也耗財二也世間固惠多事人無上
下老少終歲日役役不得休三也若秒此心力為
學則必至於大賢日成章治產則致富矣易曰
上六寅升利于不息之貞
土異

者今木綿去核者是也其軸末曲柄謂之掉捌既去
其核乎以彈起卷以韛秦梢者謂之捲蓮也其紡車
之錢蓮隨弦轉動者謂之筟纑輝之以足左手握其
綿筒續於箬纑上右手牽以抽綿左手均撚多者并
抽三維俱成緊纑也我國紡車卽文益漸之舅鄭天
益而朔也一車一維右掉左抽回轉㲯疾比中國之
罟功必增倍赤巧制也

南草
南草之盛行自光海末年始也世傳南海洋中有港
巴國此草昉從來故俗稱湛巴云有聞於太湖先生

단호한 입장을 취했다. 이익은 자신도 젊어서 술을 많이 마셨다고 고백하며 자식과 손자에게 자신의 제사에 술은 쓰지 말라고 당부했다. 술이란 정신을 어지럽힐 뿐 아니라 재정에도 손해를 끼친다는 이유에서였다. 이 부분은 성호가 만년에 쓴 듯하다. 또한 흉년에 조정에서 금주령을 내리는 것은 식량을 축내지 않게 하려는 까닭이라든가, 우리는 가난한 선비로 농사지을 땅도 없는 데다 흉년이 들지 않은 때가 없다고 한 점으로 미루어, 무엇보다 곡식을 축내는 술을 엄격히 금해야만 가난한 백성이 그나마 굶주리지 않고 살 수 있다는 사실을 경험적으로 깨달은 것이다. 이러한 그의 입장에서 학문에만 전념한 꼿꼿한 학자의 체취가 느껴진다.

〈만물문〉에서는 매우 다양한 소재를 다루고 있다. 그만큼 저자의 박물학적인 관심과 엄청난 정보량을 짐작할 수 있다. 그러나 대부분의 항목이 주로 중국 자료를 전거로 한 것일뿐더러 〈만물문〉이라는 큰 항목만 설정되어 있을 뿐 서로 다른 소재들이 뒤엉켜 있어 체계적으로 정리되지 못한 점이 아쉽다.

●

## 계급사회의 막힌 혈관을 뚫는 개혁 처방전, 〈인사문〉

〈인사문(人事門)〉은 《성호사설》 권7에서 권17까지 11권에 걸쳐 990항목으로 구성되어 있다. 여기에서 성호는 당시의 정치와 제도, 사회와 경제, 학문과 사상, 혼인, 제례, 인물, 사건 등을 다루고 있어, 이를 통해 성호의 사회제도에 대한 비판 의식을 알 수 있다. 이는 이익이 가장 존경한 선배 학자 유형원이 《반계수록》에 토지·과거·관제 등의 개혁안을 제시한 것과도 흡사하다. 이런 점에서 《성호사설》은 《지봉유설》과 《반계수록》의 내용을 적절히 종합했다고도 볼 수 있다. 〈인사문〉에는 왕세자에 대한 엄격한 교육, 서얼허통, 조상의 내력을 따지는 서경제도 철폐, 과거제와 천거제의 병용, 군별 무학(武學) 설치, 중앙 관청 통폐합, 화폐의 유통과 그 문제점 지적, 사치 풍조의 근절, '천하의 악법'인 노비법에 대한 비판 등 개혁적인 주장이 많다.

이익은 유형원처럼 토지문제 해결에 중점을 두었으며, 특히 분배의 정의에 관심이 많았다. 그러나 상공업의 변화상에 대해서는 별다르게 주목하지 않았다. 유형원이 '화천(貨泉)'이라 하며 화폐의 유통을 적극적으로 주장한 것과 달리, 그는 폐전론(廢錢論)을 주장했다. 이익은 "돈은 사치하는 데 편리하다. 그렇다면, 이 돈이라는 것이 백성에게 무슨 유익이 있겠는가? 까닭에 사치를 금하려면 돈을 없애는 것이 상책이다"라고 했다. 이익은 국가 경제나 개인 경제의 목표를 농업 중심의 자급자족에 두었다. 이를 파괴하는 상품화폐경제의 발달이나 식리(殖利, 재물을 불려 이익을 늘림) 행위를 크나큰 죄악으로 간주했다. 그러다 보니 화폐나 시장에 대해 매우 부정적이었다.

또한 '육두(六蠹, 여섯 가지 좀)'를 들어 선비가 평생 생업에 종사하지 않고 오로지 독서만 하는 것은 세무(世務)에 무익하고 가무(家務)에도 보탬이 없다고 하여 실학자로서 태도를 분명히 했다. 성호는 노비제도와 과거제도, 벌열(閥閱, 나라에 공로가 많고 벼슬을 많이 한 집안), 기교(技巧, 교묘한 기술이나 솜씨), 승려, 유타(遊惰, 게으름뱅이) 여섯 가지를 당시 사회의 대표적인 폐단으로 지적했다. 특히 "노비를 대대로 천하게 전하는 것은 고금에 없는 일이다"라며 노비제도의 존속을 강력하게 비판했다.

〈인사문〉에는 소설과 드라마를 통해 익히 알려진 숙종 대의 대표적인 도적 장길산(張吉山)에 관한 기록도 눈에 띈다.

숙종 연간에 교활한 도적 장길산이 해서 지역에 출몰했다. 길산은 본래 창우(倡優, 광대)로 곤두박질을 잘하는 자로서 용맹스럽고 민첩하고 비상했다. 그리하여 마침내 도적들의 우두머리가 되었다. 조정에서는 이를 근심하여 신엽을 감사로 삼아 체포하려 했으나 잡지 못했다. …… 그 뒤 병자년(1696) 역적의 공초에 그 이름이 또 나왔으나 끝내 잡지 못했다.

장길산은 숙종 대에 해서 지방과 양덕(陽德)을 주 무대로 활약한 실존 도적이다. 이익은 자신이 살았던 시대의 도적 장길산을 현대의 소설이나 드라마의 시각과는 달리 '교활한 도적의 괴수'로 묘사하고 있다.

●

## 문헌고증학적 방법론을 제시한 〈경사문〉

권18에서 권27에 이르는 〈경사문(經史門)〉에서는 유교경전과 불교, 노장사상, 민간신앙에 대해 언급하고 있다. 이 부분에는 성호의 경사에 대한 해박한 지식과 역사에 대한 인식이 구체적으로 드러난다. 성호의 학문은 육경(六經)이 중심을 이루고 있으나 사서(四書)와 《소학(小學)》, 《주자가례(朱子家禮)》, 《근사록(近思錄)》, 《심경(心經)》 등 성리학의 기본 서들도 두루 섭렵한 흔적을 볼 수 있다. 불교나 노장·음양방술·도참사상 등 소위 '이단사상'에는 부정적인 입장을 보였다. 이수광이 《지봉유설》에서 이단에 대해 포용적이고 개방적인 태도를 취한 것과는 차이가 있다. 도가나 불교와 같은 이단사상이라 할지라도 생활에 유용한 부분이 있으면 수용했던 이수광과 달리, 이익은 이단에 부정적이었다. 여기에는 시대적 차이도 있다. 즉, 성호가 살던 시기는 이수광이 살던 시대보다 성리학 이념이 더욱 강하게 뿌리를 내리고 있었기 때문이다.

〈경사문〉 역시 중국 역사에 관한 성호의 견해가 주를 이루지만, 우리 역사에 관한 내용도 다수 포함되어 있어 성호의 역사인식을 엿볼 수 있다. 그는 역서(歷書) 저술이 매우 어려운 작업임을 서술하고, 무엇보다 자료의 엄밀한 고증을 중시했다. 역사인식은 요순 삼대와 한대(漢代)를

**《성호사설》〈경사문〉**

이상시대로 보는 상고(尙古)사상에 토대를 두었으나, 청나라의 융성으로 중화와 이적(夷狄, 오랑캐)의 질서가 무너져버린 국제정세의 변동에 적지 않은 자극과 영향을 받았다.

특히 단군조선의 국호를 '단(檀)'으로, 기자조선의 국호를 '기(箕)'로, 삼한(三韓)의 원주민을 전국시대 한(韓)나라의 이주자로 해석하기도 했다. 성호는 조선의 역사가 중국의 요순시대와 비길 만큼 오래되었고, '순(舜)'이 '동이(東夷)'라는 점을 강조하면서도 중국의 교화가 우리나라에 미친 점을 간과하지 않았다. 이는 결론의 타당성 여부를 떠나, 18세기 초·중엽의 역사학 관점으로 볼 때 가장 세련된 문헌고증학적 방법론과 한·중 양국의 문화교류를 폭넓게 이해한 토대 위에서 도출된 견해라는 점에서 의미가 있다. 성호의 광범한 역사 이해와 문헌고증학적인 자세는 제자인 안정복에게로 이어져 조선 후기를 대표하는 역사서 《동사강목(東史綱目)》이 탄생할 수 있었다.

신라의 풍속을 소개하고 신라 왕의 호칭을 설명한 부분을 비롯하여, 차원부·나옹·유숭조 등 고려와 조선의 역사 인물을 언급한 내용도 있다. 또한 인종의 총명함과 을사사화의 부당성을 지적한 '효릉(孝陵)'이나 '을사옥(乙巳獄)'과 같은 항목에서는 사림파와 뿌리가 닿아 있는 성호의 학문적 위치를 알 수 있다. 그러나 〈경사문〉에 나타난 대다수 항목은 중국의 고사(古史)와 이에 대한 고증이 중심되며 우리 역사 전통과 인물에 대한 내용은 간략하다. 이러한 점에서 〈경사문〉에 나타난 성호의 역사 인식은 중국의 역사를 기준으로 우리의 역사를 이해하려는 한계가 있음을 부정할 수 없다.

●

## 조선과 중국의 역대 시문에 대한 소개와 평론, 〈시문문〉

〈시문문(詩文門)〉에는 378항목에 걸쳐 우리나라와 중국의 역대 시문이 정리되어 있다. 여기에는 경서와 역사, 시와 문장 등에 대한 성호의 학문적 깊이가 드러나는데, 대략 중국 시문의 비중이 3분의 2 정도를 차지한다. 게다가 상당수가 시문 내용보다는 시문의 교감이나 시구의 고증에 중심을 두고 있어 성호의 박학과 함께 고증적인 학문 태도를 엿볼수 있다. 성호는 여기서 한나라의 동중서(董仲舒)로부터 명나라의 왕세정(王世貞)에 이르기까지 중국 역대 시인을 언급했는데, 특히 이태백과 두보의 시에 대한 견해가 많았다. 이들의 시에 관해서도 찬양 일변도가 아니라 문제점을 날카롭게 지적하고 있다. 이를테면 "이태백은 문장을 다듬는 데 고심하지 않아 그의 작품에는 〈호조(好鳥)〉, 〈비화(飛花)〉와 같이 비열하여 족히 보잘것없는 것도 더러 있다"라고 했다.

〈시문문〉에는 우리나라의 시문도 일부 언급되어 있다. 이를테면 김극기·이색·홍유손·노수신·조식·이황·박광우·정인홍·이항복·허목 등의 시문이다. 그 가운데 남명 조식의 시문을 적극적으로 언급한 점이 눈길을 끈다. 성호는 〈남명선생문〉에서 조식 스스로가 "내 글은 비단을 짜서 필(匹)을 이루지 못한 것이요, 퇴계의 글은 포목을 짜서 필(匹)을 이룬 것이다"라고 한 부분을 인용했다. 특히 〈남명선생시〉 항목에서는 《남명집》에 나오는 시 가운데 〈제덕산계정주(題德山溪亭柱)〉의 "1,000석 무게의 종을 보게나. 크게 치지 않으면 소리가 나지 않는다네. 어떻게 하면 두류산처럼 하늘이 울어도 울지 않을까?"라는 부분을 인용하며 "이 얼마나 놀라운 역량과 기백인가? 비록 퇴계의 일월춘풍(日月春風)과 비교해 논할 수는 없겠지만 사람으로 하여금 마음이 저절로 부풀게 한다"라며 남명의 기백을 높이 평가했다.

물론 성호는 퇴계의 시를 좀 더 높이 평가했지만, 남명의 기백에 대해서는 깊은 존경심을 표했다. 이것은 성호가 〈시문문〉에서 남명의 제자인 정인홍(鄭仁弘)의 시를 '정인홍시'라고 따로 항목을 두어 소개한 것과도 연관이 깊다. 인조반정 이후 역적의 대명사가 된 정인홍에 대해 쓴 것도 성호가 조식과 정인홍으로 이어지는 북인의 학통에서도 상당한 영향을 받았음을 보여준다.

**이익의 사당** 이익은 18세기 남인 실학파의 중심인물이다. 그의 실학은 '성호'라는 거대한 호수에 모인 수많은 제자에 의해 계승되었다. 그러나 제자들 간에는 천주교와 서학의 수용에 개방적이었던 그의 학풍에 성호좌파와 성호우파로 분열이 일어나기도 했다. 그만큼 이익은 조선 후기에 새로운 시대를 여는 데 중요한 역할을 했다.

《지봉유설》을 계승한《성호사설》의 백과사전적인 학풍은 안정복의 《잡동산이》, 조재삼(趙在三, 1808~1866)의《송남잡지(松南雜識)》, 이규경 (李圭景, 1788~1860?)의《오주연문장전산고》, 최한기(崔漢綺, 1803~1877)의 《명남루총서(明南樓叢書)》 등의 저술에 영향을 주면서 조선 후기에 백 과사전 학풍이 자리 잡는 데 크게 기여했다. 이들 백과사전 형태의 저 술은 국부의 증진과 민생의 안정에 도움이 된다면 성리학만을 고집하 지 않고 다양한 학문에 대해 개방성을 보이는 학풍이 조선 후기의 사 상계에 일정하게 자리하고 있었음을 보여준다.《성호사설》에 나타난 다양한 분야에 관심을 두고 열린 세계를 지향한 점은 우리에게 조선 후기 사상계를 주자성리학 중심으로만 파악할 것이 아니라 보다 개방 적인 관점에서 살펴야 함을 과제로 던져주고 있다.

# 2

## 택리지 擇里志

### 인간과 자연이 공존하는
### 장대한 인문지리서

●

## 정치적으로 실세한 남인의 삶

무릇 살 터를 잡는 데는 첫째 지리(地理)가 좋아야 하고, 그다음 생리(生利, 그 땅에서 생산되는 이익)가 좋아야 하며, 그다음으로는 인심(人心)이 좋아야 하고, 또 그다음은 아름다운 산수(山水)가 있어야 한다. 이 네 가지에서 하나라도 모자라면 살기 좋은 땅이 아니다.

- 《택리지》〈복거총론〉 중에서

  조선 후기의 학자 이중환(李重煥, 1690~1756)은 자신의 저서 《택리지(擇里志)》〈복거총론(卜居總論)〉에서 복거(卜居)의 조건으로 삼은 지리, 생리, 산수, 인심 네 가지를 지목했다. 그는 우리 국토를 두루 답사하며 팔도의 자연과 환경, 인물을 세밀하게 정리하여 250여 년 전 조선의 산천을 생생히 복원할 수 있게 했다. 그는 국토와 문화에 대한 애정을 바탕으로 우리 산천과 그곳을 살아갔던 인물들의 역사와 정서까지 담아내고자 노력했다.

  이중환의 본관은 경기도 여주로, 자는 휘조(輝祖), 호는 청담(淸潭), 청화산인(靑華山人) 또는 청화자(靑華子)이다. 청화산인과 청화자라는 호는 청화산(靑華山)에서 비롯된 것으로, 청화산은 충청북도 괴산군, 경상북도 상주시, 문경시의 경계가 되는 산이다. 이중환은 자신의 거처인

사송정(四松亭, 금강 근처의 정자로, 현재 충남 연기군 근처)과 멀지 않은 곳에 있는 청화산을 복지(福地)라고 격찬하며 자신의 호에 '청화'를 붙였다.

　이중환의 집안은 대대로 관직 생활을 한 명문가로, 당색은 북인에서 전향한 남인에 속한다. 이중환의 5대조 이상의(李尙毅)는 광해군 대 북인으로 활약했으며 의정부좌참찬에 올랐다. 할아버지 이영(李泳)은 1657년(효종 8)에 진사시에 합격하여 예산현감과 이조참판을, 아버지 이진휴(李震休)는 1682년(숙종 6) 문과에 급제하여 도승지, 안동부사, 예조참판, 충청도관찰사 등을 지냈다. 이진휴는 남인 관료 집안의 딸인 함양 오씨 오상주(嗚相冑)의 딸과 혼인하여 1690년(숙종 16)에 이중환을 낳았다. 이중환은 사천 목씨(睦氏) 목임일의 딸과 혼인하여 2남 2녀를 두었고, 후처로 문화 류씨를 맞이하여 딸 하나를 두었다. 사천 목씨는 조선 후기 대표적인 남인 집안으로 장인인 목임일은 대사헌을 지냈다. 실학자로 명망이 높은 성호 이익은 이중환에게 재종조부가 되지만 나이는 아홉 살 위였다. 이중환은 일찍부터 이익에게 학문을 배웠으며, 이익 또한 이중환의 시문을 높이 평가했다. 이익이 《택리지》의 서문과 발문 그리고 이중환의 묘갈명까지 써준 것에서 보듯 두 사람의 관계는 각별했다. 이익 또한 같은 남인인 목천건의 딸을 후처로 맞아 사천 목씨 집안과 혼인 관계를 맺었다. 이후 사천 목씨와 혼맥은 이중환에게 당쟁에 깊이 연루되는 단서로 작용했다.

　1713년(숙종 39) 이중환은 24세 때 증광시의 병과에 급제하여 관직의 길에 들어섰다. 관직 생활은 비교적 순탄했다. 1717년 김천도 찰방(金泉道察訪)이 되었고, 주서(注書), 전적(典籍) 등을 거쳐 1722년 병조좌랑에까지 올랐다. 그러나 1722년에 일어난 목호룡(睦虎龍, 1684~1724)의 고변

사건은 그의 생애에 큰 시련을 안겼다. 이중환이 살았던 숙종·경종 연간은 당쟁이 가장 극렬했던 시기로 정권이 교체되는 환국의 형태가 여러 차례 반복되었다. 이중환이 속한 남인 세력은 1680년 경신환국 때 크게 탄압받았다가 1689년 기사환국(己巳換局)으로 정권을 잡았다. 그러나 1694년의 갑술환국(甲戌換局)으로 다시 정치적 숙청을 당했다. 숙종 후반에는 서인 세력에서 분화한 소론 측과 연계하여 경종의 즉위를 지지하는 입장에 있었다. 경종이 즉위한 뒤 소론과 남인이 정계에 진출했는데, 노론 세력은 경종이 허약하고 후사가 없음을 이유로 연잉군(훗날 영조)을 왕세제로 책봉하도록 압력을 가했다. 소론은 이에 강력히 반발했는데, 1721년(경종 1) 소론 김일경(金一鏡, 1662~1724)이 노론을 역모죄로 공격하자 뒤를 이어 남인 목호룡이 고변서를 올려 노론 측이 숙종 말년에 세자(훗날 경종)를 해치려고 했다고 주장했다. 이 사건으로 인해 노론의 4대신인 김창집·이이명·이건명·조태채가 처형되고 노론의 자제들 170여 명이 처벌되는 큰 옥사(임인옥사)가 일어났다.

하지만 1723년(경종 3)에 목호룡의 고변이 무고였음이 밝혀지면서 정국은 다시 노론의 주도하에 들어가게 되었다. 소론에 대한 노론의 강경한 정치 보복 과정에서 이중환은 목호룡의 고변 사건에 깊이 가담했다는 혐의를 받아 정치 인생에 위기를 맞았다. 다행히 이때는 혐의가 입증이 되지 않아 곧 석방되었으나, 노론의 지원을 받은 영조가 즉위하며 그는 다시 당쟁의 소용돌이에 빠져들었다. 임인옥사의 재조사 과정에서 김일경과 목호룡은 대역죄로 처형되었고, 이중환은 처남인 목천임(睦天任)과 수사망에 올랐다. 특히 집안이 남인의 핵심이었고, 노론 세력을 맹렬하게 비판하다가 처형된 이잠(李潛, 이익의 형)의 재종손이라는

《택리지》 조선 후기 남인 학자 이중환이 전국을 떠돌아
다니며 각 지역의 지리·풍수·인심 등을 상세하게 기록
한 책이다. 그는 정치적으로 불우한 자신의 처지를 비관
하지 않고 인문지리적인 관심으로 승화시켜 이 책을 완
성했다. 〈사민총론〉, 〈팔도총론〉, 〈복거총론〉, 〈총론〉으로
구성되어 있다. 〈사민총론〉에서는 사대부의 신분이 농공
상민과 달라지게 된 원인, 사대부의 역할과 사명, 사대부
가 살 만한 곳 등을, 〈팔도총론〉에서는 우리 국토의 역사
와 지리를, 〈복거총론〉에서는 사람이 살 만한 곳의 조건
을 지리·생리·인심·산수 네 가지를 들어 설명했다.

점까지 불리하게 작용하여, 1726년(영조 2) 이중환은 유배 길에 올랐다.

1727년 정미환국으로 소론이 집권하면서 이중환은 유배에서 풀려났
지만 바로 그해에 사헌부가 논계(論啓, 임금에게 신하들의 잘못을 논박하여 보
고함)하여 다시 절도(絶島)로 유배되었다. 영조의 즉위라는 정국의 전환
기에 이중환은 당쟁의 후폭풍을 고스란히 떠안았던 것이다. 유배가 끝
난 뒤로도 정치 참여를 포기할 만큼 당쟁의 상처는 컸다.《택리지》에서
"서울은 사색(四色)이 모여 살므로 풍속이 고르지 못하며, 지방을 말하
면 서·북 삼도는 말할 것이 없고 동·남 오도에 사색이 나뉘어 살고 있
다"라거나, "보통 사대부가 사는 곳은 인심이 고약하지 않은 곳이 없다.
당파를 만들어 죄 없는 자를 가두고, 권세를 부려 영세민을 침노하기도
한다. 자신의 행실을 단속하지 못하면서 남이 자기를 논의함을 미워하
고 한 지방의 패권 잡기를 좋아한다. 다른 당파와는 같은 고장에 함께 살

지 못하며, 동리와 골목에서 서로 나무라고 헐뜯어서 측량할 수가 없다"
라며 당쟁을 비판했다.

이중환은 당쟁으로 인한 정치적 좌절 속에서 전국을 방랑했다. 30대 후반에 유배된 후부터 67세를 일기로 세상을 떠날 때까지 30여 년간 전국을 방랑하는 불우한 신세였지만, 우리 산천의 모습을 정리하고 시대를 살아간 인물과 대화를 하며 아픔을 달랬다. 그리고 불후의 저술《택리지》를 세상에 내놓았다.

●

## 《택리지》에 반영된 이중환의 사상

《택리지》이전의 지리책은 각 군현별로 연혁, 성씨, 풍속, 형승, 산천, 토산 역원, 능묘 등으로 나누어 백과사전식으로 서술하는 것이 보통이었다. 그러나 이중환은《택리지》에서 전국을 실지로 답사하며 단순히 지리적 사실을 나열하지 않고 자신이 관찰한 것을 토대로 설명과 서술에 힘을 기울였다. 또 단순한 지역이나 물산을 서술하는 데 그치지 않고 사대부가 살 만한 이상향을 찾는 데 초점을 두었다. 지역을 구분하는 데도 각 지방이 지닌 개성과 질을 중요시하여 생활권 중심의 등질 지역 개념을 제시하고 있다. 이렇게 국토를 생활권 단위로 구분할 때 산줄기를 가장 중요한 지표로 삼았다. 각 지역은 하천을 통해 동일한 생활권으로 연결되지만 산줄기는 하천 유역을 구분 짓는 경계선이 되기 때문이다. 이중환은 인간이 자연환경에 적응하고 이를 실생활에 이용할 수 있는 실용적인 측면을 강조했다.《택리지》가 종전의 지리지와는 차별된 이유다. 또 각 지방의 토지 비옥도와 산물, 수운과 교역 등 상업과 유통의 중요성을 강조했으며, 정치, 경제, 사회에 관한 폭넓은 식견을 피력했다. 또한 누구나 쉽고 흥미롭게 우리나라 방방곡곡의 사정을 파악할 수 있게 서술했다. 이중환은 풍속이 아름답고 인정이 넘치는 곳을 강조하면서도 당쟁의 폐해에 따른 인심의 타락상을 경고하기도 했다. 흔히 영조시대는 탕평책의 시행으로 당쟁이 어느 정도 종식된 것으로 이해하지만 실상은 그렇지 않았다. 특히 이중환은 전형적인 남인 학자로 영조 대 노론 중심의 정치 운영에서는 철저히 소외될 수밖에 없는 처지였고, 《택리지》에는 당쟁에 부정적인 그의 시국관이 반영될 수밖에 없었다.

●

## 《택리지》의 구성과 주요 내용

《택리지》는 실학의 열풍이 우리의 국토와 역사·문화에 대한 애정으로 이어지던 시기에 우리의 산천과 그곳에서 살던 사람들의 정서를 담은 책이다. 이중환이 《택리지》를 저술한 정확한 연대는 기록되어 있지 않으나, 저자 자신이 쓴 발문에 "내가 황산강(黃山江)가에 있으면서 여름날에 아무 할 일이 없어 팔괘정(八卦亭)에 올라 더위를 식히며 우연히 썼다"라는 기록과 말미에 신미년(1751)이라고 기록한 것으로 미루어 저자가 61세 되던 무렵에 정리한 것임을 추측할 수 있다.

《택리지》는 크게 〈사민총론(四民總論)〉, 〈팔도총론(八道總論)〉, 〈복거총론(卜居總論)〉, 〈총론(總論)〉으로 구성되어 있다. 〈사민총론〉에서는 사대부와 농공상민(農工商民)이 갈라지게 된 원인과 내력, 사대부의 역할과 사명, 사대부가 살 만한 곳 등에 대해 설명하고 있다. 〈사민총론〉을 앞머리에 쓴 것은 이중환의 사대부적인 성향과 관련이 깊다. 이중환은 "사대부는 살 만한 곳을 만든다. 그러나 시세(時勢)에 이로움과 불리함이 있고 지역에 좋고 나쁨이 있으며 인사(人事)에도 벼슬길에 나아감과 물러나는 시기의 다름이 있다"라고 하여 본 저술의 주요 목적이 실세한 자신의 정치적 입장을 정당화하며 사대부가 살 만한 곳을 찾아보는 것에 있음을 암시하고 있다.

〈팔도총론〉에서는 우리 국토의 역사와 지리를 개관한 뒤 당시의 행정구역인 팔도의 산맥과 물의 흐름, 관계된 인물과 사건을 기술하고 있다. 팔도의 서술 순서는 평안도, 함경도, 황해도, 강원도, 경상도, 전라도, 충청도, 경기도이다. 강원도에 관한 기록 가운데 "누대와 정자 등 훌륭한 경치가 많다. 흡곡 시중대, 통천 총석정, 고성 삼일포, 간성 청간정, 양양 청초호, 강릉 경포대, 삼척 죽서루, 울진 망양정을 사람들이 관동팔경이라 부른다"라고 한 내용과 "지역이 또한 서울과 멀어서, 예부터 훌륭하게 된 사람이 적다. 오직 강릉에는 과거에 오른 사람이 제법 나왔다"라고 기록되어 있다. 당시 경상도는 낙동강을 기준으로 좌도와 우도로 나뉘었는데, 이중환은 경상좌도에 대해 호의적이었다. 이를테면 "좌도(左道)는 땅이 메마르고 백성이 비록 군색하게 살아도 문학하는 선비가 많다. 우도(右道)는 땅이 기름지고 백성이 부유하나 호사하기를 좋아하고 게을러 문학에 그다지 힘쓰지 않아 훌륭하게 된 사람이 적다"라고 했다.

충청도에 대해서는 "반은 차령 남쪽에 있어 전라도와 가깝고 반은

**《관동십경》** 관동십경과 그에 대한 시를 모아놓은 시화첩. 표제에는 10경이라 쓰여 있으나, 실제로는 9경이 수록되어 있다. 9경은(맨 위 왼쪽에서 오른쪽으로) 시중대·총석정·삼일포·해산정·청간정·낙산사·경포대·죽서루·망양정이다. 원래는 월송정 그림도 있었으나 없어졌다. 이 시화첩은 조선 문화가 절정에 이른 18세기 사대부들이 남긴 진경문화의 한 예이다.

차령 북편에 있어 경기도와 이웃한다. 물산은 영남·호남에 미치지 못하나 산천이 평평하고 예쁘며 서울 남쪽에 가까운 위치라 사대부들이 모여 사는 곳이 되었다. 그리고 여러 대로 서울에 사는 집으로서, 이 도에다 전답과 주택을 마련하여 생활의 근본이 되는 곳으로 만들지 않는 집이 없다. 또 서울과 가까워 풍속에 심한 차이가 없으므로 터를 고르면 가장 살 만하다"라고 하여 매우 긍정적으로 평가했다. 경기도에 관한 기록에는 강화부에 대한 내용이 자세히 적혀 있다. 강화부의 자연조건, 고려시대 원나라를 피하기 위해 강화부를 10년간 도읍지로 삼았던 이유, 조선시대 바닷길의 요충이라 하여 유수부로 삼은 내력, 병자호란과 강화도의 관계, 숙종 대에 문수산성을 쌓은 사실 등을 기록했다.

●

## 《택리지》가 꼽은 살 만한 곳

《택리지》는 지리지임에도 산수와 역사, 인물, 사건을 연결시키는 방식을 취하고 있다. 《택리지》를 인문지리서의 완성판이라고 하는 것도 바로 이런 부분 때문이다. 〈팔도총론〉에 이어지는 〈복거총론〉에서는 사람이 살 만한 곳의 조건을 지리(地理), 생리(生利), 인심(人心), 산수(山水) 네 가지를 들어 설명했는데, 인물, 상업과 경제에 관한 내용도 풍부히 설명하고 있다.

　그렇다면 《택리지》에서는 어떤 곳을 살기 좋은 곳으로 표현했을까? 저자는 살 만한 곳을 택하는 데 첫째 조건으로 '지리'를 꼽았다. 여기서 지리는 오늘날처럼 교통이 발달한 곳과 같은 현대적 의미의 지리가 아

**개성·강화부 지도** 1872년 제작된 전국 군현지도 중 개성과 강화부 지도이다. 마치 한 폭의 산수화처럼 그렸으며, 궁궐·관아·도로를 비롯하여 국방 관련 시설도 자세히 표시했다.

니라 풍수학적인 지리를 뜻한다. 즉 "지리를 논하려면 먼저 수구(水口)를 보고, 다음에는 들판과 산의 형세를, 이어 흙빛과 물의 흐르는 방향과 형세를 본다"라고 기록했다. 이어 '생리'를 살 만한 곳의 주요 조건으로 들었다. "재물이란 하늘에서 내리거나 땅에서 솟아나는 것이 아닌 까닭으로 기름진 땅이 첫째이고, 배와 수레를 이용하여 물자를 교류할 수 있는 곳이 다음이다"라고 생리의 조건을 제시했다. 기름진 땅으로는 전라도 남원, 구례와 경상도 성주, 진주를 제일로 꼽았으며, 특산물로는 진안의 담배, 전주의 생강, 임천과 한산의 모시, 안동과 예안의 왕골을 들었다. 세 번째로는 '인심'을 들었다. 저자는 "그곳 풍속이 좋지 못하면 자손에게도 해가 미친다" 하여 풍속의 중요함을 강조하고 팔도의 인심을 서로 비교하여 기록했다. 특히 이 부분에서는 서민과 사대부의 인심이나 풍속이 다른 점을 강조하면서, 당쟁의 원인과 경과를 비교적 상세히 기록하여 인심이 정상이 아님을 통탄했다. "오히려 사대부가 없는 곳을 택해서 살며 교제를 끊고 제 몸이나 착하게 하면 즐거움이 그 중에 있다"라고 한 대목에서도 보이듯, 이중환에게 집권 사대부의 권위주의는 비판의 대상이었다. 마지막 조건으로 '산수'를 들면서, "집 근처에 유람할 만한 산수가 없으면 정서를 함양할 수 없다"고 했는데, 저자는 산수의 경치가 훌륭한 곳으로는 영동을 으뜸으로 삼았다.

여러 학자가 《택리지》에 서문과 발문을 썼으며, 많은 사람이 이 책을 베껴 읽은 것으로 짐작된다. 필사본 제목이 《팔역지(八域志)》, 《팔역가거지(八域可居志)》, 《동국산수록(東國山水錄)》, 《진유승람(震維勝覽)》, 《동국총화록(東國總貨錄)》, 《형가요람(形家要覽)》 등 10여 종이나 되는 것에서도 알 수 있다. 《택리지》를 필사하면서 제목을 자신의 취향대로 붙인 것이다. '동국산수록', '진유승람' 등은 산수를 유람하기에 좋다는 의미이고, '동국총화록'은 우리나라의 물산이 종합되었다는 의미로 이는 상인들이 붙인 이름으로 짐작된다. '형가요람'은 풍수지리에 익숙한 사람이 지은 제목으로 보인다. 《택리지》가 그만큼 여러 분야에서 활용되었던 것이다.

《택리지》가 저술된 18세기 조선 사회는 사회경제적 성장과 함께 국학 연구 분야에도 큰 발전이 있었다. 사대부 학자 사이에서 금강산 등 산천을 여행하는 붐이 일었고 각종 기행문이 쓰였다. 《택리지》는 이러한 시대 분위기와 맞물리며 널리 유행한 것이다.

**3**

# 열하일기 熱河日記

실사구시의 새 시대를 노래한
중국견문기

## 조선의 열혈 지식인, 세계 문명과 조우하다

《열하일기(熱河日記)》는 조선 후기 북학파 학자 박지원(朴趾源, 1737~1805)이 1780년(정조 4)에 청나라에 다녀온 뒤 쓴 기행문이다. 박지원은 청나라 건륭제의 고희연을 맞아 사신단의 일원인 삼종형 박명원의 자제(子弟)군관 신분(사신의 친척 가운데 수행 임무를 담당한 사람)으로 청나라에 들어갔다. 1780년은 박지원이 44세 되던 해로, 박지원 일행은 연경(북경)에 들어갔다가 황제가 피서차 쉬고 있던 열하를 거쳐 조선으로 돌아왔다.

이들은 1780년 5월 25일 여정을 시작해 10월 27일 다시 한양으로 돌아오기까지 5개월가량 연행했으며, 한양에서 출발하여 박천·의주·요양·성경(심양)·거류하·소흑산·북진·고령역·산해관·풍윤·옥전·계주·연경·밀운성·고북구를 거쳐 열하에 도착했다. 압록강에서 연경까지 약 2,300리, 연경에서 열하까지 700리로 합하면 육로 3,000리의 머나먼 여정이었다. 거리도 거리려니와 끝없이 펼쳐진 중원의 변화무쌍한 날씨는 여행을 더욱 힘들게 했다. 그렇지만 박지원은 뜻밖의 행운으로 주어진 기회를 즐기며 가는 곳마다 세심하게 여행 스케치를 했다.

열하는 강희제 이후 청나라 역대 황제들이 별궁으로 활용한 곳이자 여름 최고 기온이 24도를 넘지 않는 시원한 지역이었다. 그러나 열하로

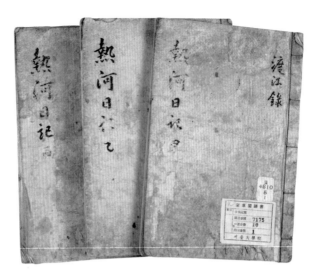

**《열하일기》** 북학파 실학자 박지원이 2개월간(1780년 6월 24일~8월 20일) 중국을 견문하고 기록한 책이다. 박지원 일행은 온갖 고초를 겪은 끝에 애초의 목적지인 연경에 도착했으나, 당시 건륭제가 열하의 피서 산장에서 휴가를 취하고 있다는 소식을 접하고는 다시 열하로 말을 내달려야 했다. '열하일기'라는 제목은 여기에서 비롯되었다.

가는 길은 지세가 험준한 데다 황제의 불같은 재촉이 이어져, 사신단 일행은 하룻밤에 아홉 번이나 강을 건너는 강행군을 해야 했다. 당시의 상황은 《열하일기》〈일야구도하기(一夜九度河記)〉에 잘 나타나 있다.

열하는 당시 북방의 오랑캐를 제어할 수 있는 '천하의 두뇌'에 해당하는 곳이었다. 따라서 황제 일행이 이곳에 머무는 것도 피서 목적 외에 북방민족인 몽골족의 성장을 제어하려는 뜻이 컸다. 박지원의 눈에 열하는 연경보다 더 화려하고 웅장한 곳이었다. 그는 이곳에서 다양한 사람과 동물, 몽골·위구르·티베트·서양 등 이국 문명을 접하며 문화 충격을 크게 받았다. 《열하일기》가 단순한 중국 기행문이 아니라 세계 문명과 접촉한 산물이라는 사실은 박지원 일행이 최종적으로 도착한 '열하'의 지리적 특수성에 기인하는 측면이 크다.

《열하일기》는 총 26권 12책으로 전하고 있으며 박지원의 문집인《연암집(燕巖集)》에도 수록되었다. 1901년에 김택영(金澤榮)이 간행한《연암집》원집에 이어 속집 권1~2에도《열하일기》가 들어 있다. 1932년 박영철(朴榮喆)이 간행한 신활자본《연암집》별집 권11~15에도 전편이 수록되어 있다.

박지원의 자는 미중(美仲), 호는 연암(燕巖) 혹은 열상외사(洌上外史)이고, 본관은 반남(潘南)이다. 그의 조부는 지돈녕부사를 지낸 필균(弼均)이며 부친은 사유(師愈)다. 박지원은 서울 서쪽의 반송방(盤松坊) 야동(冶洞, 지금의 새문안)에서 태어났으며, 일찍이 조부에게 양육되었다. 1765년(영조 41) 과거에 응시했으나 낙방하고 그 뒤로 학문과 저술에 몰두했다. 1768년 오늘날의 탑골공원 인근인 백탑(白塔) 근처로 이사하여 당대 학자인 홍대용·박제가·이덕무·유득공 등과 두터운 교분을 유지하며 북학파 영수가 되었다. 정조 대 초반에 홍국영이 세도를 잡으면서, 노론 벽파에 속했던 집안이 어려워지고 신변에 위협을 느끼자 황해도 금천 연암협(燕巖峽)에 은거했다. 호 '연암'은 이곳에서 유래한 것이다. 1780년에 청나라를 다녀왔고 1783년(정조 7)에《열하일기》를 완성했다. 1786년 음서(蔭敍)로 선공감감역에 제수되었고, 이후 한성부판관·안의현감·면천군수 등을 역임했다.

●

## 조선 후기 최고의 베스트셀러, 《열하일기》

《열하일기》 본책에 수록된 1책 〈도강록(渡江錄)〉에서 12책 〈동란섭필 (銅蘭涉筆)〉까지 주요 내용을 요약하면 다음과 같다. 〈도강록〉은 압록강 에서 요양(遼陽)에 이르는 15일 동안의 기록이다. 박지원은 책문(柵門) 안에 들어서자마자 청나라의 이용후생(利用厚生)적인 것들에 심취했는 데 주로 성을 쌓는 제도와 벽돌 사용에 깊은 관심을 가졌다.

2책 〈성경잡지(盛京雜識)〉는 십리하에서 소흑산에 이르기까지 5일간 의 일을 기록했다. 여기에는 〈속재필담(粟齋筆談)〉, 〈상루필담(商樓筆談)〉, 〈고동록(古董錄)〉 등 흥미로운 글들이 포함되어 있다. 3책 〈일신수필 (馹新隨筆)〉에는 신광녕에서 산해관에 이르기까지 주로 병참(兵站) 지대 를 지나가는 9일간을 기록했다. 수레·시장·점포에 대한 연암의 깊은 관심이 나타나 있고, 앞에 서문을 달아 이용후생에 관한 논평을 싣기도 했다. 4책 〈관내정사(關內程史)〉는 산해관에서 연경까지의 일정으로, 여 기에 저자의 대표적인 한문소설 〈호질〉이 실려 있다.

5책은 〈막북행정록(漠北行征錄)〉과 〈태학유관록(太學留館錄)〉으로 구 성되어 있다. 〈막북행정록〉은 연경에서 열하에 이르는 5일 동안의 기록 으로 당시 열하의 정세가 잘 관찰되어 있다. 〈태학유관록〉은 열하의 태 학에서 머물렀던 6일 동안의 기록으로, 박지원은 이곳에서 중국의 학자 들과 두 나라의 문물제도를 논평했다. 홍대용의 지전설(地轉說) 등을 중 국인들에게 소개하면서 지구의 자전 등에 관심을 보이기도 했다.

6책은 〈환연도중록(還燕道中錄)〉, 〈경개록(傾蓋錄)〉, 〈황교문답(黃敎問答)〉,

**《호질》의 고향, 옥전현** 《호질》은 옥전현이라는 지방의 한 가게에 걸려 있던 중국 무명작가의 글을 박지원이 베껴 와 약간 가필한 것이라 한다. 양반계급의 위선과 허세를 고발하려던 연암의 의도와 잘 맞아떨어진 작품이다.

〈반선시말(班禪始末)〉, 〈찰십윤포(扎什倫布)〉로 구성되어 있다. 〈환연도중록〉은 열하에서 연경으로 되돌아오는 과정을 담았으며, 교량·도로·배의 제도 등 도로와 교통에 대해 서술했다. 〈경개록〉은 열하의 태학에서 묵었던 6일 동안 그곳 학자들과 문답한 내용을 기록한 것이며, 〈황교문답〉은 당시 세계정세를 논하면서 각 종족과 종교에 대한 소견을 밝혀 놓은 글이다. 〈반선시말〉은 청나라 고종이 반선(班禪, 티베트의 지도자 판첸라마)에게 취한 정책을 언급한 것으로, 황교(黃敎, 라마교의 한 분파)와 불교가 근본적으로 다름을 깊이 있게 밝히고 있다. 〈찰십윤포〉는 열하에서 본 반선에 관한 기록이다. 7책의 하나인 〈망양록(忘羊錄)〉은 열하에서 왕민호·윤가전과 음악에 대해 토론한 내용을 정리한 부분으로, 토론에 열중하느라 윤가전이 미리 마련해둔 양고기가 식는 것도 잊었다 해서 '망양록'이라 이름 붙였다. 7책의 다른 글 〈심세편(審勢編)〉은 조선의 오망(伍妄)과 중국의 삼난(三難)을 논평한 글로, 주자학과 중화주의를 바라보는 관점이 담겨 있다.

8책의 〈혹정필담(鵠汀筆談)〉은 왕민호(호가 '혹정'임) 및 그 주변 인물들과 펼친 필담이며, 〈산장잡기(山莊雜記)〉는 열하 산장에서 견문한 내용을 적은 것이다. 9책의 〈환희기(幻戲記)〉는 중국 요술쟁이의 여러 신묘한 연기를 구경하고 그 느낌을 적은 글이며, 〈피서록(避暑錄)〉은 열하의 피서 산장에서 중국의 저명한 학자들과 시문을 주고받은 일을 기록한 글이다. 같은 9책의 〈행재잡록(行在雜錄)〉은 청 황제의 행재소에서 보고 들은 것을 담은 글이며, 〈희본명목(戲本名目)〉은 건륭제의 만수절(萬壽節)에 행하는 연극놀이의 대본과 종류를 기록한 것이다. 이어지는 10책의 〈구외이문(口外異聞)〉은 고북구(古北口) 밖에서 들은 60여 종의 기이한 이야기를 적은 것이며, 〈옥갑야화(玉匣夜話)〉는 옥갑에서 비장들과 주고받은 이야기를 기록한 것으로 역관들에 관한 숨은 비화들이 실려 있다. 박지원의 대표작 〈허생전〉이 수록되어 있는 부분이기도 하다. 같은 10책의 〈금류소초(金蓼小鈔)〉는 중국에서 수집한 의학 관련 내용으로 《동의보감》에 관한 언급도 있다.

11책의 〈황도기략(黃圖紀略)〉은 황성(皇城)에서 화도포(花島浦)에 이르기까지 보고 들은 내용으로, 구문(九門)을 위시한 북경 황성의 전각·점포·기밀 등을 세밀히 기록한 것이다. 〈알성퇴술(謁聖退述)〉은 〈황도기략〉의 후속편에 해당하는 글로, 순천부학(順天府學)에서 조선관(朝鮮館)까지 열람한 기록이다. 같은 11책의 〈앙엽기(盎葉記)〉는 홍인사(弘仁寺)에서 마테오 리치의 무덤에 이르는 20여 명소를 정리해놓은 것이며, 마지막 12책 〈동란섭필〉은 동란재(銅蘭齋)에 머무를 때 쓴 수필로 가악(歌樂) 등에 관한 잡록이다.

《열하일기》는 조선 후기 최고의 베스트셀러였다. 현재 내용이 조금씩 다른《열하일기》필사본이 9종이나 남아 있는 것을 보아도《열하일기》가 당시에 어느 정도 유행했는지 충분히 짐작할 수 있다.《열하일기》가 이렇게 유행한 것은 무엇보다도 글이 재미있기 때문이다. 어떤 지식인은《열하일기》를 "이따금 턱이 빠질 정도로 웃게 하는 책"이라고 평했다. 연암은 조선의 토속적인 속담을 섞어 쓰거나 하층민과 주고받은 농담을 아무렇지 않게 기록하기도 했다. 또 한문 문장에 중국어나 소설의 문체를 사용하는 등 당시 지식인들이 일상적으로 쓰던 판에 박힌 글과는 전혀 다른 글을 쓰면서, 특유의 해학과 풍자를 가미하여 독자의 흥미를 유발했다.

무엇보다도 연암의 글에는 당대의 현실에 대한 철저한 고민이 녹아 있어, 의식 있는 지식인들의 큰 호응을 얻었다. 〈허생전〉이 그러한 글의 대표적이다. 마치 실제 이야기인 것처럼 꾸민 것이나 돈을 모으는 방법을 상세히 서술한 것, 이완을 혼이 빠질 정도로 꾸짖으며 북벌론의 허구성을 맹렬히 비판한 것 등 다른 글에서는 찾아볼 수 없을 정도로 내용이 파격적이다.

연암의 글은 문체와 그 내용의 파격성으로 인해 비난의 대상이 되기도 했다. 점잖은 글을 쓰는 양반들에게《열하일기》는 경박하거나 비속한 책일 뿐이었다. 정조가 패관잡기를 불온시하고 순정문(醇正文)으로 돌아갈 것을 촉구하는 문체반정의 서곡을 울린 중심에는 바로 박지원의 《열하일기》가 있었다. 정조는 직접 하교를 내려 박지원의 문장이 비속하다고 지적했는데, 이는 양반 신분질서에 대해 저항적인 성격을 지닌 그의 글과 사상이 널리 퍼진다면 사회기강이 무너질 것이라 우려했기 때문이었다.

요즈음 문풍이 이와 같은 것은 박 아무개(박지원)의 죄가 아님이 없다. 《열하일기》는 나도 이미 익숙히 읽어보았으니 어찌 감히 속이고 숨기겠느냐. 《열하일기》가 세상에 유행한 뒤로 문체가 이와 같으니 마땅히 문제를 만든 자가 해결해야 할 일이다. 속히 한 가지 순정(純正)한 글을 지어 곧바로 올려 보내 《열하일기》의 죄를 속죄한다면 비록 남행(南行, 음직)의 문임이라도 어찌 아까울 것이 있겠는가.

이러한 연유로 《열하일기》는 연암이 세상을 떠난 지 약 80년 후인 19세기 후반에 가서야 다시 주목받았다. 1911년 조선광문회가 이 책을 활자본으로 출간하면서 널리 전파되었고, 북학사상의 선구자 박지원의 이름은 후대인들에게 깊이 각인되었다. 치밀한 관찰과 시대를 꿰뚫는 통찰이 녹아 있는 《열하일기》는 시간을 두고 정독할 가치가 큰 책이다.

●

## 해학과 웃음 속에 녹아 있는 날카로운 현실인식

무릇 수레라는 것은 하늘이 낸 물건이로되 땅 위를 다니는 물건이다. 이는 물 위를 달리는 배요, 움직이는 방이라 할 수 있을 것이다. 나라의 큰 쓰임에 수레보다 나은 것이 없고 보니, 《주례(周禮)》에는 임금이 재부를 물을 때 반드시 수레의 수효로써 대답했다. 수레에는 단지 짐수레나 사람이 타는 것만 있지 않고 전투에 쓰는 수레, 공사에 쓰는 수레, 불 끄는 수레, 대포를 실은 수레 등 수백 수천 가지가 있다. 다 이야기할 수는 없으나 사람이 타는 수레나 짐수레가 사람의 생활에 직접 관계되는 물건이므로 이를 먼저 이야기한다. …… 우리 조선에도 수레가 전혀 없는 것은 아니다. 그러나 바퀴가 완전히 둥글지 못하고, 바큇자국이 궤도에 들지도 못한다. 그러므로 없는 것과 마찬가지이다. 어떤 사람들은 조선에 산과 계곡이 많아 수레를 쓰기에 적당하지 못하다고 한다. 이런 얼토당토않은 소리가 어디 있는가? 나라에서 수레를 이용하지 않으니 길을 닦지 않는 것이요, 수레만 쓰게 된다면 길은 저절로 닦일 것이 아닌가? 거리가 비좁고 산마루가 험준하다는 것은 아무 쓸데없는 걱정이다. …… 중국의 살림이 풍부한 것이며, 재화가 한 곳에 머물지 않고 골고루 이동하는 것도 모두 수레로 인한 이로움일 것이다. …… 그래도 사방의 넓이가 몇천 리나 되는 나라에 백성들의 살림살이가 이다지도 가난한 까닭은 대체 무엇이겠는가? 한마디로 말하면 수레가 나라에 다니지 않는 탓이라 할 수 있다. 그러면 다시 한 번 물어보자. 수레가 왜 못 다니는가? 이것도 한마디로 대답하면 모두가 선비와 벼슬아치 들의 죄이다. 양반들은 평생 읽는다는 것이 입으로만 외울 뿐이며, 수레를 만드는 법이 어떠하며 수레를 부리는 기술은 어떠한가 하는 데는 연구가 없으니 이야말로 건성으로 읽는 풍월뿐이요, 학문에 무슨 도움이 될 것인가? 어허! 한심하고도 기막힌 일이다.

－《열하일기》 권3 〈일신수필〉 '수레 만드는 법식[車制]'

이처럼 박지원은 조선이 빈곤한 주요한 원인을 수레를 사용하지 않은 데서 찾았다. 박지원은 조선에도 수레가 전혀 없는 것은 아니나 바퀴가 완전히 둥글지 못하고, 바큇자국이 궤도에 들지도 못하기 때문에 수레가 없는 것과 마찬가지라고 했다. 박지원은 수레를 단순히 교통수단으로만 생각하지 않고 수레의 활용에서 비롯되는 도로망 건설 등 국가산업 전반의 발전을 꾀한 것이다. 이런 점에서 그의 이용후생 사상은 시대를 상당히 앞서간 것으로 볼 수 있다.

《열하일기》에는 박지원의 심경이나 처지뿐만 아니라 주변 인물들의 모습도 정감 넘치게 묘사되어 있다. 국경을 넘기 직전 까마득한 여정을 앞둔 박지원의 심경이 어떠했는지 한번 들여다보자.

> 멀리 앞길을 헤어볼 때 무더위가 사람을 찌는 듯하고, 돌이켜 고향을 생각할 때는 구름과 산에 막혀 아득한지라 사람의 정리도 이럴 때는 느닷없이 떠오르는 가벼운 후회가 없지 못할 것이다. 소위 평생에 한 번인 장쾌한 여행이라고 하여 툭하면 "꼭 한번은 구경을 해야지" 하던 말도 실상은 둘째 쪽이요, 아까 노 참봉이나 정 진사가 오늘은 강을 건너겠다는 말도 실상은 상쾌하게 신이 나서 하는 말이 아니라 '이제는 안 건너려 해도 할 수 없구나' 하는 뜻이 없지 않았다.
> – 《열하일기》 권1 〈도강록〉 1780년 6월 24일

처음엔 기분이 한껏 고조되어 있었지만 막상 국경에 다다르니 고향 생각도 나서 착잡한 마음도 있었던 듯하다. 박지원의 여행 소지품은 그의 왕성한 지적 호기심에 비하면 아주 간단했다.

창대(昌大, 박지원의 마부 이름)는 앞에 서고, 장복(張福, 박지원의 하인 이름)은 뒤에 붙었다. 안장에 걸린 양쪽 걸랑에는 왼쪽은 벼루, 오른쪽은 석경, 붓 두 자루에 먹 한 장, 공책 네 권에《이정록(里程錄)》한 축, 행장이 이렇듯 간편하니 국경의 세관검사가 엄하다 하더라도 염려 없었다.

－《열하일기》권1 〈도강록〉 1780년 6월 24일

요즈음으로 보면 여행 안내서와 필기구, 메모지만 단출하게 준비하고 여행에 임한 셈이다. 박지원은 국경의 소지품 검사 광경도 자세하게 묘사했다.

하인들의 경우 윗옷을 풀어헤치기도 하고 바짓가랑이도 내려보며, 비장이나 역관의 경우에는 행장을 끌러본다. 이불 보퉁이, 옷 보따리들이 강가에 풀어 흐트러지고 가죽 상자, 종이 함짝들은 풀숲에 나뒹구는데, 서로 흘깃흘깃 쳐다보며 저마다 수습하기에 야단법석이다. 대체 수색을 하지 않으면 나쁜 짓을 막을 수 없고, 수색을 하자면 이렇듯 체모가 말이 아니다. 그러나 이것도 실은 형식에 지나지 않는 일이다. 하기야 의주의 장사꾼은 수색에 앞서 멀리 강을 건너가버리니 누구라도 금할 재간이 있겠는가?

－《열하일기》권1 〈도강록〉 1780년 6월 24일

압록강에서 국경을 넘을 때의 규정과 국경을 넘는 자들을 수색하는 정경이 마치 현장에서 보고 있는 것처럼 묘사되어 있다. 박지원은 수색을 당해 체면이 상한 것에 불만을 표시하면서도 순순히 수색에 응하고 있다. 그리고 실제 표적인 장사꾼들은 벌써 수색망을 빠져나간 상황에 대해서도 언급하고 있다.

압록강을 건너면서 박지원 일행은 장마로 물이 불어나 몇 차례 위기를 맞기도 했다. 그러나 불어난 강물에 휩쓸릴 뻔한 순간에도 박지원은 특유의 유머를 잃지 않는다.

> 2리를 더 가서 말을 탄 채로 물을 건넜다. …… 나는 무릎을 꼬부리고 두 발을 모아 안장 위에 쪼그려 앉았다. 창대는 말의 머리를 단단히 붙잡고 장복이는 내 엉덩이를 힘껏 붙들어 서로 의지하는 것으로 목숨을 삼아 잠깐만 무사할 것을 빌었다. 말 모는 '오호' 소리도 구슬펐다. 말이 강 복판에 이르자 별안간 몸이 왼쪽으로 쏠렸다. 대개 말 배가 물에 잠기면 네 발굽이 저절로 뜨게 되므로 말은 옆으로 누워서 헤엄쳐 건너게 된다. 내 몸뚱이가 갑자기 오른쪽으로 쏠려 까딱하면 물에 떨어질 판이다. 앞에 가는 말의 꼬리가 물 위에 흩어져 있기에, 나는 재빨리 그것을 붙들어 몸을 가누고 앉아 겨우 떨어질 고비를 면했다. 나 역시 이런 고비에 이렇게 재빠를 줄 생각도 못했다.
>
> —《열하일기》 권1 〈도강록〉 1780년 7월 7일

날카롭게 현실을 풍자한 작품에서 떠오르는 박지원의 체구는 왠지 호리호리하고 날렵할 것 같다. 그러나 아들 박종채가 묘사한 아버지의 모습은 그렇지가 않다. 큰 키에 살이 쪄 몸집이 컸으며 광대뼈가 불거져 나오고 목소리도 컸다고 한다. 초상화에 그려진 모습과 비슷하다. 이처럼 덩치가 우람한 박지원이 압록강을 건너면서 위기의 순간에 재

**박지원** 아들 박종채가 《과정록(過庭錄)》에 묘사한 박지원의 모습은 큰 키에 살이 쪄 몸집이 매우 크고 얼굴은 긴 편이다. 안색은 몹시 붉었으며 광대뼈가 불거져 나오고 눈은 쌍꺼풀이 져 있었다고 한다. 연암은 타고난 기질이 매우 강건하여 늘 쉽게 타협하지 못했다. 연암 스스로도 "내 타고난 기질의 병이니, 바로잡고자 한 지 오래되었지만 끝내 고칠 수 없었다"라고 인정했다. 비판과 풍자로 사람들의 가슴을 시원하게 했지만 정작 자신은 심적 고통을 크게 겪었던 고뇌하는 지식인이었다.

빠르게 대응하는 모습을 상상하면 절로 웃음이 난다. 특히나 스스로가 "이렇게 재빠를 줄 생각도 못했다"라는 부분에서는 배꼽을 잡을 수밖에 없다. 이러한 인간적인 재치와 기지 덕에 그의 작품이 시대를 초월하여 많은 사람에게 사랑받고 있는 것은 아닐까?

박지원은 청나라에 도착한 뒤에도 가는 곳마다 보고 관찰한 내용들을 정리하여 《열하일기》에 담았다.

우리나라에서 많이 쓰는 털모자는 다 이곳에서 나온다. 털모자 점(店)은 세 군데 있었는데, 한 점포가 40, 50칸씩이나 되고 모자 만드는 장인바치들이 100명씩은 족히 될 것 같았다. 의주 상인들은 벌써 이곳에 우글우글 모여 모자를 계약하고 돌아가는 길에 실어갈 모양이다. 모자 만드는 법인

즉 손쉬워 양털만 있으면 나라도 금방 만들 만했다. …… 모자는 사람마
다 겨울에만 쓰다가 봄이 되어 해지면 버리고 마는데, 1,000년을 가도 헐
지 않는 은을 한겨울만 쓰면 내버리는 모자와 바꾸고, 산에서 캐내는 한
정 있는 은을 한 번 가면 다시 돌아오지 못할 땅에 갖다 버리니 그 얼마나
생각이 깊지 못한 일인가? …… 우리나라 은의 절반은 이 점포에서 녹는
판이다.

-《열하일기》 권3 〈일신수필〉 1780년 7월 22일

당시 조선은 청나라에서 만든 털모자를 수입했다. 이에 대해 박지원
은 조선의 은을 낭비하는 행위라며 비판적인 태도를 취했다. 당시 청나
라가 정치·문화에서 세계의 중심이었다는 점을 고려하면, 당시의 털모
자 수입은 현재의 미국이나 유럽에서 고가 의류를 수입하는 것과 유사
하다고 할 수 있다.

●

## 《열하일기》의 대표 소설, 〈호질〉과 〈허생전〉

〈호질〉은 《열하일기》 가운데 4책 〈관내정사〉에 수록된 기문(奇文) 형식
의 글이다. 기행 중에 옥전현이라는 지방의 한 가게에 걸린 글을 박지
원과 일행이 베껴 온 것이라 한다. 이에 대해서는 국내의 비판을 피하
기 위해 박지원이 일부러 중국 글을 베낀 양했다는 견해도 있다. 〈호질〉
에는 박지원의 날카로운 현실비판과 풍자가 잘 나타나 있다. 주요 내용
은 다음과 같다.

큰 호랑이가 사람을 잡아먹으려는데 마땅한 사람이 없었다. 약초를 많이 다루어 고기 맛이 별미라는 의사를 잡아먹으려니 먹어도 되나 의심이 났다. 천지신명께 매일 목욕재계하여 고기가 깨끗하다는 무당은 공연히 뭇 귀신을 속이고 사람들에게 거짓말만 하고 있어 탐탁지 않았다. 이때 북곽(北郭)이라는 선비가 있었다. 그는 겉으로는 도학군자인 것처럼 행동했지만 암암리에 동리자(東里者)라는 젊은 과부와 정을 통하고 있었다. 그런데 어느 날 그녀의 다섯 아들이 몰래 방문을 엿보니 북곽과 동리자가 한 방에 있었다. 북곽의 인격을 믿었던 아들들은 필시 여우가 북곽으로 변신한 것이라 여겨 몽둥이를 들고 어머니의 방에 있는 북곽을 습격했다.

북곽은 혼비백산하여 도망치다가 결국 똥구덩이에 빠졌다. 겨우 그곳에서 빠져나오니 이번에는 호랑이가 먹잇감을 기다리고 있는 것이 아닌가. 호랑이는 북곽의 꼴을 보고 얼굴을 찌푸리더니 몇 번이고 구역질을 해댔다. 호랑이는 "유학자들은 참으로 구리기도 하다. 유(儒)란 유(諛, 아첨할 유)라더니 과연 그렇구나"라며 양반 유학자들의 위선과 아첨, 이중인격을 신랄하게 꾸짖는다.

호랑이는 목숨만 살려줄 것을 비는 북곽을 뒤로하고 사라졌지만, 북곽은 여전히 머리를 조아린 채 허공을 향해 손바닥을 비비며 용서를 구하고 있었다. 아침에 농사일을 나온 농부가 이 모습을 보고 왜 그런지를 묻자 북곽은 헛기침을 하며 자신은 하늘을 공경하고 있었노라고 거짓 변명을 한다. 박지원은 이 소설을 통해 동물인 호랑이에게 그토록 당하고도 전혀 뉘우치는 빛이 없이 체면만 차리는 양반 유학자의 행태를 신랄하게 풍자한 것이다.

〈허생전〉은 《열하일기》의 10책 〈옥갑야화〉에 수록되어 있다. 주인공 허생은 남산 묵적골에 사는 선비다. 그가 10년을 계획하고 공부하던 두어 칸 초가는 비바람을 가리지 못할 만큼 초라했지만, 허생은 글공부만 할 뿐 돈벌이에는 통 관심이 없었다. 당시 남산에는 몰락한 양반들이 많이 살고 있었는데 허생 역시 이러한 부류의 인물이었다. 삯바느질로 근근이 집안 살림을 꾸려나가던 그의 아내는 허구한 날 책과 씨름만하는 허생이 답답하지 않을 수 없었다. 참다못한 아내는 허생에게 왜과거에 응시하지 않는지, 공장 노릇이나 장사치 노릇은 왜 못 하는지를 다그쳐 물었으나 허생은 구구한 변명만 늘어놓을 뿐이었다. 어이가없어진 아내는 차라리 도둑질이라도 하라고 면박했고, 마침내 허생은 10년을 채우리라 결심했던 글공부를 접고 집을 나왔다.

집을 나온 허생이 생각한 방법은 장사였다. 장사는 특별한 기술이 없어도 될 것이라 여겼기 때문이다. 문제는 자금이었다. 누구에게 돈을 빌릴까 궁리하던 허생은 주변을 수소문한 끝에 서울에서 제일 큰 부자라고 소문난 변씨를 찾아가서 장사 밑천으로 1만 냥을 빌려달라고 했다. 거의 협박조로 요구하는 허생에게 변씨는 차용증 하나 받지 않고 돈을 빌려주었다. 허생은 감사하다는 말 한마디 없이 돈을 받고 사라졌다.

〈허생전〉에서 변씨는 변승업(卞承業)이라는 인물의 조부로 나온다. 변승업은 숙종 때 실존한 일본어 통역관으로, 밀양 변씨 가문은 대대로 역관 집안이었다. 변승업은 고리대로 놓았던 은 50만 냥을 뒷날에 문제가 생길 것을 염려하여 일부러 탕감할 정도로 대단히 재력 있는 인물이었다. 당대 최고의 역관 가문을 소설의 소재로 삼은 것은 그만큼 이들의 재력이 대단했기 때문일 것이다. 조선 후기에 이르면 역관들은 뛰어난 외국어 실력을 바탕으로 무역업에 종사하여 막대한 부를 축적했다. 대개 중국에서 들여온 비단과 원사를 일본에 수출하고 은으로 결제를 받는 중계무역을 했는데, 최소한 세 배는 차익으로 남길 수 있었다. 변씨도 아마 이런 과정에서 돈을 모았을 것이다.

이처럼 역관은 경제적으로는 풍요로웠으나 중인 신분에서 벗어나지 못하는 한계가 있었다. 역관들은 이러한 신분적 한계를 넘기 위해 양반층과 두터운 교분을 형성하는 한편, 경제적으로 곤란한 처지에 있는 양반을 후원하기도 했다. 양반들의 지지를 받아 신분상승을 꾀하려 했던 것이다. 조선 후기 이후 역관·의관(醫官)·율관(律官) 등 중인층은 근대 개화사상의 수용에도 커다란 역할을 했다.

〈허생전〉은 효종 대에 국가적으로 적극 추진되었던 북벌론에 대한 비판도 빠뜨리지 않는다. 〈허생전〉에는 허생의 물주 변씨가 허생의 비범함을 눈치채고 북벌정책의 핵심인물인 어영대장 이완(李浣)을 허생에게 소개하는 장면이 나온다. 허생은 이완에게 국가를 다스릴 대책을 설명하지만 이완이 하나도 받아들일 수 없다고 하자, "이런 놈은 목을 베어버리는 것이 옳다"라며 크게 노한다. 허생이 칼을 들고 불호령을 치자 그 자리에서 줄행랑을 쳤던 이완이 다음 날 다시 허생을 찾아갔으나 허생은 이미 종적을 감춘 뒤였다. 박지원은 이렇게 북벌의 대표주자 이완이 북학 사상을 지닌 허생에게 크게 당하는 대목을 소설 속에 설정하여, 북벌을 대신해 북학의 이념이 조선 후기 사회에 자리 잡아가야 한다는 뜻을 내비쳤다.

박지원이 과거에는 응시조차 못했지만 상업과 이재(理財)에 탁월한 능력을 지닌 허생을 주인공으로 설정한 것도 형식적인 과거시험이나 농업 중심의 경제관에 일대 혁신이 필요함을 강조하기 위해서였다. 역관을 자본투자자로 설정하여 국제무역의 중요성을 강조한 것도 같은 맥락이다. 한편, 허생이 무인도를 개척하여 수확물을 수출하는 대목에 이르면, 허생의 사업이야말로 벤처기업의 원조가 아닐까 하는 생각이 들기도 한다.

박지원은 소설 〈허생전〉을 통해 농업 중심 사회에서 상공업 중심 사회로 변화하는 18세기 후반 이후 조선의 사회 상황을 압축적으로 표현하고, 이용후생과 부국(富國)의 중요성을 거듭 환기시켰던 것이다. 〈허생전〉은 언뜻 보면 가난한 선비 허생의 삶의 역정을 간략하게 소개한 소설이지만 이 짤막한 이야기 속에는 전통의 이념인 '북벌'을 포기하고 '북학'으로 나아가려는 조선 사회의 역동성이 함축되어 있다.

●

## 실사구시 정신으로 근대의 씨를 뿌리다

박지원은 정조 대에 주로 활약하며 성리학적 명분론보다는 이용후생과 부국안민(富國安民)을 강조한 대표적인 실학자이자 북학파 학자이다. 1636년 병자호란의 치욕을 겪은 이후 조선은 북벌(北伐)을 국시로 삼아 청에 대한 복수설치(復讐雪恥, 복수하여 치욕을 씻음)와 명분론과 의리론을 강조하는 사회가 되었다. 그러나 18세기 후반 이래 청의 선진 문물 수용에 적극적인 입장을 보이며 구호나 명분보다는 백성들의 생활을 넉넉하게 하고 국가의 부를 증진할 수 있는 실용적인 학문에 힘쓸 것을 주장하는 학자들이 출현했다. 실학자 중에서도 이들을 '북학파'라고 하는데, 박지원은 북학파의 중심인물이었다. 현대사와 비교하면, 반공만이 살 길이라고 교육받았던 1950~1970년대를 지나, 1990년대 이후 중국·러시아를 비롯한 동구 공산권과도 활발한 정치·경제 교류를 하게 된 시대적 변화와도 흡사하다고 할 수 있다.

박지원이 1799년에 정조의 윤음(綸音, 임금의 말씀)에 응하여 올린《과농소초(課農小抄)》에는 그가 북학사상의 중심인 상공업과 더불어 농업 문제에도 관심이 있었음이 드러난다. 그는 실생활에 도움이 되지 않는 명분론과 의리론보다는 실사구시(實事求是) 학문을 중시했다. 오랫동안 오랑캐라 멸시했지만 당시 문화·경제대국으로 나아가던 청나라의 선진 문물을 적극 수용하여 백성들의 삶을 넉넉하게 하고 국가의 부를 증진할 수 있는 실용적인 학문에 힘쓸 것을 주장했다. 그리고 1780년 열하 기행으로 자신의 사상을 보다 확고히 할 수 있었다. 박지원이 살던 시대는 중국이 곧 세계였다. 그리고 박지원은 중국의 문화와 사상을 완전히 체득하고 한문을 자유자재로 구사한 '세계인'이었다.

박지원은 개화사상에도 크게 영향을 끼쳤다. 그의 북학사상은 박제가 이후 김정희(金正喜)에게 계승되었고, 김정희의 학문은 다시 박규수·오경석·강위 등 초기 개화사상가들에게 영향을 주었다. 그 가운데 박규수(朴珪壽)는 박지원의 손자로, 북학사상은 가계적으로도 개화사상과 연결된다. 박지원의 북학사상은 개화사상에도 영향을 줌으로써 전통사상과 근대사상을 접목시키는 구심점이었다. 《열하일기》는 새 시대를 지향한 박지원 사상의 핵심이 담겨 있는, 단순한 기행문의 가치를 뛰어넘는 작품이다.

# 6부

## 19세기, 새로운 지식의 발견

# 1

## 당의통략

조선시대 당쟁의 역사를 정리하다

●

# 이건창의 가계와 생애

1575년(선조 8) 동인과 서인의 분당(分黨)이 시작된 이래로 조선 후기 내내 치열한 당쟁이 전개되었다. 당쟁은 조선시대 정치사를 특징짓는 용어로 이해되기도 한다. 조선시대에도 당쟁에 매우 관심이 높았으며, 특히 조선 후기에는 이를 정리한 여러 당론서가 편찬되었다. 당쟁에 관한 서적 가운데 비교적 객관적으로 당쟁을 정리한 책이라 평가되는 것이 바로 19세기의 학자 이건창(李建昌, 1852~1898)이 쓴 《당의통략(黨議通略)》이다.

이건창의 자는 봉조(鳳藻), 호는 영재(寧齋), 당호는 명미당(明美堂), 본관은 전주(全州)로 조선 2대 왕 정종의 아들인 덕천군(德泉君)의 후손이다. 이건창은 전통과 근대의 갈림길에 섰던 19세기 후반을 살았다.

이건창의 5대조 이광명(李匡明)의 백부인 이진유(李眞儒, 1669~1730)는 경종 때 소론의 핵심인물이었다. 1721년(경종 1) 〈신축소(辛丑疏)〉를 올린 한 사람으로 김창집, 이이명, 이건명, 조태채 등 노론 4대신을 4흉(凶)으로 몰아 축출했다. 이진유는 노론의 지원을 업고 왕위에 오른 영조가 집권하자 신축소가 빌미가 되어 유배되었다. 1727년(영조 3) 소론이 집권한 정미환국(丁未換局)으로 목숨을 건졌으나, 이후 1728년의 이인좌의 난에 연루되어 결국 장살(杖殺, 매를 쳐서 죽임)되었다. 이광명은 영조

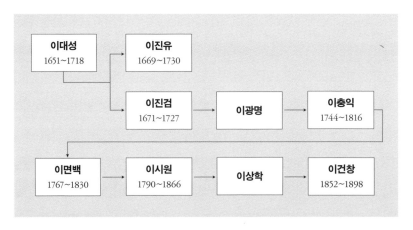

**이건창 가계도** 《전주이씨덕천군파보》를 토대로 중요 인물을 선별하여 정리했다.

의 즉위 전에 소론계의 위기를 직감하고 스승인 정제두를 따라 강화도로 이주했는데, 이때부터 이건창의 가문은 강화도에 정착해 정제두의 영향을 받아 양명학을 가학(家學)으로 삼았다. 4대조였던 이충익(李忠翊, 1744~1816)은 유학 이외에 노장(老莊)과 선불(禪佛)에 해박했고 해서와 초서를 잘 썼다. 조부인 이시원(李是遠, 1790~1866)은 1866년 병인양요로 강화도가 함락되자 동생 이지원과 함께 유서를 남기고 음독 자결했다. 조정에서는 이를 기려 강화도에서 별시를 실시했으며 여기에서 이건창이 급제하게 되었으니 조부의 후광을 입은 셈이 된다. 이건창 가문은 전형적인 소론 가문이었으며, 학문적으로는 양명학에 심취하여 강화학파의 정체성을 지니고 있었다.

이건창은 1852년(철종 3) 조부 이시원이 개성유수로 재직했을 때 개성 관아에서 태어났으나 대부분의 생애는 강화에서 보냈다.《매천야록

(梅泉野錄)》에서는 이시원을 언급하며 "그 집안 사람들이 중간에 신임 당화(辛壬黨禍)에 연루되어 벼슬길이 막히자 강화도 사기리로 물러가 살았다"라고 하여 조부 때부터 강화도에 정착했음을 기록하고 있다.

그는 1866년(고종 3) 별시에 급제하여 관직생활에 들어갔다. 두 차례 청에 다녀오기도 했으며, 특히 여러 차례 암행어사로서 지방에서 관리들의 비행을 논핵한 일은 그의 강직한 성품을 보여준다. 이건창은 본래 개화파인 강위(姜瑋)를 스승으로 삼아 개화에 관심이 있었지만 1866년 조부의 죽음 이후에 척양(斥洋)으로 돌아섰다. 이건창은 1884년과 1888년 각각 모친상과 부친상을 당해 강화도에 내려가 복상(服喪)했다. 이때에 여러 저술 작업을 한 것으로 알려져 있는데, 《당의통략》 또한 이때 저술된 것이다.

●

## 《당의통략》의 저술 동기

이건창은 연이은 부모상으로 고향인 강화도에 있을 때 마침 집안에 조부 이시원의 《국조문헌(國朝文獻)》과 같은 집안 선조인 이긍익의 《연려실기술(燃藜室記述)》 등이 전해오고 있었다. 이건창은 이시원의 건강이 악화되자 그의 가르침을 계승하고 널리 알려야 할 필요성을 느끼게 되었고, 이에 집안의 여러 기록 가운데 당쟁에 관련된 내용을 중심으로 《당의통략》을 정리했다.

당의(黨議)를 먼저 한 것은 이유가 있다. 우리 국조의 당폐(黨弊)란 역대에

**《당의통략》** 1575년(선조 8) 동인과 서인의 분당이 시작된 이래로 조선 후기 내내 치열한 당쟁이 전개되었으며 특히 조선 후기에는 당쟁에 관한 입장을 정리한 당론서들이 편찬되었다. 이건창이 쓴 《당의통략》은 당쟁에 관한 책 가운데 비교적 당색에 치우치지 않고 객관적으로 당쟁을 정리했다고 평가받고 있다.

보지 못하던 것이어서 목릉(穆陵, 선조를 칭함) 을해(乙亥, 1575)로부터 원릉(元陵, 영조를 칭함) 을해(1755)에 이르기까지 180년 동안 공사간의 문자를 기재한 것이 십에 칠, 팔은 다른 일이 아니고 모두 남의 시비, 득실, 사정(邪正), 충역(忠逆)을 의논할 것 없이 대체로 당론에 벗어나지 않기 때문이다. 그러나 다른 날에 정사(正史)를 쓰는 이는 반드시 먼저 당의를 간략하게 추려 옛날 사마천의 글과 반고의 뜻을 모방하여 별도로 한 부를 만들어놓은 뒤라야 그 다른 일이 정리되어 문란해지지 않을 것이다.

－《당의통략》〈자서(自序)〉가운데

이건창은 〈자서〉에서 당론에 대한 체계적인 기록이 역사서의 주요한 기반임을 밝혔다. 재종제(再從弟) 이건방(李建芳)은 발문에서, "선생께서 일찍이 말하기를 '우리나라의 당화(黨禍)는 지극히 크고 오래되고 말하기 어렵다'고 하셨으니 이를 원론(原論)에서 자세히 말했다. …… 또 피차에 써놓은 글들은 각각 한쪽의 편견에서 나왔으니 양편을 두루 참작하여 공변되이 마음과 눈으로 판단하지 않는다면 올바른 사실을 알 수 없게 된다. …… 공사 간에 간수해둔 글들이 100가지가 넘으니 이런 글들을 어떻게 줄마다 찾고 글자마다 세어 졸지에 그 사실을 알 수가 있겠는가? 이것이 바로 선생이 이 글을 저술한 뜻이다"라고 하여 이건창이 그때까지 전해지는 당론서들을 축약하고 정리하여 《당의통략》을 저술했음을 밝혔다.

이어 "선생은 당에 관계하지 않으려는 마음이 지나치고 남들이 나에게 사사로운 마음이 있다고 의심할까 두려워했던 탓에 오히려 이편을 깎고 저편을 두둔하지 않을 수 없었을 것이다"라 하여 이건창이 최대한 객관적 입장에서 책을 저술했음을 밝혔다. 그러나 마지막 부분에서는 "여기서 볼 때 선생 같은 공변된 마음으로도 오히려 이러한 의심을 면하지 못하는 까닭은 무엇인가? 그것은 선생께서도 역시 당중(黨中)의 사람인 까닭이다"라 하여 이건창이 소론이라는 당색에서 완전히 자유로울 수 없었음을 서술했다.

●

## 소론의 정치의식, 객관적 서술 지향

《당의통략》은 크게 네 부분으로 구성되어 있다. 첫 번째 부분은 〈자서〉로, 이건창이 《당의통략》의 서술 경위를 밝힌 글이다. 두 번째 부분은 본격적인 당쟁을 다룬 것으로, 1575년(선조 8)의 동서분당에서 시작하여 1755년(영조 31)의 《천의소감(闡義昭鑑, 1721~1755년까지 영조의 집권 의리執權 義理를 천명한 책)》의 편찬까지 담고 있다. 당쟁의 역사는 왕대별 소제목을 붙이는 형식으로 정리되어 있다. 〈선조조~부광해조(附光海朝)〉, 〈인조조~효종조〉, 〈현종조〉, 〈숙종조〉, 〈경종조〉, 〈영종조〉로 분류한 다음 각 시기별 당쟁 관련 사건을 기사본말체 형식으로 서술했다. 세 번째 부분은 〈원론(原論)〉으로, 먼저 중국 역대의 당에 대해 논한 다음 조선 당쟁의 원인을 설명했다.

이건창은 도학(道學)이 너무 중(重)함, 명의(名義)가 너무 준엄함, 문사가 너무 자잘함, 형옥이 너무 엄밀함, 대각(臺閣)이 너무 준엄함, 관직이 너무 청정함, 문벌이 너무 성대함, 승평(昇平, 태평시대)이 너무 오래됨 등 여덟 가지를 당쟁의 원인으로 지목했다. 이어 본래 유학의 여덟 가지 덕목이 중용의 도를 얻지 못하고 너무 지나친 데에서 당쟁이 비롯되었다고 보았다. 마지막 네 번째 부분은 종제인 이건방의 발문으로, 이건창과 《당의통략》에 대해 간략히 소개하고 있다.

그는 《당의통략》에서는 당쟁을 최대한 객관적으로 서술하려 했지만, 소론의 핵심 가문 출신인 그의 소론적인 시각이 곳곳에서 표출된다. 이를테면 서인이 노론과 소론으로 분열되는 과정을 자세히 설명하는 부분에서 소론을 긍정적으로 서술한다. 이건창은 소론에 대해 '착한 선비'라든지 '맑은 의론을 주도하고 일에 대해 용감히 말했다'고 표현하여 긍정적인 시각을 드러냈다. 이에 반해 노론과 노론의 영수 송시열에 대해서는 부정적으로 서술하고 있다. 특히 '당당하던 대의가 어찌 홀로 송씨의 사사로운 물건이 되겠습니까'로 끝나는 최창대의 상소로 마무리한 부분에는 소론의 정치의식이 잘 나타나 있다. 《당의통략》에는 소론적인 입장이 존재하지만, 비슷한 시기에 저술된 다른 당론서들과 비교해볼 때 비교적 객관성을 갖추고 있다. 저술의 기본 자료는 이긍익의 《연려실기술》과 이시원의 《국조문헌》이다. 《연려실기술》은 주제에 따라 원래 자료를 배열하여 저자의 주관적인 해설과 의견을 배제한 '술이부작(述而不作)'으로 평가받고 있다. 이시원이 모은 자료로 알려진 《국조문헌》 또한 이긍익이 〈자서〉에서 "부군께서 평생 고심하고 부지런히 힘쓴 것을 모두 기록한 것뿐이요, 별도의 창작은 없다"라고 밝힌 것처럼 있는 사실을 토대로 기록한 저술이다. 따라서 이 두 자료를 토대로 저술한 《당의통략》 역시 객관성 있다고 볼 수 있다.

또한 이건창은 《당의통략》의 〈원론〉에서 "나는 한쪽 당을 위해서 말하는 것이 아니다"라고 스스로 밝혔다. 실제 책의 곳곳에서는 소론을 비판한 내용들도 쉽게 찾을 수 있다. 〈숙종조〉 박세채의 탕평론을 다룬 부분에서는 "소론 또한 화합하지 않는 이가 많았다. 그러나 특히 임금에게 건의하여 올리는 것이 사사건건 노론과 상반되자 노론도 뼈에 사무치게 원한을 품었다. 혹자가 남구만에게 말하기를, '지금 조금 뜻을 굽히고 노론의 한두 가지 일을 따르면, 노론과 소론이 다시 합해져 국사(國事)에 다행함이 될 것이다' 했다. 남구만은 견고히 따르지 않았다"하고 하여 소론의 불통(不通)을 지적했다. 또한 〈경종조〉에 소론 가문의 일원인 이진유가 연관된 임인옥(壬寅獄)을 거론하며 "전후의 피고는 다 김창집, 이이명의 아들과 조카, 빈객 들인데 조정 의논이 '연명 차자'와 삼급수(三級手)의 음모를 연결된 것이라 하여 국문한 공초와 대론이 서로 섞인 것이 많고 공사가 서로 가까워 증거가 명백하지 못했다"라고 하여 노론을 공격한 소론 측의 옥사가 정당치 못했음을 서술했다. 이처럼 이건창은 자신의 당이라 해서 무조건 소론을 미화하거나 정당화하지 않았으며, 노론에 당쟁의 모든 책임을 지우지 않는 입장을 보이기도 했다.

《당의통략》은 비슷한 시기의 당론서들과 비교하면 명확히 객관적이다. 노론 계열인 남기제(南紀濟)가 저술한 《아아록(我我錄)》은 16세기 후반 이후 정치사의 주요 흐름에서 서인과 노론의 정당성을 드러내기 위해 저술되었다. 제목부터가 '우리, 우리편의 기록'이라는 뜻으로 편향성이 드러나 있다. 또한 "천하의 일이란, 이것이 선하면 저것은 악하고 저것이 옳으면 이것은 그릇되지 않은 것이 없다"라고 하며 정치사를 흑백논리로 바라보고 있다. 여기서 선한 것은, 즉 자당인 노론이고 악한 것은 노론 외의 당을 뜻한다. 철저히 노론을 위한, 노론에 의한 당론서임을 알 수 있다. 남인 남하정(南夏正)이 저술한 《동소만록(桐巢漫錄)》도 크게 보면 관련된 주제에 대한 원 자료를 싣는 형식으로 구성되어 있지만, 사료 선택에서 철저히 남인의 입장을 강조하고 있다. 남하정은 이 책에 당쟁의 기원을 서인이 남인을 공격한 기축옥사라고 규정하며 1689년 기사환국 당시 남인에 붙여진 죄인의 혐의를 변호하기 위해 많은 부분을 할애하고 있다. 특히 서인의 영수 정철을 '독철(毒澈)'이라고 표현하는 등 서인에 대한 반감을 여지없이 표현했다.

이건창은 조선 후기 지방관을 역임한 시절에도 공(公)을 우선시하는 집행으로 높은 평가를 받았다. 이건창이 학자적 양심을 가지고 사료를 최대한 참고하여 저술한 《당의통략》은 지금도 조선시대 당쟁사를 연구하는 데 없어서는 안 될 자료이다.

**2**

# 오주연문장전산고 五洲衍文長箋散稿

### 19세기 백과사전의 대표

●

## 《오주연문장전산고》 저술의 배경

19세기 조선 사회는 흔히 세도정치 시기로 이해한다. 세도정치에서 파생하는 정치·경제적 모순으로 말미암아 이 시기를 새로운 사상과 문화의 암흑기로 이해하기도 한다. 그러나 18세기 이후 풍미했던 실학과 북학의 흐름이 19세기 시작과 더불어 완전히 사라진 것은 아니었다. 오히려 실학풍 사고가 내부에서 축적된 측면도 있었으며 청의 고증학에 영향을 받아 이 시대에도 열린 세계를 지향하는 학자들이 나타났다. 이규경, 최한기, 김정호, 김정희, 정약용 등이 이 시기를 대표하는 지성들이다. 이들 가운데 이규경(李圭景, 1788~1863)은 《오주연문장전산고》를 저술했다. 《오주연문장전산고》 이외에 19세기에 저술된 백과사전류의 서책으로는 이유원(1814~1888)의 《임하필기(林下筆記)》, 윤정기(1814~1879)의 《동환록(東寰錄)》, 조재삼(1808~1866)의 《송남잡지(宋南雜識)》, 최한기(1803~1877)의 《명남루총서(明南婁叢書)》 등이 있다.

《오주연문장전산고》를 쓰는 데는 이수광의 《지봉유설》, 이익의 《성호사설》, 이덕무의 《청장관전서》 등 실제 이규경이 참고하고 인용한 책들의 도움이 컸다. 조선 후기에는 명·청시대 서적을 대량으로 수입했고, 후대로 갈수록 청대 학술을 대폭 수용했는데, 이규경은 중국에서 넘어온 책들도 많이 참고했다.

## 가학의 전통을 계승한 이규경

이규경의 본관은 전주, 호는 '오주(伍洲)'로 '오대양 육대주'를 의미한
다. 열린 사고를 추구하던 학자의 모습이 드러난다. 그의 조부는 정조
대에 규장각 검서관으로 문명을 떨친 이덕무였고, 아버지 이광규 역시
규장각 검서관이었다. 이덕무는 정조의 총애를 받아 각종 편찬 사업에
참여하며《청장관전서(靑莊館全書)》를 저술했는데, 가학의 전통은 이규
경이《오주연문장전산고》를 쓰는 데도 큰 힘이 되었다. 그는 어려서부
터 집안에 수두룩하게 쌓인 장서를 보며 학문에 눈떴지만, 서얼이라는
신분적 굴레 때문에 중앙 정계에서는 크게 활약하지 못했다.

　이규경은 주로 충청도 인근의 농촌에 거주하면서 틈틈이 관심 있는
내용들을 정리하고, 특유의 고증적 학문 태도로 오랜 기간 수집하고 정
리한 자료를 모아《오주연문장전산고》를 완성했다. 그와 같은 시대를
살았던 서유본, 서유구 형제와 깊은 교분을 유지했으며, 최한기, 최성
환, 김정호와는 중인이라는 비슷한 처지 때문에 활발히 교유했다. 최한
기는《해국도지(海國圖志)》(청의 위원이 지은 세계지리서),《영환지략(瀛環志
略)》(청의 서계여가 지은 세계지리서) 등 당시 서양에 대한 정보를 제공한 최
신 서적을 이규경에게 보여주었으며, 최성환은 지리학에 해박하여《여
도비지(輿圖備志)》를 편찬했다.

　《오주연문장전산고》에서 이규경은《대동여지도》의 제작자 김정호
의 뛰어난 능력을 칭송하며, 그의《여지도》와《방여고》두 책은 꼭 전
할 만한 것으로 평가했다.〈사소절분편변증설(士小節分編辨證說)〉에서

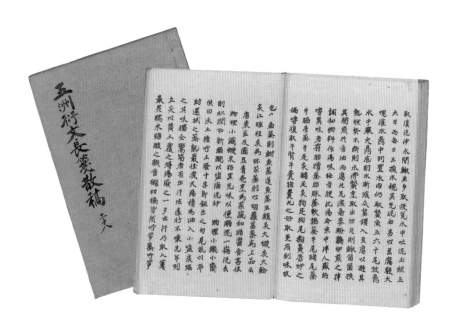

**《오주연문장전산고》** 1930년대 최남선은 조선광문회를 조직하여 고전 간행을 주도하는 과정에서 《오주연문장전산고》를 입수하게 되었다. 전하는 바에 따르면 《오주연문장전산고》 필사본이 어느 군밤장수의 포장지로 사용되던 것을 알아보고 책을 입수했다고 한다. 이때 입수된 책이 60권 60책. 이미 몇 장의 종이가 없어진 상태였고, 책의 편집 체제도 일정하지 않은 것으로 보아 원래의 책은 훨씬 더 많은 분량이었을 것으로 추정된다.

는 "나의 조부 형암(炯菴, 이덕무) 선생이 사소절 3권을 지었다. …… 간행되지 못하고 필사로 전해왔는데 도성에 사는 최도사(崔都事) 성환이 편을 갈라 1권으로 하여 주자(鑄字)로 간행했다. 나는 충주의 덕산(德山) 상전리에 거처하여 알지 못했다. 1853년 가을에 서울에 있는 최한기가 내방하여 간행했음을 전하고 1854년(철종 5) 봄에 두 질을 보내오니 옛 정분의 두터움을 알겠으며 그 감사함을 형용할 수 없다"라고 기록했다.

이규경의 학풍 형성에 최한기, 최성환, 김정호와 같은 중인층 학자와의 교류를 통해 얻은 지식이 밑바탕에 깔려 있었다. 이것은 18세기 이후 양반의 전유물이었던 시와 문장, 저작 활동에 중인층이 적극 참여하는 모습과도 그 궤도를 같이한다.

《오주연문장전산고》는 이규경의 호 '오주(伍洲)'에, 저자의 겸손함을 뜻하는 거친 문장이라는 '연문(衍文)', 문장의 형태인 '장전(長箋)', 흩어진 원고라는 뜻의 '산고(散稿)'가 합쳐진 말로 제목에서부터 백과사전임이 드러난다. 이규경은《오주연문장전산고》서문에서 오랜 기간 책속에서 얻은 것과 마음속에 떠오르는 글을 모아《오주연문장전산고》라 제목을 취한 것을 밝히고 있다.

《오주연문장전산고》는 총 60권 60책으로 구성되어 있다. 1,416개에 달하는 항목을 변증설로 처리하여 세밀한 문제까지도 고증학적 학문 태도로 일관하는 것이 특징이다.

사서(史書)는 나라의 거울이다. 과거를 밝혀 미래를 계도하고 예를 본받아 이제를 증명할 수 있는 것은, 오직 사서이다. 중국에는 역대의 전사(全史)가 있는데 우리나라에는 없으니, 비록 문헌은 고증할 수 없다고 하나 그렇다고 폐할 수는 없다. 세상 사람들은 우리의 역사가 증거됨이 없어 황당하고 괴이하다고 하지만 나는 그렇지 않다고 생각한다. …… 스스로 증거할 수 없음을 혐의하여 사료를 산망 유실해서는 아니하며, 단군 이전의 사적은《황왕대기》,《역사(繹史)》,《해동역사》를 참조해야 한다. …… 발해는 고구려를 계승했으며, 땅이 지극히 넓었고 문화가 화려하여 해동성국이라 불렸다. 요령의 심양 영고탑 사이에 있었으나, 우리 역대의 역사

에는 빠져 있다. 마땅히 고구려 아래의 반열에 넣어야 마땅하다.●

이규경은 신학문인 고증학을 널리 수용하고 우리의 역사와 문화에 대한 애정을 바탕으로 학문을 연구하며《오주연문장전산고》를 썼다. 그는 《오주연문장전산고》의〈아동고인사적변증설(我東古人事蹟辨證說)〉(권5), 〈동국제일인재변증설(東國第一人才辨證說)〉(권5) 등에 우리 역사를 고증했다. 또한〈증보산림경제변증설(增補山林經濟辨證說)〉 등에서 보이듯●● 가까운 시대의 역사를 서술하고 최신의 학술 서적까지 섭렵한 점은 《오주연문장전산고》를 더욱 가치 있게 한다.

《지봉유설》이나《성호사설》등 조선 후기 백과사전에는 우리 역사와 문화에 관한 애정이 거의 공통적으로 드러난다. 이처럼 조선 후기 백과사전 저술은 축적된 문화 역량의 산물이었다.

●

## 철저한 고증과 박학

이규경은《오주연문장전산고》서문에서 "명물도수(名物度數)의 학문이 성명의리지학(性命義理之學)에는 미치지 못하나 가히 폐하거나 강하지 않을 수 없다"라고 하며 병법·광물·초목·어충·의학·농업·의복·화폐 등 다양한 학문의 중요성을 강조했다.《오주연문장전산고》는 1959년

---

● 《오주연문장전산고》 권27,〈동국전사중간변증설(東國全史重刊辨證說)〉
●● 《증보산림경제》는 유중림이 1766년에 편찬한 책으로,《오주연문장전산고》에는 이 책에 대한 정보도 기록하고 있다.〈증보산림경제변증설〉(권32) 참조.

동국문화사에서 영인본 상, 하 2책을 간행했으며,● 한국고전번역원에서는 항목별로 분류한 DB자료를 서비스하고 있다.●●

이규경은 자신의 호를 오대양 육대주를 상징하는 '오주'라 할 만큼 서양 세계에 깊은 관심을 가지고 있었으며 이는 그의 저서에도 구체적으로 드러난다. 그는 서양과 천주교에 대해서도 깊은 지식이 있었지만 서교(西敎), 즉 천주교에 대해서는 강하게 비판하는 입장이었다.●●● 그는 변증설을 이용하여 80항목가량에 걸쳐 서학을 직간접적으로 논하는데, 관련 항목은 천문, 역산, 수학, 의약, 종교 등 다방면에 걸쳐 있다. 참고한 서학 서적들은 《천주실의》, 《직방외기》를 위시하여 근 20종에 달했으며 종류도 매우 다양했다.

이규경은 서양 문명과 중국 문명을 대비하여 중국 학문은 형이상학의 도(道)로, 서양 학문은 형이하학의 기(器)로 설명했다. 그리고 기(氣)를 잘 활용한 서양 기술의 우수성을 인정했다. 그는 서양의 과학기술이 중국보다 우위에 있음을 자각하면서도 동양의 과학적 전통을 중시했다. 이것은 전통을 바탕으로 부국을 위해 필요한 것을 수용하려는 그의

● 《오주연문장전산고》의 영인본으로는 1959년 동국문화사에서 간행한 영인본과 1982년 명문당에서 간행한 영인본, 1993년 고전간행회에서 간행한 영인본 등이 있는데, 이 책들에는 이규경이 군사와 자연과학에 관한 내용을 수록한 《오주서종(五洲書種)》이 합록되어 있다. 한편 민족문화추진회에서는 1967년에 경사편의 국역본을 간행했으며, 1982년에는 인사편의 국역본을 간행했으나 현재까지 국역은 완성되지 않았다.

●● DB의 분류 목차는 고전간행회본 《오주연문장전산고》를 민족문화추진회에서 《성호사설유선(星湖僿說類選)》의 분류 체계를 참고하여 1977년에 분류한 5편 23류 176항의 체계를 따랐다.

●●● 이러한 입장은 《용기변증설(用氣辨證說)》, 《백인변증설(白人辨證說)》, 《지구변증설(地球辨證說)》, 《척사교변증설(斥邪敎辨證說)》 등에 드러난다.

사상적 개방성에서 비롯한 인식이었다. 동도서기(東道西器)에 바탕을
둔 그의 사상은 개국통상론으로 이어진다.●

이규경은 학통상으로는 조부인 이덕무에서 연원하는 북학파와 연결
되나 농촌의 재야 지식인이었던 만큼 농민 생활과 농촌 문제에 깊은 관
심이 있었다. 그는 선비라도 먹지 않고는 살 수 없음을 들어 무엇보다
농업이 생명의 근본임을 강조했다. 이 밖에 농가의 월령(月令, 농사 관련
행사를 월별로 구별하여 기록한 표)에 대한 변증설과 구황식물인 고구마의
중요성을 언급한 〈북저변증설(北藷辨證說)〉을 비롯하여, 농기구와 직조
기구, 어구 등 농어민의 실생활과 관련된 사실들을 고증했다.

이규경은 물산, 향도(香徒), 음악 등 소홀해지기 쉬운 우리 것을 찾고
고증하기 위해 노력했다. 특히 그는 중국 자료를 인용하기는 했지만 우리
자료를 최대한 인용하고 자신의 의견을 피력하여, 음악이나 향도가 우리
역사 속에서 어떻게 발전해왔는지를 쉽게 파악할 수 있도록 했다. 이것
은 비슷한 시기에 저술된 서유구(徐有榘)의 《임원경제지(林園經濟志)》가
거의 중국 자료를 인용한 것과 대비된다.

《오주연문장전산고》에는 당시 여러 하층 문화와 민속 예술에 관한
내용들이 많다. 이는 〈물산변증설(物産辨證說)〉(권7), 〈판무변증설(板舞辨
證說)〉(권11), 〈속락변증설(俗樂辨證說)〉(권19), 〈연희변증설(煙戲辨證說)〉
(권23), 〈화동도요변증설(華東陶窯辨證說)〉(권27), 〈성중선속변증설(城中善
俗辨證說)〉(권33), 〈석전목봉변증설(石戰木棒辨證說)〉(권36), 〈향도변증설

---

● 고종 친정 초기에는 정부 차원에서도 동도서기론이 본격적으로 형성되고 있었다.
노대환, 《동도서기론 형성 과정 연구》, 일지사, 2005

〈香徒辨證說〉〉(권36), 〈자고변증설(紫姑辨證說)〉〉(권55) 등에서 확인할 수 있다. 〈울릉도사실변증설(鬱陵島事實辨證說)〉에서는 평민 안용복이 울릉도를 찾기 위해 힘쓴 사실을 자세히 기술하여, 우리 국토에 관한 애정과 신분이 낮은 사람도 나라에 큰 역할을 할 수 있다는 점을 강조했다.

이규경은 외국의 역사에도 관심이 깊었다. 그는 "외국에도 또한 역사가 있다. 오랑캐의 후예라 하여 역사를 버릴 수 없다. 외국의 역사는 불가불 알아야 할 것이니 정사(正史)를 읽다가 근거를 참고할 곳이 있으므로 이를 적는다"라고 하여 외국의 역사와 문화에도 비중을 두었다. 외국사에 안남(安南, 베트남)과 일본, 회부(回部, 아라비아)를 포함시킨 까닭은 우리나라와의 문화 교류를 의식했기 때문이다. 이규경은 역사 서술에서 중국과 우리 자료를 널리 참고했으며, 시종일관 박학과 고증학적 학문 태도를 지켜나갔다. 〈비거변증설(飛車辨證說)〉을 보면 "근세에 신승선(申丞宣, 이름은 경준으로 호남 순창군 사람이니, 곧 신말주(申末舟)의 후손이라고들 한다)이 일찍이 책문(策問)에 답하는 대책 중 차제(車制)를 논하면서 말하기를, 임진년에 왜군이 창궐했을 때 당시 영남의 고립된 성이 바야흐로 겹겹이 포위되어 조석 지간에 망하기에 이르렀다. 어떤 사람이 성주(城主)와 매우 가까웠는데 평소 특별한 기술을 가지고 있었다. 비거를 제작하여 성중으로 날아들어가 그의 벗을 태워 30리쯤을 난 뒤에야 지상에 착륙하여 왜적의 칼날에서 피할 수 있었다"라고 하여 임진왜란 당시 하늘을 나는 비거를 제작한 역사적 상황과《태평광기》,《해국동지》등을 광범하게 인용했다.

경제에 관한 서술에서도 우리 것에 대한 인식이 바탕이 되고 있다. 이규경은 농업이 근본임을 강조하며 상업, 광업, 수공업 등으로 관심의 폭을 넓히는 입장을 보였다. 선비라도 먹지 않고는 살 수가 없음을 들어 농업이 생명의 대본임을 강조했으나, 농가의 월령에 대한 〈오하전가지변증설(螯下田家志辨證說)〉(권35), 구황식물 고구마의 중요성을 언급한 〈북저변증설(北藷辨證說)〉, 농구와 직구(織具), 어구(漁具) 등에 관한 〈뇌거변증설(耒秬辨證說)〉(권19)과 〈직구변증설(織具辨證說)〉(권19) 및 〈어구변증설(漁具辨證說)〉(권19), 〈우경변증설(牛耕辨證說)〉(권25), 〈목우변증설(牧牛辨證說)〉(권15), 〈과하마변증설果下馬辨證說〉(권10), 〈호초변증설(胡椒辨證說)〉(권11), 〈포도변증설(葡萄辨證說)〉(권11) 등 농민과 어민의 실생활에 필요한 사실들을 고증했다.

●

## 부국과 통상에 대한 적극적인 입장

전체적으로 《오주연문장전산고》에서는 우리의 역사와, 문화, 풍속 경제 등에 관해 다양한 관심을 보이며 이를 철저하게 고증한다. 아울러 외국의 역사에도 인색하지 않은 개방성이 돋보인다. 이러한 사상이 바탕이 되었기에 《오주연문장전산고》에서 서양의 과학기술을 거부감 없이 기록한 것이다. 이것은 이규경의 사상적 지향점이 부국(富國)과 통상(通商)에 있었기 때문인 듯하다. 이규경은 우리 국토에 매장된 자원을 최대한 활용하고, 잠재된 문화적 역량을 최대한 발휘해 선진 국가를 만들고자 했다. 그는 도량형에 관심을 두었으며 화폐의 유용성을 타진하고, 전국 장날의 통일과 투기와 고리대의 폐단이 없는 상업의 발달을 강조했다.● 그의 경세사상의 핵심은 부국과 통상으로 이어지는데, 〈서양통

중국변증설(西洋通中國辨證說)〉과 〈여번박개시변증설(與番舶開市辨證說)〉
등에는 적극적인 개국통상의 입장이 잘 나타나 있다. 〈여번박개시변증
설〉에서는 16세기의 학자 이지함이 유구국과 교섭을 주장한 것을 높이
평가하고 있다. 이지함은 흔히《토정비결》의 저작자로 알려져 있으나 그
의 진면목은 실학사상의 선구자라는 점에서 나타난다. 이지함의 이러한
면모는 18세기의 북학파 학자 박제가에 의해서도 주목받았다. ●● 이지
함, 박제가 그리고 이규경으로 이어지는 내재적 발전의 흐름을 보면 조
선 사회 내부에서 개국과 통상에 대한 고민이 이어지는 양상을 확인할
수 있다.

이규경은 부강한 국가를 위해서는 도교, 불교, 자연과학 등 모든 학문
과 사상을 흡수, 응용하고자 했으며, 광산 개발과 화기 개발 등 실용적인
문제에도 관심이 깊었다. 그의 자연과학 사상은 〈오주서종(伍洲書種)〉 등
에 잘 나타나 있는데, 방대한 자연과학적 사고를 이용후생의 관점에서
개진한 것이다. 이규경은 19세기 중반에 주로 활동하며 전대 지식과 정
보를 종합하고 자신의 방식으로 모든 분야를 고증해《오주연문장전산
고》를 썼다. 이 책이《지봉유설》이나《성호사설》과 같은 선배 학자들의
백과사전에 영향받은 점을 고려하면, 지식의 내부적 축적 과정을 확인
할 수 있다.《오주연문장전산고》에 나타난 박학과 학문적 개방성은 조
선 사회 내부의 주체적인 학문 발전을 집대성한 것이었다.

이 밖에도 최한기, 최성환, 박규수, 오경석 등은 19세기 중엽 이규경

● 《오주연문장전산고》 권 26, 〈장시변증설(場市辨證說)〉
●● 이지함의 학문과 사회경제사상에 대해서는 신병주,《이지함평전》, 글항아리, 2008
참조.

과 비슷한 입장을 보이며 전통을 바탕으로 근대를 지향한 인물들이었다. 이들에 대한 관심과 연구가 더욱 적극적으로 이루어진다면, 봉건사회 해체기, 무기력한 지식인으로만 대변되던 19세기 조선 사회의 상(像)도 어느 정도는 극복될 것이다.

# 3

## 이향견문록과 규사

차별을 극복하기 위한 노력들

## 인왕산 자락에 남겨진 중인 문화의 자취

최근 서울시는 서촌(西村) 일대의 역사·문화 시설 활용에 적극 나서고 있다. 현재 서촌은 경복궁 서쪽과 인왕산 사이에 있는 종로구 옥인동 일대로, 조선시대 서촌 지역은 중인(中人) 문화의 중심 공간이었다. 조선시대에 주로 기술직에 종사한 역관, 의관, 율관이나 양반의 소생을 중인이라 했다. 첩의 아들인 서얼, 중앙관청의 서리나 지방의 향리 등도 총칭하여 중인이라 불렀다. 양반은 아니지만 상민보다는 높은 지위에 있었던 사람들이었다. 이들 가운데 역관, 의관, 율관은 현재의 외교관, 의사, 변호사로 현대 관점에서 보면 소위 잘나가는 지위에 있는 사람들이었다. 그러나 신분 차별이 엄연히 존재했던 조선시대에 이들은 양반이 아니라는 이유로 높은 관직에 오르지 못한 채 사회의 주변부를 떠돌았다.

그러나 조선 후기, 특히 18세기에 접어들면서 중인층을 중심으로 신분 상승 운동이 전개되기 시작한다. 중인들은 무엇보다 양반을 닮아가려고 했다. 그래서 지금의 문학 동호회쯤 되는 시사(詩社)를 결성하고 정기적으로 모여 자신이 지은 시와 문장을 발표했다. 중앙관청의 하급 관리로 일했던 중인들은 대부분 인왕산 아래 옥계천이 흐르는 곳에 밀집해 살았다. 따라서 이들의 시사 활동은 인왕산과 옥류천을 중심으로 전개되었고, '옥류천계곡'에서 '옥계'라는 말을 따서 '옥계시사'라 했다. 인왕산 자락에는 필운대와 옛 송석원터, 수성동(水聲洞)계곡 등 중인 문화의 자취를 느낄 수 있는 공간이 남아 있다.

●

## 중인 문화의 산실, 인왕산

인왕산은 대대로 경치가 뛰어난 명승지로 손꼽혀왔다. 그 자락에는 한양의 5대 명승지인 인왕동과 백운동이 있었다. 경복궁과 가까운 주택지여서 예부터 사람들이 모여 살았고, 양반과 중인들이 터를 물려가며 살았다. 청풍계(淸風溪) 일대에는 양반들이, 인왕산에서 발원하는 옥류천(玉流洞) 일대에는 중인들이 모였다. 원래 경복궁이 내려다보이는 곳에 집을 지으면 안 되지만, 임진왜란 때 경복궁이 불타버리자 서리들이 관아와 가까운 인왕산 중턱에 모여든 것이다. 중인들은 인왕산과 옥류천을 중심으로 점차 그들의 목소리를 높여갔다.

중인들의 문학 운동을 '위항(委巷)문학' 운동이라 한다. 위항이란 '누추한 거리'를 뜻하는 말로 중인층 이하 사람들이 사는 거리를 가리키지만, 대체로 중인들의 문학 운동을 지칭하는 용어로 널리 쓰였다. 중인들의 시사(詩社) 활동은 단순히 모여 시를 읊조리는 것으로 끝나지 않았다. 이들은 공동 시문집을 편찬하기 시작했다. 그 결실이 1712년(숙종 38) 홍세태가 편찬한《해동유주(海東遺珠)》와《소대풍요(昭代風謠)》(1737),《풍요속선(風謠續選)》(1797),《풍요삼선(風謠三選)》(1857)으로 이어졌다. 1791년(정조 15)에는 옥계시사 동인들의 시와 옥계의 아름다운 경치를 담은 《옥계사시첩(玉溪社詩帖)》을 편찬하기도 했다. 중인들은 시문집을 발간하며 결속력을 강화하는 한편 양반 못지않은 학문적 수준이 있음을 널리 과시했다. 《소대풍요》에서 《풍요삼선》까지 60년마다 공동 시집을 내자고 한 약속을 120년간 지킨 것에서 이들의 공동의식을 느낄 수 있다.

옥계시사의 주 활동 무대였던 필운대는 현재 배화여고 안에 있다. 필운대는 원래 명장 권율의 집터로, 사위인 이항복에게 물려주었다고 한다. 필운대에는 이항복이 새겼다는 '필운대(弼雲臺)' 석 자가 아직도 남아 있다. 필운대 옆에는 1873년(고종 10)에 이항복의 9대손인 이유원(李裕元)이 찾아와 이항복을 생각하며 지은 한시가 새겨져 있다. '필운'이라는 이항복의 호는 사실 별로 쓰이지 않고 잊혔지만, 이유원이 바위에 남긴 글자 덕에 훗날까지 전해지고 있다. 옛사람들은 필운대 꽃구경을 한양의 명승 가운데 하나로 꼽고, 이곳에서 풍류를 즐겼다고 한다. 또 이곳에서 바위를 타고 오르면 인왕산을 등지고 왼편으로 가까이 우뚝 솟은 북악이 보이고, 그 뒤로 북한산의 비봉, 문수봉, 보현봉과 백운대까지 훤히 보인다고 한다. 하지만 지금으로써는 상상하기 힘들다. 필운대 앞쪽은 높은 건물로 인해 시야가 완전히 막혀 초라하게 축대바위만이 남아 있기 때문이다. 주변이 쓰레기장에 가려져 옹색한 모습으로 남아 있는 것도 안타깝다.

옥계시사의 동인이었던 천수경의 집인 송석원(松石園)은 현재 옥인동 47번지로 추정되나 개인 주택 안에 있어 쉽게 찾을 수 없다. 한때는 추사 김정희가 쓴 '송석원'이라는 글씨가 1950년대까지 남아 있었다고 한다. 송석원은 훗날 윤덕영(尹德榮)의 별장으로도 유명했다는데 그 흔적은 사라지고 터만 알 수 있는 비석 하나가 길가에 세워져 있다. 이곳 송석원에서 사람들이 모여 시사를 결성하고, 또 이곳에서 주최하는 백일장에 참가하기 위해 많은 사람이 전날부터 몰려들었다고 한다.

조선 후기 중인들은 시회(詩會)를 결성하여 시와 문장을 짓는 한편 백전(白戰)이라는 백일장을 개최하기도 했다. 이 가운데 18세기 중인 문화의 중심지였던 인왕산 아래 송석원에서 봄가을에 열린 백일장에는 수백 명이 몰려들었다. 이 대회는 무기 없이 맨손으로 종이 위에 벌이는 싸움이란 뜻으로 '백전(白戰)'이라 했으며, 참가하는 것 자체를 영광으로 여길 정도였다. 당시 치안을 맡았던 순라군도 백전에 참가한다면 잡지 않았을 정도였다고 한다. 시상(詩想)을 떠올리기 좋은 곳에 자리 잡기 위한 경쟁도 치열했다고 한다. 참가자들이 쓴 시축(詩軸, 시를 쓴 두루마리 종이)이 산더미처럼 쌓였고 양반들도 중인들의 백전에 깊은 관심을 보였다. 당대의 최고 문장가들이 백일장의 심사를 맡을 정도였다. 백전이 열리는 날 인왕산과 옥류천 일대에는 중인들의 함성이 울려 퍼졌다.

●

## 조선의 소수자, 중인의 존재와 역할

중인이라는 명칭의 유래에 관해서는 몇 가지 설이 있다. 중인은 사대부와 달리 당파에 관여하지 않아 정치적 중립성을 지닌 데서 명칭이 유래했다는 설과 서울의 시장 근처인 중로(中路)에 거주한 데서 명칭이 유래했다는 설이 있다. 그러나 중인이라는 명칭은 정치적 중립이나 거주 지역에 근거했다기보다는 중인의 신분이 사대부나 상인 그 어느 쪽에도

속하지 않는다는 계급적 성격에서 유래한 것으로 보인다.•

> 중인으로서 잘못 미혹된 자들에 대해 반드시 소굴을 소탕하고자 하는 것
> 은, 한편으로는 그 사람을 사람답게 만들자는 것이요, 한편으로는 백성을
> 교화하여 좋은 풍속을 이루려는 뜻을 담은 것이다. 대개 중인의 무리는
> 양반도 아니고 상인(常人)도 아닌 그 중간에 있기 때문에 가장 교화하기
> 어려운 자들이다.
>
> −《정조실록》 정조 15년 11월 11일

위 기록을 보면, 정조 대에 이르면 왕실에서도 중인을 양반이나 상인
어디에도 속하지 않는 존재로 인식하고 있었다.

기술이나 행정실무 능력이 있던 중인들은 17세기 이후 점차 의식이
깨이게 된다. 1613년(광해군 5) 서양갑, 박응서 등 서얼 일곱 명이 중심이
되어 문경새재에서 은상(銀商)을 살해한 사건은 《홍길동전》의 배경이
되기도 했다. 18세기 이후 영조와 정조는 서얼의 능력에 주목했고, 상
업과 무역의 발달로 기술직 중인들이 중시되면서 중인들의 위상도 한
층 강화되었다. 특히 18세기에 접어들면서 중인층을 중심으로 신분 상
승 운동이 전개되기 시작했다. 그 지향점은 바로 양반이었다. 중인들은
무엇보다 양반을 닮으려고 했다. 그래서 시사(詩社)를 결성하고 정기적
으로 시와 문장을 발표했다. 중인들의 이러한 문학 운동을 위항문학 운
동이라 한다.

• 한영우, 〈조선시대 중인의 신분·계급적 성격〉, 《한국문화》 제9권, 1988, 186쪽

●

# 역사의 전면에 나선 중인들의 기록

조선 후기에 들어 중인들은 자신감을 바탕으로 자신들의 역사와 전기문을 기록하기 시작했다. 19세기에 편찬된 조희룡(趙熙龍)의 《호산외기(壺山外記)》(1844)와 유재건(劉在建)의 《이향견문록(里鄕見聞錄)》(1862), 이경민(李慶民)의 《희조일사(熙朝軼事)》 등이 대표적인 중인 전기문이다. 비로소 이들은 자신들의 존재감을 널리 알리고 역사적으로 이름을 빛낸 중인의 행적에 자부심을 가지게 된 것이다.

《호산외기》는 직하시사(稷下詩社)의 동인이자 위항시인으로 알려진 조희룡이 편찬한 중인들의 공동 전기집이다. 실제 내용은 중인과 중인 이하 계층까지 포함하고 있다. 조희룡은 그전까지 양반 사대부들의 문집에 '전(傳)'의 형식으로 수록된 중인 이하 인물을 찾아내어 여기에 주변 인물들의 전기를 합했다. 그는 서문에서 "위항(委巷), 유협(遊俠), 식화(殖貨)의 사람 중 이름을 전할 만한 사람의 약간의 전기를 쓴다"라며 소위 이제까지 '마이너리티'로 역사에 거의 소개되지 않았던 인물의 전기를 썼음을 밝혔다. 《호산외기》는 《호산외사》라고도 하는데, 외사(外史)는 기존의 정사에 대비되는 의미로 사용한 것이다.

《호산외기》는 이후 《이향견문록》이나 《희조일사》 같은 중인층 전기의 전범이 되었다. 《호산외기》가 연대순으로 인물을 기록한 데 비해 이후에는 시인, 서화가, 가객, 효자, 열녀, 신선, 승려 등으로 분류해 인물을 기록했다. 역사의 뒤편에서 잊혔던 수많은 군상이 이들의 기록에서 되살아난 것이다. 《이향견문록》에 소개된 김정호에 관한 기록을 보자.

김정호는 자신의 호를 고산자(古山子)라 하였다. 그는 본래 공교한 재주가 많았고 특히 지도학에 취미가 있었다. 그는 두루 찾아보고 널리 수집하여 일찍이 〈지구도〉를 제작하고, 또 〈대동여지도(大東興地圖)〉를 만들었는데 자신이 그림을 그리고 새겨 세상에 펴냈다. 그 상세하고 정밀한 것은 고금에 짝을 찾을 수가 없다. 내가 한 질을 구해 보았더니 진실로 보배로 삼을 만했다. 그는 또《동국여지비고(東國興地備攷)》10권을 편집했는데 탈고하기 전에 세상을 떴으니 정말 애석한 일이다.

지도학의 대가였지만 중인 신분이라는 이유로 김정호에 대한 기록이 거의 전해지지 않았던 터라 이 기록은 가뭄에 단비처럼 느껴진다.《이향견문록》은 조선 후기의 문인인 유재건이 1862년(철종 13)에 편찬한 책이다. '이향'은 '백성들이 사는 동네'를, '견문록'은 '보고 들은 기록'을 뜻하는데, 곧 이곳저곳에서 들은 이야기를 정리한 것이란 뜻이다. 양반 사대부와 같이 소위 잘나가는 사람들은 등장하지 않고 중인, 상민, 천민, 노예, 신선, 도사, 점쟁이, 여자, 스님 등 다양한 인물 이야기가 수록되어 있다.

《이향견문록》에서는 중인은 물론이고 천민들의 행적도 기록했다. 중인으로만 국한하지 않고 '위항인'이라 하여 중인층 이하면 누구나 그들의 범주로 인식했다. 양반이 아니라면 누구나 우리 편이었고, 우리 편 중에 뛰어난 인물이라면 천민이라도 가리지 않았다. 그래서인지 천민 출신이지만 관직까지 받고 서울의 대표 문화공간 침류대의 주인공이던 유희경(劉希慶, 1545~1636)에 관한 기사까지 기록되어 있다.《이향견문록》에 나타난 조선의 마이너리티의 삶의 기록들이 되살아날 때 우리 땅을 밟고 살아갔던 서인들에 대한 추억은 훨씬 풍부해질 것이다.

지방의 향리 중에는 자신의 가문을 정리하여 기록을 남기기도 했다. 경주(월성) 이씨 향리 가문인 이진흥(李震興)이 저술한《연조귀감(掾曹龜鑑)》에는 당당히 자신의 뿌리를 찾아 세상에 공개하는 자신감이 잘 나타나 있다. 이 책은 상주의 경주 이씨 향리 가문 5대에 걸쳐 쓰였다는 점이 돋보인다. 처음 이진흥이 향리 가문의 역사를 쓰게 된 것은 부친 이경번의 뜻 때문이었다. 이진흥은 부친과 조부가 향리의 지위 상승을 위해 올린 상소문 등 집안의 자료를 모으고, 이웃 향리 가문의 자료도 함께 수집하여 1777년(정조 1) 무렵《연조귀감》을 편찬했다. 그 후 다시 2대를 건너뛰어 1848년(헌종 14)에 이진흥의 손자인 이명구가 《연조귀감》을 간행했다. 그리고 당대의 사대부 학자인 이휘령, 홍직필, 강필효의 서문과 발문을 받아 실었다. 이는 이명구가 비록 향리 신분이었지만 선조의 문집에 양반들의 서문과 발문을 이끌어낼 만큼 향리들이 한층 성장했음을 의미한다. 예전처럼 향리라고 숨을 죽이고 있는 것이 아니라 당당히 '가문의 영광'을 활자로 찍어낸 것이다. 그렇게 조선 후기 신분 사회의 벽은 조금씩 흔들리고 있었다.

●

## 반쪽 양반, 서얼의 몸부림과《규사》

기술직 중인, 관청 서리, 지방 향리와 함께 중인의 다른 한 축을 형성한 신분이 서얼이다. 양반 첩의 자손인 서얼은 양반의 폐쇄적인 신분적 우월성을 강조하기 위한 희생양이었다. 서얼은 '서자'와 '얼자'의 합성어

《규사》 반쪽 양반이었던 서얼들은 조선 후기에 이르러 신분의 벽을 넘어서고자 했다. 이러한 노력의 일환으로 자신들의 이야기를 왕조순으로 정리하여 《규사(葵史)》를 간행했다. 2권 2책으로 구성되어 있으며, 서얼들의 관직 진출 문제와 더불어 칠서의 옥, 복제 문제, 서얼 가운데 뛰어났던 인물의 전기 등을 기록했다.

로, 서자는 양반과 양인 이상의 첩 사이에서 태어난 아들을, 얼자는 양반과 천민 사이에서 태어난 아들을 가리킨다. 16세기 이후 성리학 이념이 강화되면서 중인으로 완전히 고착된 서얼은 《홍길동전》의 홍길동처럼 아버지를 아버지라 부르지 못하는 비운의 존재였다.

조선시대에는 홍길동처럼 서얼 출신으로 역사의 현장 속에 등장하는 인물이 적지 않다. 이를테면 조선 전기에 악명을 떨친 유자광(柳子光)이라는 인물이 있다. 그는 남이장군의 역모 사실을 고변하여 죽음에 이르게 했을 뿐 아니라 1498년(연산군 4) 무오사화의 주모자로 사림파 선비들에게 큰 화를 입힌 장본인이었기에 간신의 전형으로 꼽혀왔다. 그러나 그의 출중한 자질은 서얼이라는 신분적 굴레에도 불구하고 고위직에 진출할 수 있는 바탕이 되었다. 이 밖에 《패관잡기(稗官雜記)》의 저자 어숙권(魚叔權), 초서와 문장으로 유명한 양사언(楊士彦), 양대박(梁大樸) 등이 이름을 떨친 서얼들이다. 인조, 현종, 숙종 연간에도 서얼들은 관직에 차별 없이 등용될 수 있게 해달라는 서얼허통(庶孽許通)의 상소문을 끊임없이 올렸으나 수용되지 않았다.

영조는 서얼 문제에 깊은 관심이 있었다. 영조는 어머니가 궁중의 무수리 출신으로, 서얼로서 왕이 된 전형적 인물이었다. 영조는 이러한 신분적 콤플렉스 때문인지 서얼에게 관대했다. 1772년(영조 48) 통청윤음(通淸綸音)을 내려 서얼을 청요직에 등용하는가 하면, 서얼도 아버지를 아버지로, 형을 형으로 부를 수 있게 하고 이를 어기는 자는 법률로 다스린다는 조치를 내리는 등 적극적으로 서얼의 차별을 없애고자 했다. 홍길동이 그토록 원했던 '호부호형'을 실현한 것이다. 영조의 서얼허통 정책은 정조 대에 결실을 보게 된다. 정조는 최고의 학문기관인 규장각에 능력 있는 서얼들을 대거 등용했다. 서얼 출신 박제가, 유득공, 이덕무, 서이수 등은 규장각의 핵심 요직인 검서관에 임명되어 4검서라 칭하기도 했다. 정조 대 서얼 출신 학자들은 조선 후기 북학사상과 문화운동의 주역이 되었으며, 이러한 흐름은 19세기에도 이어져 서얼 출신 실학자 이규경은 동도서기(東道西器, 동양의 도를 바탕으로 하고 서양의 기술을 수용함)를 바탕으로 한 《오주연문장전산고》라는 문화백과사전을 남겼다.

자신의 운명을 숙명처럼 받아들이던 서얼들이 조선 후기에 이르면 신분사회의 벽을 극복하려는 노력을 적극적으로 펼쳤다. 그것이 시대의 흐름이었다. 보통의 양반처럼 주요 관직에 들어갈 수 있게 해달라는 통청(通淸) 운동을 전개했고, 이후 정조 때에 서얼의 관직등용을 허용하는 서얼허통절목(庶孽許通節目)이 만들어지면서 그들의 노력은 일부 결실을 맺게 된다. 조선 후기 서얼들의 이러한 노력은 1859년(철종 10) 대구의 달서정사(達西精舍)에서 간행된 《규사(葵史)》에서도 확인된다. 해바라기를 뜻하는 '규(葵)' 자를 넣어 해를 향한 해바라기처럼 임금에 대한 충성심이 변함없음을 약속한 서얼들의 전기 《규사》는 이제 서얼도 당당한 역사의 주인공임을 만천하에 공포한 기록이었다.

7부

왕실 문화와 그 진수

# 1

## 계축일기 癸丑日記

### 광해군 정권의 빛과 그림자

●

## 궁녀의 눈으로 당시를 증언하다

《계축일기(癸丑日記)》는 한 궁녀가 선조 대 후반에서 광해군 대에 걸쳐 전개되었던 왕위 계승을 둘러싼 궁중 내부의 갈등을 기록한 궁중소설이자 역사소설이다. 제목이 '일기'로 되어 있는 것은 당시의 역사적 사건을 시간대별로 기록했기 때문이다. 광해군과 정치적 갈등을 빚었던 인목왕후(仁穆王后) 측 궁녀에 의해 기록되어 광해군을 부도덕하고 패륜적인 인물로 묘사한 한계가 있다. 그러나 선조 대 후반부터 인조반정까지 격동기의 궁중 비사(秘史)가 정리되어 있어 이 시기 정치사와 왕실 생활사를 이해하는 데 크게 도움이 된다.

이 책은 선조 말년에 인목왕후가 선조(宣祖, 1552~1608, 재위 1567~1608)의 계비로 들어와 정명공주(貞明公主)와 영창대군(永昌大君)을 출산하는 것에서 시작한다. 당시 선조의 나이는 51세, 인목왕후는 19세였다. 선조의 정비인 의인왕후(懿仁王后) 박씨는 자식을 낳지 못한 채 죽고 인목왕후가 계비로 들어온 것이다. 이때는 이미 선조의 후궁인 공빈 김씨의 두 아들인 임해군(臨海君)과 광해군이 장성해, 광해군은 왕세자로 책봉된 상태였다. 그러나 인목왕후가 낳은 영창대군은 적장자였기에, 이전까지의 후계 구도에 영향을 미칠 수 있는 중대한 변수였다.《계축일기》는 이처럼 긴박했던 궁중 암투를 일선에서 지켜보았던 궁녀의 눈으로

**《계축일기》** 인목대비 폐위 사건이 일어났던 1613년(계축년)을 기점으로 기록된 수필. 인목대비의 측근인 궁녀에 의해 기록되었기에 편파적으로 쓰인 부분이 있다. 《서궁일록》으로도 불린다.

그려내고 있다.

《계축일기》는 제목이 일기로 표현되어 있지만 실제의 상황보다 과장되게 묘사한 부분이 적지 않은 등 소설의 형식이 다분하다.

> 계축년부터 서러운 일이며 수시로 내관을 보내 겁주어 꾸짖던 일이며 박대 부도(不道)하고 불효(不孝)한 일들을 이루 기록치 못하여 만분의 일이나 기록하노라. 다 쓰려 하면 남산의 대나무를 베어온들 어찌 이루 쓰며 다 이르랴. …… 나인들이 이를 잠깐 기록하노라.

이 작품에서 인목왕후가 아기를 잉태한 시점부터 갈등이 전개된다.

"1602년(선조 35) 중전께서 아기를 잉태하셨다는 이야기를 듣고 유가(유자신柳自新, 광해군의 장인)가 중전을 놀라게 하여 낙태시킬 양으로 대궐 안에다 돌팔매질했다"라고 기록되어 있듯이 인목왕후의 출산은 세자의 지위에 있던 광해군 측에 커다란 부담이 되었다. 그러나 1603년 태어난 아기는 공주(정명공주)였기 때문에 갈등 없이 지나칠 수 있었다.

1606년(선조 39) 인목왕후가 영창대군을 낳자 상황은 급전하게 된다. 《계축일기》에 따르면 선조가 스스로 "둘째 아들을 세자로 세움은 집과 나라가 한가지로 망하는 일이니, 중국 황제는 온 천하에 법을 펴고 다스리는 마당에 한 조정을 위해서 이런 처사를 허용치 못할 것이다"라고 하여 이미 후계자였던 광해군의 왕위 계승에 커다란 위협이 닥쳐왔음을 알 수 있다.

이어 《계축일기》에서 광해군이 어린 시절부터 부도덕하고 포악한 인물임을 강조한다. 몇 가지 기록을 살펴보자.

대개 어렸을 적부터 왕(선조)이 불민하게 여겨오신 터였으나 임진왜란 때 갑자기 광해군을 왕세자로 정하신지라 항상 교훈하시고 전교를 내리시지만 순순히 순종하지 아니하고 상감께서 타이르시는 족족 원수처럼 생각했다.

병오년(1606)에 큰 세력을 일으키려고 욕심을 내어 상감을 기만하고 들어가려 하며 후궁을 위협하여 "내가 하는 일을 상감께 아뢰거나 조카를 주지 않으면 삼족을 멸할 테니 그리 알라"라고 공갈, 협박하여 한편으로 나인을 보내 빼앗아갔던 것이다.

병오년에 대군이 태어나면서부터 없앨 마음을 품어오다가 대군이 점점 커감에 따라 큰 변을 일으켜 갑작스레 없앨 일을 날마다 모의하니 …… 능히 할 수 있는 일도 순종하지 않고 뜻을 거스르며 반대하는 것이 너무 심하다.

위의 기록은 국왕에게조차 불손했던 성격과 후궁의 조카를 첩으로 뺏는 탐욕, 대군에 대한 흉심 등 광해군의 부정적인 일면만을 보여주어 능히 영창대군을 죽이고 인목왕후를 유폐할 수 있는 인물임을 부각시키고 있다.

●

## 광해군의 부도덕성을 고발하다

이 작품은 광해군이 어린 영창대군을 궁궐 밖으로 쫓아내는 장면에서 절정을 이룬다.《계축일기》곳곳에는 당시 정황을 자세히 묘사하고 있다. "날은 저물어가고 어서 내라는 재촉은 성화같고 또 안에서는 나인까지 나와 재촉하니, 하늘을 꿰뚫을 힘이 있다 한들 어찌 그때 이길 수 있으리요. 점점 더 늦어지니 우리 시위인들을 각각 꾸짖으며 '너희들이 이러하니 할 수 없이 우리가 들어가서 대군을 빼앗아 데리고 오리라. 너희들 한 사람이라도 살 수 있나 어디 두고 보자' 하고 들이닥치는데……"라거나, 영창대군이 어머니와 누나를 보여달라고 애원하는 장면을 기록하며 "곡성이 내외에 진동하고 눈물이 땅 위에 가득 차 사람들이 눈이 어두워 길을 찾지 못했다"라는 등의 표현으로 감정을 자극하고 있다. 이어 영창대군이 궁궐에서 쫓겨나 강화도로 유배된 뒤 불행한 죽음을 맞고, 그 죽음조차 어머니인 인목왕후에게 알리지 않는 광해군의 부도덕성을 고발하고 있다.

영창대군이 죽은 뒤 인목대비의 서궁 생활이 중심을 이루고 있다. 유폐나 다름없는 생활이었으니 서궁에서의 비참한 처지는 짐작하고도 남음이 있다. '일기'에는 당시의 생활상에 대해 매우 자세히 묘사하고 있다.

> 명례궁(서궁에서 왕비의 토지를 관리했던 건물)에 갇혀 지낸 지 10년이 되어가니 모든 물건이 다 동이 나서 신창 기울 노끈이 없어 베옷을 풀어 꼬아 입고, 옷 지을 실이 없어 모시옷과 무명옷을 풀어 쓰곤 했다. …… 쌀을 일 바가지가 없어 소쿠리로 쌀을 일었더니 까마귀가 박씨를 물어와 …… 네 해째는 큰 박이 열렸다. 겨울을 칠팔 년 지낼 사이 햇솜이 없어 추워서 덜덜 떨었는데 면화씨가 날라 들어와 이를 심으니 두 해 세 해째는 면화가 많이 열려 그것으로 옷에 솜을 넣어 입었다. 또 꿩을 얻어왔는데 목에 수수 씨가 들어 있어 심으니 무성히 열린지라, 가을이 되어 수수를 찧어 떡을 만들어 먹을 수 있었다. …… 씨 뿌리지 않는 나물이 침실 앞뜰에까지 가지가지 났다. 기특하여 가꾸어 뜯어 삶아 먹으니 맛이 좋거늘 모두 먹으니 꿈에 사람이 나타나 이르기를, "나물을 못 얻어먹기에 이 나물을 주노라" 하더란다.

서궁 생활의 역경 속에서도 까마귀나 꿩과 같은 동물에게 도움을 받고, 꿈에 노인이 나타나 도움을 주었다는 등의 장면으로 이들이 결국에는 복을 받게 된다는 점을 은연중에 강조했다. 그리고 인조반정으로 그동안의 고통을 보상받을 수 있었다는 것으로 끝을 맺는다. 역사적 사건을 소재로 하면서도 '권선징악'과 '인과응보'라는 전통 시대의 기본 주제를 동물의 보은과 꿈의 실현 등 사례에 담고 있는 점은 이 작품의 소설적 특징을 잘 보여준다.

●

## 광해군을 어떻게 볼 것인가

《계축일기》는 시종일관 광해군을 부정적으로 기록했지만, 과연 이 책의 잣대로만 광해군을 평가할 수 있을까?

이 시기는 조선중기 학파 내에서 붕당이 형성되고 붕당 간의 치열한 정치적 대립이 시작되는 시기였다. 초기에는 동인이 정국에서 우세했으나, 1589년(선조 22) 정여립 모반 사건이 빌미가 되어 일어난 기축옥사를 계기로 하여 정철이 중심이 된 서인들이 정국의 주도권을 잡았다. 정여립이 동인이었고 정여립과 교분을 형성한 사람들 대부분이 동인이어서 동인의 피해가 컸으며, 특히 동인 중에서도 조식 학파와 서경덕 학파 학자들이 크게 화를 당했다. 이 사건을 계기로 동인은 이황 학파가 중심이 된 남인과 조식·서경덕 학파가 중심이 된 북인으로 다시 나뉘었다. 기축옥사로 수세에 몰렸던 북인은 1592년 임진왜란을 계기로 점차 권력의 중심부로 들어온다. 조식 학파의 수제자 정인홍 등이 의병 활동을 통해 강력한 주전론을 펼친 공로를 인정받았기 때문이다.

임진왜란은 왕실의 세력 판도에도 크게 영향을 주었다. 임진왜란 초기 관군의 방어선이 뚫리면서 위기를 맞이한 선조는 서둘러 피난길을 재촉하는 한편, 광해군을 왕세자로 삼고 분조(分朝, 조정을 나눔) 활동을 통해 혼란한 정국을 수습하도록 했다. 18세에 왕세자로서 분조를 이끌며 대왜 항쟁에 나선 광해군은 주전론을 강조한 정인홍 등의 북인 세력과 호흡이 잘 맞았다. 의주로 피난해 백성의 원성을 들었던 선조와는 대조적인 모습이었다. 임진왜란이 끝난 뒤 조야의 명망은 광해군에게 쏠렸고 광해군의 왕위 계승은 무난한 것처럼 보였다. 그러나 전란 후 능력을 인정받으며 훌쩍 커버린 광해군은 선조에게 크나큰 정치적 부담으로 다가갔다. 왕이라는 지존의 자리를 두고 부자 관계도 다만 정치적 적수로만 인식되었을까?

이러한 상황에서 선조는 어린 계비가 낳은 영창대군이 눈에 들어왔다. 1606년 55세에 적장자를 본 선조의 기쁨은 누구보다 컸다. 선조의 환심을 사고자 영창대군의 세자 책봉을 은근히 청하는 세력들도 생겨났다. 정치판의 줄서기가 시작된 것이다. 영창대군의 탄생을 계기로 북인은 다시 광해군을 지지하는 대북과 영창대군을 지지하는 소북으로 나뉘었다. 대북의 중심에는 정인홍이, 소북의 중심에는 유영경이 자리잡았다.

선조 대 후반에는 영창대군을 지지한 유영경이 영의정이 되어 소북이 정권을 잡았고 영창대군의 왕위계승은 상당한 가능성을 보였다. 그러나 선조의 급서로 정국은 일변한다. 아직 어린 영창대군을 왕위에 올리는 것을 불안해한 선조는 마지막 유언에서 이미 왕세자였던 광해군을 국왕으로 명했다. 16년간의 세자 생활을 어렵게 청산한 광해군이 왕위에 오르며 정국은 일순간에 대북 정권 중심으로 바뀌었다. 유영경을 탄핵하여 귀양길에 올랐던 대북의 핵심인물 정인홍은 곧바로 석방된 뒤 정권을 뒷받침하는 산림(山林) 영수로 떠올랐다.

이는 가장 강력한 왕위계승의 적수였던 영창대군과 지지 세력에 대한 정치적 보복을 예고하는 것이었다. 선조는 훗날을 염려하여 신하 일곱 명을 따로 불러 '어린 영창대군을 잘 보살펴줄 것'을 신신당부했지만 권력 교체 속에서 거침없는 숙청이 이어졌다.

선조 사후 한 달이 못 되어 유영경은 처형되고 잦은 옥사로 소북 인사들이 대거 축출되었다. 1613년(광해군 5) 조령에서 발생한 은상(銀商) 살해 사건은 팽팽한 긴장감이 흐르는 정국에 기름을 붓는 격이 되었다. 은상 살해의 주범으로 밝혀진 박응서를 비롯한 서얼들은 국문 도중에 "거사자금을 확보해 김제남(영창대군의 외조)을 중심으로 왕(광해군)과 세자를 죽이고 영창대군을 옹립하려 했다"라는 놀라운 진술을 했다. 이에 김제남은 처형되었고, 영창대군은 서인(庶人)으로 강등되어 강화도로 끌려갔다. 1614년 봄 대북파 이이첨의 사주를 받은 강화부사 정항(鄭沆)이 영창대군을 작은 골방에 가두고 아궁이에 불을 지펴 증살(蒸殺)했다. 여덟 살의 어린나이에, 조선 초기 단종의 죽음과도 비견되는 안타까운 죽음이었다.

영창대군의 어머니 인목대비는 이제 제정신이 아니었다. 광해군을 원수로 여기는 게 당연했다. 두 사람이 어머니와 자식 관계로 한 궁궐에 있는 것은 무척이나 부자연스러웠다. 1615년 추운 겨울 광해군은 인목대비에게 문안한 뒤 그녀를 경운궁에 두고 혼자만 창덕궁으로 돌아왔다. 1615년 광해군은 교서를 반포해 흉측한 글을 유포시킨 인목대비의 죄상을 알리고 이에 연루된 나인들을 처형하는 등 강경한 조치를 취

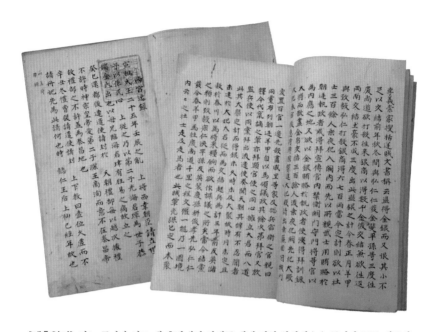

**《계축일기》** 어느 궁녀가 선조 대 후반에서 광해군 대에 걸쳐 왕위계승을 둘러싼 궁중 내부의 갈등을 기록한 궁중소설이자 역사소설이다. 제목이 '일기'로 되어 있는 것은 당시의 역사적 사건을 시간대별로 기록했기 때문이다. 격동기에 전개되었던 궁중 비사가 정리되어 있어서 이 시기 정치사와 왕실생활사, 특히 권력 주체들의 감정 대립을 이해하는 데 크게 도움이 된다. 국립중앙도서관 소장.

했다. 광해군의 감정이 이러했으니 인목대비의 서궁 생활은 그야말로 비참했을 것이다.

인목대비가 피 끓는 복수심을 불태웠던 곳은 경운궁(지금의 덕수궁)이다. 경운궁은 원래 성종의 형이었던 월산대군의 사저였으나 임진왜란으로 피난을 갔던 선조가 다른 궁궐이 파괴되어 임시로 거처하면서 궁으로 사용되었다. 1611년에 광해군이 이 행궁으로 거처를 옮기면서 붙인 이름이었다. 전란의 여파로 궁궐 대부분이 파괴되었기 때문이다. 그러나 인목대비를 서궁에 유폐한 것은 두고두고 광해군의 발목을 잡았다. 1623년 인조반정으로 광해군이 머물던 창덕궁을 접수한 반정군은 곧바로 서궁으로 발길을 돌렸다. 왕실의 최고 어른이자 그들이 반정의 명분으로 제시했던 인목대비에게 반정을 공식적으로 승인받기 위함이었다. 인조는 직접 인목대비를 찾아뵙고 즉위식을 올렸는데, 그곳이 바로 즉조당(卽祚堂)이었다.

인조시대 이후 서궁은 왕실의 관심에서 멀어졌다. 조선 후기 궁의 터는 대부분 비어 있었고 행궁으로 쓰던 즉조당과 석어당 등 건물 두어 채와 왕비의 토지를 관리하는 명례궁 건물 몇 채만 남아 있었다. 국왕이 직접 찾은 것도 1773년(영조 49) 영조가 선조의 환도(還都) 삼주갑(三週甲, 180)을 맞아 배례를 행한 정도였다.

서궁이 역사의 중심지로 다시 부각된 것은 고종 대이다. 서구 열강의 틈바구니 속에서 활로를 모색하던 고종은 일본의 간섭을 피해 러시아 공사관으로 피신했다가 1897년 대한제국을 선포하고 경운궁으로 거처를 옮겼다. 이후 경운궁에 건물이 지어졌으며 석조전 등 일부 건물은 서양식으로 건축되었다. 고종은 1907년 순종에게 황제의 자리를 물려준 뒤에도 태상황으로서 계속 경운궁에 머물렀다. 이때 궁호를 경운궁에서 현재의 명칭인 덕수궁으로 바꾸었다.

분노와 복수로 점철된 삶을 살았던 인목대비에게 1623년 인조반정은 가뭄 끝 단비였다. 그리고 인조가 인목대비를 왕실의 최고 어른으로 대접하면서 그녀는 그동안 쌓였던 울분을 풀 수 있었다.《인조실록》에는 인목대비가 광해군에게 얼마나 분노했는지를 잘 보여준다.

한 하늘 아래 같이 살 수 없는 원수이다. 이미 오래 참아온 터라 내가 친히 그들의 목을 잘라 망령(亡靈)에게 제사 지내고 싶다. 10여 년 동안 유폐되어 살면서 지금까지 죽지 않은 것은 오직 오늘을 기다린 것이다. 쾌히 원수를 갚고 싶다.

-《인조실록》 인조 3년 3월 13일


광해군은 '조(祖)'와 '종(宗)'으로 불리는 조선의 다른 왕과는 달리 '군'이라는 왕자 시절의 호칭으로 여전히 남아 있다. 그의 묘도 '릉'이라고 불리는 다른 왕들의 화려한 무덤과는 달리, '광해군묘'라는 이름으로 찾는 이 없이 방치된 채 있다.

**2**

# 한중록 閑中錄

놀라운 기억력이 돋보이는
궁중문학의 백미

●

# '한중록' 혹은 '읍혈록'

《한중록(閑中錄)》을 쓴 혜경궁(惠慶宮)은 1735년(영조 11) 풍산 홍씨 홍봉한(洪鳳漢)의 둘째 딸로 태어나 1815년(순조 15) 81세를 일기로 사망했다. 열 살 때 세자빈으로 간택되어 영조와 선희궁의 사랑을 받았으나, 열여덟 살에 첫아들 의소를 잃고 스물여덟 살에 남편을 잃었다. 친정 가문도 정치적인 이유로 몹시 탄압받았다.《한중록》이 '궁중에서 한을 담은 기록'이라는 뜻의 '한중록(恨中錄)'이나, '피눈물을 흘리며 쓴 기록'이라는 뜻의 '읍혈록(泣血錄)'이라 불린 것은 이 책의 성격을 단적으로 보여준다. 혜경궁은 1762년(영조 38) 사도세자가 비명횡사한 뒤 혜빈의 호를 받았고, 1776년 아들 정조가 왕으로 즉위한 뒤 혜경으로 궁호가 올랐다. 1899년(광무 3)에 사도세자가 장조(莊祖)로 추존(追尊)되면서 그녀 역시 헌경왕후(獻敬王后)로 추존되었다.

《한중록》은 모두 네 편으로 구성되어 있다. 1편은 혜경궁의 출생과 어린 날의 추억, 아홉 살 때 세자빈으로 간택된 이야기, 이듬해 입궐한 뒤 50년 동안 궁중에서 생활한 이야기를 담고 있다. 남편 사도세자의 비극적인 죽음을 언급하기는 하지만, 자세한 이야기를 회피하려는 모습을 보인다. 후반부에는 정적(政敵)들의 모함에 의해 친정아버지와 삼촌, 동생 들이 화를 입은 진말을 기록하고 있다.

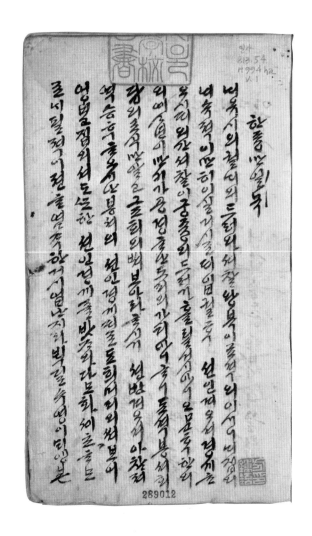

**《한중록》** 무엇보다 흔치 않은 여성문학이라는 점과 왕실 최고 여성이 거의 공개되지 않은 궁중생활의 전모를 생생히 기록했다는 점에서 문학적·역사적 가치가 매우 크다. 혜경궁 홍씨는 순한글의 유려한 문장으로 자신의 파란만장한 인생을 묘사했으며, 등장인물의 성격 또한 선명하게 그렸다. 그리하여 《한중록》은 궁중문학의 백미, 나아가 조선시대 산문문학의 정수로 손꼽힌다.

2편은 동생 홍낙임(洪樂任)이 천주교 신자라는 죄목을 쓰고 죽임을 당한 뒤 쓴 부분으로, 동생이 억울한 누명에서 벗어나기를 축원하며 글을 맺고 있다. 3편은 정조와 자신에 관한 부분으로, 정조의 효성이 매우 지극하고 말년에 외가에 대해 많이 뉘우쳤노라고 적고 있다. 4편은 1805년(순조 5)에 쓴 기록으로, 사도세자의 죽음과 관련하여 진상을 폭로하는 듯한 성격을 띠고 있다.

혜경궁은 비극의 원인을 영조와 남편의 생모인 영빈 이씨 사이의 불화 그리고 영조가 병적으로 사랑했던 화평옹주(和平翁主, 사도세자의 동생)의 죽음에서 찾고 있다. 혜경궁에 따르면, 옹주가 죽은 뒤 영조는 세자에게 무심해졌고, 세자는 그사이 무예나 잡기(雜技)에만 관심을 쏟았다. 특히 세자는 성격이 급하고 세심한 부왕을 무서워하여 점차 소심하고 난폭해졌다. 거듭된 부자 간의 갈등은 마침내 영조가 1762년 세자를 뒤주에 유폐시켜 9일 만에 질식사시키는 비극을 낳았다. 그런데 이 부분에서 혜경궁은 영조가 세자를 처분한 것을 부득이한 일이라 강조하는 동시에 항간에 유포되었던 친정아버지 홍봉한의 개입설을 극구 부인했다. 이미 죽은 남편을 변호하기보다는 친정 가문을 지키는 데 전력을 다한 것이다.

●

## 1795년 정조의 화성행차와 혜경궁의 회갑연

혜경궁은 화성에서 자신의 회갑연을 치른 뒤 《한중록》을 쓰기 시작했다. 그해가 1795년(정조 19)으로, 정조는 어머니의 회갑을 맞아 화성(華城,

지금의 수원)행차를 단행했다. 여기에는 정조의 여러 뜻이 담겨 있었다. 정조는 동갑내기였던 어머니와 아버지의 회갑이라는 뜻깊은 해를 맞아 어머니를 모시고 아버지 사도세자의 무덤이 있는 화성의 현륭원(顯隆園)을 다녀오기로 결심하고 대대적인 국가행사를 준비했다. 그리고 화성 행궁(行宮, 국왕이 임시로 머무르는 궁궐)에서 어머니의 회갑연을 성대히 치렀다. 이제껏 응어리진 삶을 살아온 어머니에게 지극한 정성을 보인 것이다.

그러나 이는 단지 어머니와 아버지에 대한 효심의 표현이 아니었다. 정조는 이를 통해 왕권을 대내외에 과시하고 친위군대를 중심으로 군사훈련도 실시했다. 또 행차를 기회로 과거를 치러 인재를 뽑고 가난한 백성들에게 쌀을 나누어주었다. 직접 활쏘기 시범을 보이는가 하면, 어머니와 같은 노인들을 위해 성대한 잔치를 베풀기도 했다. 정조는 무엇보다 화성을 정치·군사·경제의 중심 도시로 키워나가려는 꿈과 야망이 있었다.

사도세자의 비극적인 죽음 후 정조는 왕위 계승 과정에서 고난을 겪었다. 사도세자의 죽음을 둘러싸고 정치권은 영조의 조치를 지지하는 벽파와 사도세자의 죽음을 동정하는 시파로 나뉘어 격렬하게 대립했다. 결국 영조의 입장을 지지하는 벽파를 중심으로 정국이 운영되었다. 정조는 11세에 영조의 뒤를 이을 세손(世孫)으로 책봉되었다. 그러나 사도세자의 죽음에 깊이 관여한 벽파는 정조의 즉위를 두고 볼 수만은 없었다. 정조가 세손 시절 항상 갑옷 차림으로 잠자리에 들었던 것에서 당시 그가 얼마나 심하게 위협받았는지 짐작할 수 있다. 그는 즉위 후에도 벽파의 심한 견제를 받았다.

정조가 학문과 정치를 함께할 인재 양성을 목적으로 규장각을 강화

《원행을묘정리의궤》〈봉수당진찬도〉 혜경궁 홍씨는 화성 행차 후 바로《한중록》을 쓰기 시
작했다. 혜경궁으로서도 회갑을 맞아 아들과 함께한 화성 행차에 감격했던 듯하다.

**화성** 정조는 1795년 어머니의 회갑을 맞아 대규모로 화성 행차를 거행했다. 이는 정치적으로 의미가 큰 행사였다. 그는 화성 행차로 죄인 사도세자의 아들이라는 오명을 떨치고 자신의 개혁정치를 완성하고자 했다.

한 것이나 친위부대인 장용영(壯勇營)을 육성한 것도 독자적인 정치 기반을 갖추기 위한 노력의 일환이었다. 그리고 마침내 정조는 화성을 건설하여 자신의 정치적 야망을 실현하고자 했다. 종전에도 왕의 행차는 있었지만, 1795년 어머니 회갑을 맞아 단행한 화성 행차는 화성 건설과 맞물리며 전의 행차와는 비교가 안 될 정도로 대규모였으며 정치적 의미가 컸다. 정조는 화성 행차를 통해 자신을 짓눌러오던 죄인의 아들이라는 굴레를 완전히 떨쳐버리고 자신이 구상한 개혁정치를 완성하고자 했다.

## 한가한 날의 기록, 한중록(閑中錄)

《한중록》에서 1편은 1795년 정조가 주도한 화성 회갑연에 참석한 뒤 안정된 마음으로 과거를 회고하는 글이며, 2편·3편·4편은 사랑하는 아들 정조를 잃은 뒤 67세·68세·71세에 각각 집필한 글이다. 1편은 궁궐에 들어가 웃전의 사랑을 받는 혜경궁 홍씨의 개인사를 다루고 있다. 특히 이 부분에는 혜경궁이 세자빈으로 간택받았을 때의 정황이 구체적으로 서술되어 있어 당시 간택된 당사자와 집안의 분위기 나아가 왕실의 혼례 과정을 엿볼 수 있다.

그해(1743) 나라에서 간택 단자를 올리라는 명을 내렸다. 누군가가 이렇게 말했다. "선비의 자식이 간택에 참여하지 않아도 집안에 해로움은 없을 것입니다. 그러니 단자를 올리지 마십시오. 오히려 가난한 집안에서 옷을 마련하는 폐를 더는 것이 마땅할 것입니다." 그러나 아버지는 이렇게 말씀하시고는 단자를 올리셨다. "우리 집안은 대대로 나라의 녹을 받은 신하로서 내 딸은 재상의 손녀이다. 어찌 감히 임금을 속이려 들겠는가." 그러나 그때 우리 집은 심하게 빈곤하여 옷을 새로 해 입을 방법이 없었다. 치마를 만들 천은 내 언니의 혼수에 쓸 것으로 마련했고, 그 옷 속에는 낡은 천으로 속옷을 지어 입었다. 다른 차비는 빚을 내었다. 어머니께서 부지런히 일하여 준비해주신 일들이 지금도 눈에 선하다.

계해년 9월 28일 첫 번째 간택 날, 임금님께서는 못생기고 재주가 남보다 못한 나를 과하게 칭찬하시며 귀여워하셨다. 정성왕후(영조의 정비)께서는 나를 가지런히 보셨고, 선희궁(영빈 이씨, 사도세자의 생모)께서는 간택하는 자리에는 없으셨지만, 먼저 나를 불러 보시고 화평한 기운으로 사랑하셨다. 내 곁에 궁인들이 다투어 앉아 나는 심히 괴로웠다. 선희궁과 화평옹주가 물건을 내려주셨다. 또 내가 예를 받드는 모습을 보시고는 직접 예에 맞는 태도를 가르쳐주셨다.

초간택 때 이미 혜경궁은 세자빈으로 간택된 것이나 마찬가지였다. 그는 "간택 후 갑자기 일가(一家)나 전에는 절연되었던 하인들이 우리 집을 찾는 일이 많아졌다"라며 자신이 거의 세자빈으로 결정되자 세태가 달라진 것을 언급하기도 했다. 10월 28일 재간택 때는 자신이 이미 세자빈으로 완전히 정해진 듯 대접도 달라져 더욱 당황했다고 서술했다. 이때 영조가 직접 자신을 보고 "내가 아름다운 며느리를 얻었구나"라고 말했다는 사실도 빼놓지 않았다. 왕비나 세자빈 간택은 삼간택이 원칙이었지만, 이미 왕실에서 내정한 신붓감이 있는 경우가 많았다는 사실을 알 수 있다.

1편에는 혜경궁이 정조를 잉태했을 때 사도세자가 꾼 태몽과, 정조가 비범한 인물임을 암시하는 대목이 자주 나온다.

신미년(1751) 10월에 경모궁(사도세자)께서 용이 침실에 들어와 여의주를 희롱하는 꿈을 꾸고 잠에서 깬 뒤 이상한 징조라고 말씀하셨다. 경모궁께서는 그 밤에 즉시 흰 비단 한 폭에 꿈에 보았던 용을 그려 벽상에 붙였다. 이때 경모궁의 춘추가 17세이셨다. 이상한 꿈이라고 생각하실 만도 했지만, 경모궁께서는 "이 꿈은 아들을 얻을 조짐이라"라고 말씀하시고는 성숙한 어른처럼 행동하셨다. 말씀 또한 가려서 하셨다. 과연 꿈 뒤에 주상을 얻었으니 기이한 꿈인가 싶었다. …… 우리 주상같이 일찍 숙성하신 이는 옛날에도 없었을 것이다. 주상은 어렸지만 경모궁께 말없이 효도한 일이 많았다. 이를 어찌 다 일일이 열거하겠는가. 주상이 하신 모든 일은 하늘에서 내린 사람이 하신 일이지, 예사 사람이 어찌 이러하겠는가.

**친정 가문과의 돈독한 관계도 자주 언급되어 있다.**

내 친정 부모는 본성이 착하고 공명과 영화가 빛났으며, 형제 또한 많아 근심이 없었다. 어머니께서는 궁에 들어오실 때 막내 여동생과 막내 남동생을 앞세우곤 하셨다. 막내 남동생은 부모님께서 늦게 본 아들이었기에 사랑이 지극하셨다. 그 아이의 사람됨이 충직하고 순박하며 인정이 두터워 비록 어린아이일지라도 큰 그릇이 될 기상이 있었다. …… 막내 여동생은 어머니께서 내가 궁중에 들어온 뒤 나를 잊지 못하시다가 낳은 동생이다. 사람마다 아들 낳기를 원하지만 우리 집은 오히려 딸 낳은 것을 행복으로 여기고, 온 집안의 기쁨으로 생각했다. 나는 여동생을 부모님 곁에 내 자취를 남긴 것처럼 생각하여 기뻐했다.

혜경궁은 이렇듯 친정 식구들과 단란했던 한때를 회고하고 있다. 그러나 후반부에는 정적들의 모함으로 아버지, 삼촌, 동생 들이 화를 입게 된 전말을 쓰고 있다. 이 글이 상당한 정치적 긴장을 보일 수 있음을 암시하는 대목이다.

●

## 응어리진 한의 기록, 한중록(恨中錄)

2편부터는 혜경궁 홍씨의 친정 가문이 정치적으로 견제당한 이야기와 1762년에 비명에 죽은 사도세자 이야기가 시작되면서 한 많은 일생을 산 홍씨의 기구한 운명이 펼쳐진다. 따라서 이 부분은《한중록》의 이본(異本) 제목으로 등장하는 '한중록(恨中錄)'이 더 어울려 보인다.《한중록》2·3·4편에서 홍씨는 자신의 인생을 회고하면서 주마등처럼 지나간 과거사를 비상한 기억력과 차분한 감정으로 복원해내고 있다. 또한 자신의 친정 가문은 사도세자의 죽음과 관계없음을 피력한다.

　1805년(순조 5) 4월에 쓴 기록에는《한중록》을 쓰게 된 중요한 동기가 드러나 있다.

　　어떤 큰일을 자손이 되어 모르는 것은 사람의 도리와 천지만물의 이치에 어긋난 일이다. 주상(순조)이 어려서 이 일을 알고자 했으나 선왕(정조)은 차마 자세히 말하지 못했다. 어느 누가 감히 이 말을 하며, 또 누가 능히 이 사실을 자세히 알겠는가. 내가 없으면 궐 안에서는 알 사람이 없어서 이 일을 모르게 되었으니, 자손이 되어 조상의 큰일을 어둡게 만들 일이 망극하구나. 그래서 한번 그 일의 전후사를 기록하여 주상을 뵙고자 했다. 그러나 나는 차마 붓을 잡고서도 쓰지 못하여 세월만 보내었다. 내 첩첩한 공사(公私)에 참혹한 재앙이 있은 뒤로는 목숨이 실과 같이 거의 끊어지게 되었다. 이 일을 주상이 모르게 하고 죽기는 실로 인정(人情)이 아니다. 그래서 죽기를 참고 피눈물을 흘리며 이렇게 기록하나, 차마 쓰지 못할 말은 뺀 것이 많고 지루한 곳은 다 거두지 못한다.

…… 나와 선왕(정조)은 경모궁(사도세자)의 처자(妻子)로 망극한 변을 당하고도 쉽게 죽지 못하고 목숨을 보전했다. 또한 슬픔은 나의 지극한 슬픔이요 의리는 나의 의리로 오늘날까지 왔으니, 이 사연을 주상께 자세히 알리고자 한다. 헤아려 생각해보건대 이 일을 두고 영묘(靈廟, 영조)를 원망하고 경모궁의 병환이 아니라 말하며 신하에게 죄가 있다고 하면 비단 본 사건(임오화변)의 실제 모습을 잃을 뿐만 아니라 삼묘(三廟, 영조·정조·순조)에게도 다 망극한 일이다. 이것만 바로잡으면 이 의리를 분간하기가 무엇이 어렵겠는가. 내가 임술년(1802) 봄에 이 일의 기초를 잡아두고 미처 보지 못했다. 오늘날 그간 겪은 일을 말하여 가순궁(정조의 후궁 수빈 박씨, 순조의 생모)도 자손에게 이 일을 알리는 것이 옳다고 생각해서 "이 일에 관해 쓰십시오"라고 청하기에 마지못해 써서 주상께 보였다. 나의 온갖 힘이 이 기록에 다 있다.

혜경궁은 사도세자가 희생된 1762년의 임오화변(壬吾禍變)에 대해 어떤 형태로든 자신의 입장을 표명할 준비가 되어 있었다. 이어 혜경궁은 사도세자가 태어나자마자 부모와 떨어져 저승전으로 들어간 것이 화변의 발단이었음을 회고한다.

경모궁께서 아침저녁으로 대하는 사람은 환관과 궁첩뿐이었고 듣는 이야기도 여항의 세세한 이야기들뿐이었다. 벌써 이 일이 잘 되지 못할 발단이었으니, 어찌 슬프고 원통하지 않겠는가.

영조와 사도세자의 성격차도 갈등의 원인이었음을 지적했다.

두 부자의 성품이 몹시 달랐다. 영묘(영조)께서는 똑똑하고 인자하며 효성스러웠다. 모든 일을 자상하게 살피며 민첩하고 숙달한 성품이셨다. 경모궁(사도세자)께서는 말씀이 없고 행동이 민첩하지는 못하셨지만 덕량이 거룩하셨다. 모든 일에 부왕의 성품과 달랐다. 평상시에 영묘께서 묻는 말씀에 머뭇거리며 대답하셨다. 부왕께서 무엇을 물어보려 하실 때에도 당신께서 생각하는 바가 없는 것은 아니지만, 이리 대답할까 저리 대답할까 고민하며 즉시 대답하지 못하셨다. 그래서 매번 영묘께서 답답하게 생각하셨는데 이 일이 또 큰 사건이 되었다. …… 점점 서먹서먹하게 지내다가 마주하면 부왕께서는 도타운 사랑보다는 허물을 꾸짖으셨다. 아드님께서는 한 번 뵙는 것도 조심하시며 몹시 두려워하셨다. 그래서 무슨 큰일이나 치르는 듯하셨다. 말이 없는 가운데 부자 사이가 막히니 어찌 슬프지 않겠는가.

《한중록》에서 혜경궁은 남편인 사도세자에 대해 비판적인 시각을 드러낸다. 1743년 창덕궁에서 일어난 화재로 인해 영조가 거처를 경희궁으로 옮긴 뒤 사도세자와 멀어지게 되자, 사도세자의 기행이 시작되었다고 기록했다. 이어 화평옹주의 죽음으로 영조와 선희궁이 슬픔에 빠져 있는데도 "동궁은 그사이에 꺼릴 것 없이 놀기도 더 하고 세상만사에 해보지 않는 일이 없었다. 활 쏘고 칼 쓰기, 기예붙이를 능하게 했는데, 즐겨 노는 일이 다 그와 같은 것이었다. 이런 잡일에 뜻을 두었으니 어찌 온전히 학문을 닦겠는가"라며 노골적으로 사도세자를 비판했다.

이후에도 혜경궁은 많은 사람이 모여 있을 때 영조가 세자를 무안하게 했던 일, 여러 신하가 모여 있을 때 사도세자에게 글 뜻을 물어보고 세자가 대답을 하지 못하면 꾸중하고 흉본 일, 능행길에 세자를 데려가지 않아 세자의 마음을 상하게 한 일 등 부왕과 세자의 갈등이 쌓여가는 과정을 기록했다.

> 그래서 경모궁은 부왕을 점점 두려워하고 무서워하는 병이 들었다. 화가 나면 풀 데가 없어 내관과 내인에게 풀고 심지어 내게까지 푸는 일이 몇 번 있었다.

영조와 사도세자는 국정 문제를 두고도 갈등을 빚었다. 1752년 홍준해(洪準海)가 국사를 언급한 상소로 인해 사도세자는 홍역을 앓아 쇠약해진 몸으로 한파가 몰아치는 눈밭 위에서 석고대죄했다. 같은 해 12월에는 영조가 갑자기 세자에게 왕위를 물려주겠다는 소동을 일으켜 다시 석고대죄했다. 혜경궁은 당시를 회상하며, "창의궁으로 가서 또 석고대죄했다. 동궁은 돌바닥에 머리를 부딪쳐 망건이 다 찢어지고, 이마가 상하여 피가 났다. 이런 일들은 동궁께서 효성과 충성이 있기 때문이다"라고 적었다.

혜경궁의 기록에 따르면, 영조의 질책이 심해지면서 세자는 부왕을 더욱 두려워하게 되었고 주색에 탐닉하는 등 노골적으로 반발하기도 했다. 영조가 내린 금주령을 비웃기라도 하듯이 술을 마셨으며 여자를 데려다 살림을 차린 일도 있었다. 그때마다 영조는 세자를 심하게 질책했다. 그리고 세자는 우물로 뛰어드는 극단적인 방법으로 영조에게 맞섰다.

영조의 질책과 세자의 기행이 반복되는 가운데, 20세를 넘어서면서 세자는 정신이상 증세를 보이기 시작했다. 세자 스스로 "심화가 나면 견딜 수 없어 사람을 죽이거나 닭 짐승을 죽이거나 해야 마음이 풀립니다"라고 영조에게 고백할 정도로 심각하게 가학 증세를 보였다. 세자는 내관과 나인 들의 목숨을 앗아가기도 했다. 어느 날은 내관의 머리를 잘라 들어와 혜경궁이 기겁한 일도 있었다. 제대로 옷을 입지 못하는 의대증(衣帶症)이라는 기괴한 증상도 나타났다. 옷을 한 번 입으려면 수십 벌을 늘어놓고 귀신에게 기원하며 불을 지르는 등 이상행동을 했다. 옷 수발을 잘못 든다는 이유로 자신의 아들을 둘이나 낳은 후궁 빙애를 쳐 죽이기까지 했다.

살아 있는 것은 개미 하나도 밟지 못했고 간장에 빠진 파리 한 마리도 건졌으며 모기도 쫓을 뿐 잡지 않았다는 영조로서는 화풀이로 사람을 죽여대는 세자를 결코 이해할 수 없었다. 영조에게는 모종의 결심이 필요했다. 때마침 고변(告變) 사건이 터졌다. 나경언(羅景彦)이라는 사람이 세자가 역모를 꾸미고 있다며 투서했다. 그는 체포되어 심문을 받는 자리에서 세자의 비행을 10여 조목으로 나누어 고했다. 세자가 자신의 방에 내관을 대신 앉혀놓고 20여 일 동안 몰래 평양에 다녀온 것이 발각된 지 얼마 지나지 않아서의 일이었다. 세자는 당시 나경언의 고변이 무함(誣陷)이라며 나경언과의 대질을 요구하며 극구 부인했다. 이 사건은 세자의 비행을 고발한 나경언이 역적으로 몰려 죽임을 당한 뒤 일단락되었다. 하지만 이 사건을 계기로 영조는 세자에게 모종의 처분을 내리기로 결심했다. 고변 사건이 있은 지 20일 뒤 마침내 실행에 옮겼다.

**창경궁** 영조와 사도세자의 비극이 일어난 역사적 공간이기도 하다. 1762년 윤5월, 사도세자는 창경궁 휘령전 앞뜰에서 영조가 내린 뒤주에 갇혀 죽었다. 사도세자의 죽음은 훗날 시파와 벽파의 당파가 갈리는 단서가 되었다. 사진은 정조가 태어나고 혜경궁 홍씨가 승하한 경춘전(위), 사도세자와 정조의 아들인 순조가 태어난 집복헌(아래).

조선 역사상 가장 비극적인 사건이었던 '임오화변'의 시작이었다.

《한중록》에는 사건에 이르는 구체적인 과정과 혜경궁 자신의 견해가 피력되어 있다. 혜경궁은 영조가 세자를 처분한 것은 만부득이한 일이었고, 영조가 뒤주 형벌을 착상한 것이지 친정아버지 홍봉한의 머리에서 나온 것이 아니라고 주장했다. 임오화변 이후 종래의 노·소론 당파가 시파와 벽파로 갈려, 세자를 동정하는 시파들이 홍봉한을 공격하며 그가 뒤주 형벌을 착안했다고 주장했기 때문이다. 혜경궁은 양쪽 논의 모두 당치 않다고 반박하면서 "이 말 하는 놈은 영조께 충절하는 것인가 세자께 충절하는 것인가"라며 분노했다. 친정 가문을 지키기 위한 혜경궁의 노력이 단적으로 드러난다.

●

## 궁중문학의 백미, 《한중록》

《한중록》은 세자빈이자 왕의 생모인 최고 신분의 여성이 집필한 실명 작품이라는 점에서 무엇보다 의미가 크다. 실록과 같은 정사의 기록에 공식적으로 언급되는 정치 관련 기록 이외에 궁중의 생활상이나 인간의 심리 상태까지 매우 자세하게 묘사되어 있다. 특히 이 작품은 혜경궁이 60세 이후에 썼다는 게 믿기지 않을 만큼 놀라운 기억력과 세밀한 관찰력이 돋보인다. 한 예로 혜경궁은 세자빈으로 간택되던 당시를 회고하는 글에서, "삼간택이 동짓날 열사흘이라, 남은 날이 점점 적으니 갑갑하고 슬퍼서 밤이면 어머니 품에서 자고, 고모 두 분과 둘째어머니께서 어루만져주시며 이별을 슬퍼했다. …… 지금도 당시를 생각하면 가슴이 막힌다"라며 수십 년 전의 정황을 그때의 감정과 함께 상세하게 기록했다.

《한중록》은 1762년 사도세자의 죽음 이후 각 정치세력을 자세히 기록하고 있다. 가례(嘉禮, 결혼)와 같은 궁중의식과 생활의 구체적인 모습, 궁중용어 등도 책 곳곳에 드러나 조선시대 궁중 생활사를 복원하는 데 필수적인 자료이다. 이뿐만 아니라 궁궐 전각의 기능을 구체적으로 밝힌 대목들이 있어 보다 입체적으로 궁궐을 이해하는 데에도 도움이 된다. 이를테면 사도세자가 어린 시절 거처했던 저승전을 설명하는 부분에서 "경모궁은 오래도록 비어 있던 저승전이라는 큰 전각으로 거처를 옮기셨다. 저승전은 본래 동궁을 들이는 전각이다. 저승전 옆에는 강연장인 낙선당과 소대(召對)하는 곳인 덕성합, 동궁이 축하를 받으시고 회강(會講)하는 시민당, 그 문 밖에 춘계방이 있었다. 이는 동궁께서 장성하시면 다 동궁에게 딸린 집인 까닭에 어른처럼 저승전의 주인이 되게 하신 임금님의 뜻이었다"라고 기록했다.

이처럼 한중록은 궁중 문화의 보고(寶庫)라 할 수 있으며, 문장이 소설만큼 사실적이면서도 박진감 있다. 또 우아한 문체는 옛 왕실 여인들의 품위를 한껏 느끼게 해준다. 등장인물들 또한 파란만장한 정치사의 중심에 있던 인물들이라 조선 후기 정치사의 구체적인 흐름도 가늠할 수 있다.

# 3

## 의궤 儀軌

기록과 그림으로 담아낸
조선왕실 행사의 현장들

## 왕실 생활사의 보고(寶庫)

조선시대 왕실 생활을 구체적으로 접할 수 있는 유물이 있다. 바로 '의궤(儀軌)'라는 일종의 행사보고서 형식의 책이다.

의궤에는 조선시대 왕실에서 중요한 행사가 있을 때 행사의 구체적인 과정을 글과 그림으로 기록했다. 행사에 사용했던 물품의 도설이나 행사 현장에 참여한 사람들의 행렬을 그려놓음으로써 현장의 생생한 모습들을 담았다. 기록화들은 오늘날의 사진이나 동영상과 같은 기능을 하는데, 이러한 점에서 의궤는 옛 서적들이 어려운 한자로만 쓰여 있어 읽기 어렵다는 선입견을 없애준다. 또한 기록과 함께 그림으로 현장 상황을 생생하게 전달하려 했던 우리 선조들의 투철한 기록정신을 확인할 수 있다.

의궤에는 왕실의 혼인을 비롯하여 왕과 왕세자의 책봉, 왕실의 장례·제사·잔치·활쏘기·태실(胎室)의 봉안, 국왕의 행차, 궁궐 건축, 친농(親農)·친잠(親蠶) 행사, 중국 사신 영접 등 국가나 왕실행사 전반에 관한 것을 기록했다. 《조선왕조실록》에 따르면 조선 전기부터 국가에서 의궤를 제작했다. 그러나 조선 전기의 의궤는 임진왜란이나 병자호란 등 여러 전란을 거치면서 대부분 소실되었다. 현재는 조선 후기에 제작된 의궤만이 서울대학교 규장각과 장서각, 프랑스 국립도서관,

## 규장각에 소장된 주요 의궤

| 분야 | 주요 의궤 | 주요 내용 |
|---|---|---|
| 종묘, 사직 | 종묘의궤, 사직서의궤 등 | 종묘, 사직의 연혁과 의례 |
| 가례, 하례 | 영조정순후가례도감의궤 등 | 왕실의 결혼 의식 |
| 국장, 상례 | 정조국장도감의궤 등 | 왕실의 장례 의식 |
| 부묘(附廟) | 공성왕후부묘도감의궤 등 | 삼년상 후 신주를 모시는 의식 |
| 빈전, 혼전 | 경종빈전도감의궤 등 | 왕실의 관을 모시는 의식 |
| 장태(葬胎) | 원자아기씨장태의궤 등 | 왕실의 태실 봉안 의식 |
| 능, 원, 묘 | 강릉개수도감의궤 등 | 왕릉과 원·묘의 조성과 이장 |
| 묘호, 시호 | 선조묘호도감의궤 등 | 왕실의 묘호와 시호를 내리는 의식 |
| 존숭, 추존 | 명성왕후존숭도감도청의궤 등 | 왕실의 존숭, 추존 사업 |
| 보인(寶印) | 보인소의궤 등 | 왕실에 소요된 보인의 내용 |
| 어진, 영정 | 어용도사도감의궤 등 | 왕실 어진의 제작 경위 |
| 영접 | 영접도감군색의궤 등 | 외국 사신의 접대 의식 |
| 저궁책례(儲宮冊禮) | 경종세자책례도감의궤 등 | 세자의 책봉 의식 |
| 진연(進宴) | 자경전진작정례의궤 등 | 왕실의 잔치 의식 |
| 녹훈 | 녹훈도감의궤 등 | 공신의 녹훈 과정과 절차 |
| 선원보 | 선원보략수정의궤 등 | 왕실의 족보 제작 |
| 실록, 국조보감 | 경종대왕수정실록의궤 등 | 실록의 제작 과정 |
| 친경, 친잠 | 친경의궤 등 | 국왕의 친경 및 왕비의 친잠 의식 |
| 행행(行幸) | 원행을묘정리의궤 등 | 왕실의 능행 행사 |
| 제사 | 대보단증수소의궤 등 | 국가의 제사 의식 |
| 영건(營建), 궁궐건축 | 화성성역의궤, 창덕궁영건도감의궤 등 | 화성 건축, 궁궐의 조성 및 수리 |
| 기타 | 악기조성청의궤, 대사례의궤 | 궁중에 필요한 악기 조성의 과정, 국왕 주체의 대사례 행사 |

**《묘호도감의궤》** 의궤는 문자 그대로 '의식의 궤범'을 만들어 후대 사람들이 그 전례를 따르게 하려는 의도에서 만들어졌다. 국혼이나 국장, 궁중잔치, 사신의 영접, 궁궐 건축 등 국가에 주요한 행사가 있으면 전대에 제작된 의궤를 참고하여 행사를 원활하게 치를 수 있도록 지혜를 발휘한 것이다. 《묘호도감의궤》처럼 비단 색표지와 5개의 국화동 장정을 한 의궤는 왕에게 바친 어람용 의궤이다.

일본 궁내청 등에 소장되어 있다. 이 중에서도 규장각에는 540여 종, 2,900여 책의 의궤가 있다.

우리 역사의 다른 왕조나 중국을 비롯한 다른 나라에서는 이 같은 책을 만들지 않았다. 이는 오직 조선시대에만 보이는 독특한 전통이다. 의궤에는 행사 과정을 날짜에 따라 기록한 전교(傳敎)·이문(移文)·감결(甘結) 등 각종 공문서를 비롯하여 업무의 분장, 담당자의 명단, 동원된 인원, 소요된 물품, 경비의 지출, 유공자에 대한 포상 등에 관한 내용이 담겨 있다. 필요한 경우 행사의 전 과정을 보여주는 반차도와 건물 및 기계의 설계도 등을 첨부하여 행사의 구체적인 절차나 건축물의 모습을 입체감 있게 표현했다.

이 밖에도 의궤에는 행사에 참여한 관리와 장인 들의 실명(實名), 각각의 물품에 사용된 재료의 수량 및 비용은 물론이고, 사용 후에 남은 물품을 되돌려준 사실 등도 기록되어 있다. 또한 미천한 신분의 장인이나 기녀 들의 실명까지 국가의 최고 보고서에 기록해줌으로써 이들이 남다른 책임감과 사명감을 가지고 작업에 적극 참여할 수 있도록 했다.

●

## 철저한 관리와 분산 보관으로
## 오늘날까지 전해오는 아름다운 의궤

조선시대에는 의궤에 기록된 각종 행사를 치르기 위해 먼저 도감(都監)이라는 임시 기구를 설치했다. 도감은 행사의 명칭에 따라 이름이 달랐다. 왕실의 혼례에는 가례(嘉禮)도감, 국왕이나 왕세자 책봉 의식에는 책례(冊禮)도감, 왕실의 장례에는 국장(國葬)도감, 사신맞이 행사에는 영접(迎接)도감, 궁궐 건축과 같은 공사에는 영건(營建)도감과 같은 이름을 붙였다. 이곳들에서 각기 맡은 행사를 주관했다. 오늘날로 보면 때마다 대통령 취임식 준비위원회나 올림픽조직위원회, 월드컵 준비위원회가 구성되는 것과 비슷하다.

각 도감에서는 시작부터 끝까지 행사의 전 과정을 날짜순으로 정리한 등록(謄錄)을 먼저 작성한 뒤 이를 정리하여 의궤를 편찬했다. 의궤는 국왕이 친히 열람하는 어람용 의궤 1부를 포함해 보통 5~9부를 만들었다. 어람용 의궤를 제외한 나머지 의궤는 행사의 성격에 따라 의정부·춘추관·예조 등 관련 부서와 지방의 각 사고에 나누어 보관하는 것이 일반적이었다. 예를 들면《악기조성청(樂器造成廳)의궤》는 주무부서

**무주부 지도의 적상산사고** 사고는 대개 왕실 관계 자료를 보관한 선원보각(璿源寶閣)과 실록 등을 보관한 사각(史閣)으로 구성되었으며, 사고를 지키는 수호사찰을 꼭 설치했다. 1872년에 그려진 무주부 지도에는 적상산사고가 표시되어 있다. 그리고 선원보각과 사각을 비롯하여, 수호사찰·참봉전·군기청 등 사고를 구성하는 주요한 건물의 위치와 이름이 자세히 나타나 있다.

인 예조와 음악 담당 부서인 장악원(掌樂院) 및 지방 4사고에, 성균관에서 실시한 대사례(大射禮) 행사를 정리한《대사례의궤》는 성균관과 4사고에 각각 보관했다.

고종이 대한제국을 세운 뒤로는 어람용 의궤도 2부를 제작하여 1부는

황제가 있는 규장각에, 1부는 황태자가 있는 세자시강원에 보관하는 것
이 관례가 되었다. 현재 규장각에 소장된 어람용 의궤 가운데 노란색 비
단표지가 황제에게 올린 것, 붉은색 비단표지는 황태자에게 올린 것이다.

사고는 의궤뿐만 아니라 《조선왕조실록》 등 조선 역대의 중요 자료
들을 보관하는 곳이다. 어람용 의궤가 아닌 대부분의 의궤(이를 분상건
(分上件)이라 한다)는 편찬이 끝나면 실록과 마찬가지로 춘추관과 지방
네 곳의 사고에 분산 보관했다. 춘추관과 지방의 사고라 하면 《조선왕
조실록》이 떠오르지만, 실제 사고에는 실록만이 아니라 의궤를 비롯하
여 왕실의 족보인 선원보(璿源譜)나, 국가적으로 중요하게 취급된 《고려
사》, 《동국통감》, 《여지승람》, 《동문선》 등 역사서, 지리서, 예서 들도 함
께 보관했다.

외규장각이 소실되고 약탈당한 어람용 의궤 이외에, 각 사고에 보관
된 분상용 의궤는 대부분 현재까지 규장각과 장서각에 남아 있다. 오늘
날 의궤의 실물 모습과 함께 의궤에 나타난 각종 행사의 구체적인 내용
을 생생하게 접할 수 있는 것은 조선 후기에 사고를 가장 안전한 곳에
배치한 선인들의 지혜 덕분이다.

●

## 의궤의 전형, 《가례도감의궤》

의궤는 중요한 의식을 기록으로 남겨 후대에 전범으로 삼으려 한 만큼
일반적인 왕실 의식의 경우 기본 내용은 비슷했다. 그 가운데 왕실의
혼례를 기록한 《가례도감의궤》는 의궤의 전형을 보여준다. 《가례도감

의궤》에 나타난 의궤의 주요 구성을 살펴보면, 첫머리에는 '목록'이 나온다. 목록에 기재된 사항들을 보면 다음과 같다.

- 좌목(座目, 행사를 주관한 담당 관리들의 명단)

- 계사(啓辭, 국왕이 지시한 사항과 신하들이 건의한 사항을 날짜별로 모은 것)

- 예관·이문·내관(禮關 移文 來關, 가례 의식을 업무에 따라 예조·병조·호조 등 각 기관별로 분장하고, 이들 관청 간에 주고받은 문서들을 모은 것)

- 품목(稟目, 하급 관청에서 상급 관청으로 품의한 문서들을 모은 것)

- 감결(甘結, 상급 관청에서 하급 관청으로 지시한 문서들을 모은 것)

- 서계(書啓, 봉명관奉命官의 복명서를 모은 문서)

- 논상(論賞, 가례도감에 참여하여 공을 세운 사람들에 대한 포상 규정)

- 일방의궤(一房儀軌, 교명教命·의대衣襨·포진鋪陳·의주儀註·상탁함궤床卓函櫃의 업무를 맡은 일방에서 진행된 사항을 기록한 의궤)

- 이방의궤(二房儀軌, 의장에 필요한 중궁전의 연여輦輿 및 각종 깃발과 도구 들을 관장하는 업무를 맡은 이방에서 진행된 사항을 기록한 의궤)

- 삼방의궤(三房儀軌, 옥책·갑·궤·금보金寶·보통寶筒·주통朱筒을 비롯하여 각종 그릇과 상탁床卓 등의 물품을 담당한 삼방에서 진행된 사항을 기록한 의궤)

- 별공작의궤(別工作儀軌, 각 방에서 부족한 물품을 추가로 지원한 업무를 담당한 별공작에서 진행된 사항을 기록한 의궤)

- 수리소의궤(修理所儀軌, 선공감 감역이 주관하여 주로 혼례행사와 관련 있는 건물의 보수와 장인들의 가가仮家(임시 건축물) 건축에 관한 사항을 기록한 의궤)

- 반차도(班次圖, 가례의 가장 중요한 친영시 행렬의 모습을 담당 임무를 중심으로 기록한 그림)

이상의 목록을 통해《가례도감의궤》에서 무엇을 다루고 있는지 알수 있다. 행사에 참여한 사람들의 명단이나 행사와 관련된 각종 공문서, 분장 업무, 유공자 포상 등을 수록했다. 이 가운데 일방의궤·이방의궤·삼방의궤·별공작의궤·수리소의궤와 같은 '의궤 속 의궤'가 눈길을끈다. 이는 각 방에서 이루어진 업무를 세밀히 보고한 것으로 세부적인내용들로 채워져 있다. 국왕의 혼인이라는 중대 의식을 치르기 위해서는 그만큼 준비할 것이 많았기 때문에 가례도감이라는 총기구는 업무에 따라 일방·이방·삼방·별공작·수리소라는 다섯 개의 기구로 다시업무를 분담시켰던 것이다. 특히 별공작이나 수리소와 같은 지원기관을 두어 일방·이방·삼방의 업무를 원활하게 했다. 부족한 물품을 채워주는 상황을 기록한 별공작의궤나 건물의 보수 관련 내용을 담은 수리소의궤를 통해 행사 경비를 최대한 절감하려 했던 당대인들의 의지를읽을 수 있다.

의궤에는 행사와 관련된 각종 문서들도 형식별, 날짜별로 분류되어있다. 이런 면에서 보면 의궤는 행사의 총괄 보고서와 같은 성격을 띤다. 이를테면《영조정순후가례도감의궤》에는 계사(啓辭)·예관(禮關)·이문(移文)·내관(來關)·품목(稟目)·감결(甘結)·서계(書啓) 등이 있다. 여기서 '계사'는 국왕이 지시한 사항과 신하들이 건의한 사항들을 기록한 문서이고, '관문'은 관청 상호 간에 주고받는 관용문서이다. '이문'은 동등한 관청 간에 주고받는 문서 양식이며, '품목'은 하급 관청에서상급 관청으로 품의한 내용을 기록한 문서이다. 또한 '감결'은 상급 관청에서 하급 관청에 내리는 공문을 말하고, '서계'는 왕의 명을 받은 사람이 왕명을 받들어 올리는 문서이다. 이러한 문서들을 통해 혼례식에

**《영조정순후가례도감의궤》** 1759년 영조와 정순왕후의 혼례를 정리한 의궤이다. 여기서 '태백산성상(太白山城上)'이란 태백산성, 즉 태백산사고에서 보관하는 것임을 의미한다. 사고에 보관하는 의궤는 삼베 표지를 쓰고, 3개의 구멍(박을정)을 뚫어 정철(正鐵)로 변철을 둘렀다.

서 소용된 물품이라든가 의식의 순서, 각 장인들의 업무 범위, 왕과 왕비의 거동시 경호하는 문제 등 혼례식에서 있었던 구체적인 상황들을 파악할 수 있다.

●

## 반차도가 재언하는 서대한 축세 행렬

의궤의 상당수는 반차도를 담고 있다. 반차도란 행사에 앞서 도상연습을 할 목적에서 그린 그림으로, 행사 때 사람이나 기물의 배치 등이 그려져 있다. 반차도를 보고 있으면, 마치 당시 현장에 있는 듯한 느낌이 든다.

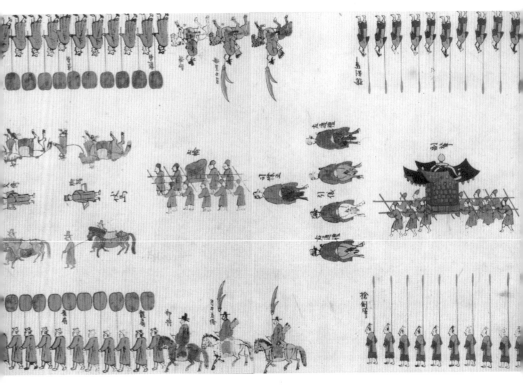

**《영조정순후가례도감의궤》 반차도 가운데 왕의 행차(부분)** 1759년 영조가 66세 때 15세였던 정순왕후를 맞이하기 위하여 별궁으로 행차하는 모습이다. 앞에 부련(副輦)이 가고, 왕의 가마가 뒤를 따른다. 왕의 가마는 개방형으로 되어 있어서, 백성들은 왕의 모습을 직접 보는 영광을 얻었을 것이다.

영조와 정순왕후의 국혼 과정을 정리한 《영조정순후가례도감의궤》 반차도의 경우 크게 두 부분으로 구성되며 총 1,118명(보행 인물 797명, 기마 인물 391명)이 등장한다. 앞부분에는 왕의 행차를, 뒷부분에는 왕비의 행차를 그렸다. 왕의 연(輦, 가마)은 임시 가마인 부연(副輦)을 뒤따르고 있으며, 왕비의 연은 왕비 책봉과 관계된 교명(教命)·옥책(玉冊)·금보

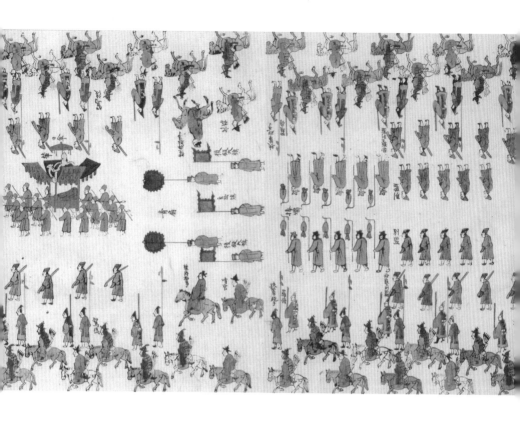

(金寶)·명복(命服)을 실은 교명요여·옥책요여·금보요여·명복채여를 앞
세운 채 그림 말미에 등장한다. 왕과 왕비의 연 앞뒤로 전사대(前射隊)
와 후사내(後射隊)가 배치되어 있다. 왕의 연은 사방을 열어 내부를 볼
수 있게 했으나, 왕비의 연은 내부를 볼 수 없게 했다. 혼인행사를 주관
하는 관리들인 도제조·제조·도청·낭청 등 의정부 대신들과 호위를 맡
은 무관들은 왕과 왕비의 연과 함께 중심부를 이루면서 행렬을 선도하
고 있다.

반차도는 인물·말·의장기·의장물·여·연 등을 목판에 새겨 도장을

찍듯이 인쇄한 뒤 채색한 것이다. 200년이 지난 오늘날에도 채색된 그림이 바래지 않아 당시의 복식이나 의장 같은 물품을 연구하는 데 크게 도움이 된다. 의장으로 사용된 품목은 깃발·산(傘)·선(扇)·부(斧)·모절(旄節)·창(槍) 등으로 매우 다양하다. 그중에서도 의장기는 반차도의 핵심이라고 할 수 있다. 국가와 왕실을 상징하기 때문이다. 다른 의장물 역시 도끼·칼·창 등 군사적인 요소가 큰 것과, 우산·부채 등 상서로움을 나타내는 것을 사용하여 절대적 통치자인 국왕의 위엄을 표시했다.

특이하게도 반차도의 행렬을 구성하는 인물들은 왕과 왕비의 가마를 중심으로 후면도·좌측면도·우측면도에 다양한 기법으로 그려져 있다. 정조의 화성 행차를 담은 《원행을묘정리의궤》의 인물들이 모두 측면도로 그려진 것과 대조된다. 왜 이렇게 다양한 각도에서 인물의 모습을 잡았을까? 아마도 이 행렬에 참여하는 인물들을 부서별로 다른 각도에서 잡아 반차도상에서도 담당 업무를 쉽게 확인할 수 있게 하려는 의도로 보인다. 이렇게 그려진 반차도는 한 각도에서 잡은 그림보다 훨씬 생동감 있고 입체적이다. 행렬이 정지해 있는 게 아니라 역동적으로 움직이는 것처럼 보이는 것이다. 오늘날로 치면 여러 각도에서 카메라를 잡음으로써 현장의 모습을 보다 생동감 있게 보여주려는 것과 같다.

의궤를 통해 알 수 있는 것은 이뿐만이 아니다. 의궤에는 공통적으로 의식에 참여한 왕의 모습을 절대로 그리지 않았다. 왕의 권위와 존재를 최대한 신성시한 것이리라.

의궤의 기록이 어느 정도로 세심한 것이었는지 알 수 있는 기록도 있

**《원행을묘정리의궤》반차도 가운데 혜경궁 홍씨의 행차(부분)** 혜경궁이 탄 가마 주변에 각각의 책임을 맡은 관리와 호위 병력의 모습이 행차의 권위를 대변하는 듯하다. 장거리 행차인 관계로 가마를 사람이 메지 않고 말이 끌고 가는 모습도 흥미롭다.

다. 영조가 성균관에 행차하여 신하들과 활쏘기 한 장면을 담은《대사례의궤》이다. 신하들의 명단뿐 아니라 인물 하나하나가 활시위를 오른손으로 당겼는지 왼손으로 당겼는지까지 기록했다. 흥미롭게도 신하 20명 가운데 12명이 왼손잡이였다.

정조의 화성 행차를 담은《원행을묘정리의궤》반차도에는 여러 재미있는 사실이 있다. 먼저 화성 행차시 혜경궁의 가마를 가마꾼이 아닌 말이 끌고 간다는 점이다. 이는 장거리 행차에 따르는 인력 부담을 최소화하기 위해서였다. 행차에 등장하는 말도 각양각색이다. 백마를 비롯하여 흑마, 갈색마 등 다양한 품종의 말이 동원되었다. 행렬의 앞에서 긴 몽둥이를 들고 걸어가는 군뇌(軍牢, 오늘의 헌병)나 가마꾼 뒤에서 손을 잡고 행진하는 임시 가마꾼들의 모습에서는 나름의 합리성을 추구한 당대인들을 만나볼 수 있다.

●

## 외규장각 의궤의 영광과 수난

조선의 22대왕 정조는 1776년 25세의 젊은 나이로 왕위에 올라 가장 먼저 규장각을 설립했다. 역대 왕이 쓴 어제(御製)와 서적을 보관하는 기관이 필요했기 때문이다. 이미 조선 전기 세조 때 양성지(梁誠之)의 건의로 규장각 설치 문제가 논의되기는 했지만 실현되지는 못했다. 그러다가 숙종 때에 와서 선왕들의 어제는 물론 왕이 쓴 어필(御筆) 등을 보관하기 위해 왕실 업무를 관장하던 종부시(宗簿寺)에 소각(小閣)을 세워 규장각이라 이름 짓고 숙종이 친필 현판을 써서 걸었다.

정조는 '계지술사'(繼志述事, 선왕의 뜻을 계승하여 정사를 처리함)라는 시정방침을 표명한 바 있는데, 규장각도 선왕이 뜻한 바 있어 세운 기관이므로 이를 계승한다는 명분을 들어 자신의 정치권력과 문화기반을 강화하려 했다. 그는 규장각을 본격적인 정치·학문기구로 설립하고 얼마 뒤 강화도에 외규장각을 지을 것을 명했다. 경험상 궁궐 내에서만

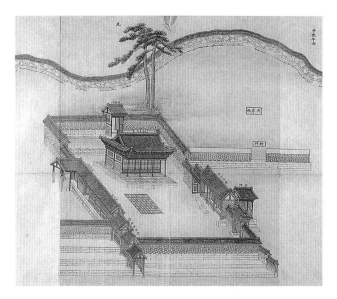

〈**강화부궁전도**〉 **가운데 외규장각** 1782년, 정조는 국방상 안전지역으로 판단한 강화도에 외규장각을 지었다. 외규장각에는 조선의 왕실 연혁을 적은 선원보를 비롯하여, 어첩·어필·어람용 의궤 등을 보관했다.

국가의 중요기록물을 보관한다는 사실이 불안했기 때문이다.

1782년(정조 6) 2월, 강화도 외규장각 공사가 완공되었음을 알리는 강화유수의 보고가 올라왔다. 정조가 강화도에 외규장각의 기공을 명령한 지 11개월이 지난 즈음이었다. 이를 계기로 강화도 외규장각에 왕실 자료를 비롯하여 주요한 서적들을 더욱 체계적으로 보관했으며, 이후 100여 년간 외규장각은 조선 후기 왕실 문화의 보고로 기능했다. 1784년에 간행된《규장각지(奎章閣志)》에 따르면, 외규장각은 6칸 크기로 행궁 동쪽에 있었다고 한다.

외규장각은 인조 이래 강화도에 행궁과 전각이 들어서고 왕실 관계

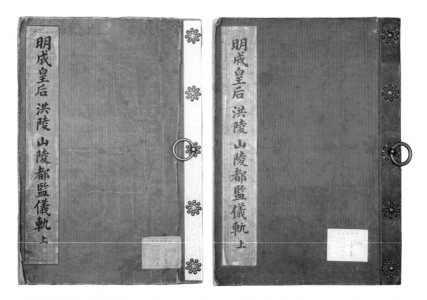

**《명성왕후홍릉산릉도감의궤》** 왼쪽의 노란색 비단표지 의궤는 황제에게 올린 것이고, 오른쪽의 붉은색 비단표지 의궤는 황태자에게 올린 것이다. 대한제국 선포 후 강화된 황실의 위상이 의궤 제작에도 반영되었다.

---

자료들을 별고(別庫)에 보관한 것을 계기로, 국방상 안전한 곳에 체계적으로 자료들을 관리하기 위해 세워졌다. 이로써 외규장각은 창덕궁에 자리하면서 조선 후기 문화 운동을 선도했던 규장각의 분소와 같은 성격을 띠게 되었다. 이곳을 '규장외각' 또는 '외규장각'이라 이름한 것도 이러한 이유에서이다.

규장각은 정조 이후 그 위상이 높아지면서 열성조의 어제·어필을 비롯하여, 국가의 주요한 행사를 기록한 의궤·각종 문집 등 조선 후기 문화의 정수를 보여주는 귀중한 자료들을 간행하고 보존해왔다. 이 중에서도 외규장각은 어첩·어필·의궤 등 왕실 관련 자료들을 집중적으로 보관해왔다.

어람용 의궤는 대부분 외규장각으로 보냈다. 원래 국왕이 열람한 뒤 규장각에서 보관했는데, 1781년 강화도에 외규장각이 설립된 뒤에는 이곳으로 옮겨 보관한 것이다. 어람용 의궤는 고급 초주지(草注紙)를 사용하고 사자관(寫字官)이 해서체로 정성을 다해 글씨를 쓴 다음 붉은 선을 둘러 왕실의 위엄을 더했다. 장정 또한 호화로웠다. 놋쇠 물림(경첩)으로 묶었으며, 원환(圓環), 국화동(菊花童) 5개 등을 사용하여 장정했다. 표지는 비단으로 화려하게 만들어 왕실의 품격을 한껏 높였다.

어람용이 아닌 일반 의궤에는 초주지보다 질이 떨어지는 저주지(楮注紙)를 사용했으며, 검은 선을 두르고 표지는 삼베를 쓰는 것이 일반적이었다. 장정에는 정철(正鐵)과 박을정(朴乙丁) 3개를 사용했다. 누구나 어람용 의궤의 화려함과 품격에 놀라움을 금치 못하지만 일반 분상건 의궤의 장정이나 글씨 또한 매우 뛰어나다.

1759년(영조 35)에 제작된 《영조정순후가례도감의궤》의 경우 어람용 의궤와 일반 의궤를 만드는 데 들어간 재료를 비교해보자.

외규장각은 1866년 병인양요 때 프랑스군의 침공으로 철저히 파괴되었다. 강화도에 주둔했던 프랑스군은 퇴각하면서 외규장각에 보관된 우리 문화의 보고들에 손을 대기 시작했다. 이들의 눈을 자극한 것은 은괴 19상자와 채색비단 장정에 선명한 그림이 담긴 어람용 의궤였다. 외규장각에 소장된 각종 도서 중에서 이들이 유독 의궤만 집중적으로 약탈한 것도, 화려하고 품격 있는 의궤의 장정과 비단 표지 그리고 채색그림이 지닌 가치와 예술성에 눈이 번쩍 뜨였기 때문이리라. 이들은 의궤 189종 340여 책을 약탈했으며, 외규장각은 화염에 휩싸여 흔적만

**어람용 의궤**

| 구분 | 재료 | 단위 |
|---|---|---|
| 책표지감 | 초록경광주(草綠經光紬) | 2척 2촌 |
| 제목감 | 백경광주(白經光紬) | 길이 7촌 너비 1촌 |
| 홍협(紅裌)감 | 홍경광주(紅經光紬) | 길이 7촌 너비 5푼 |
| 면지감 | 초주지 | 2장 |
| 후배(後褙)감 | 옥색지 | 1장 |
| 가장자리 부분 | 두석(豆錫) | |
| 기타 | 국화동(菊花童) 박철원환(朴鐵圓環) | |

**일반 의궤**

| 구분 | 재료 | 단위 |
|---|---|---|
| 책표지감 | 홍정포(紅正布) | 2척 2촌 |
| 배접감 | 백휴지(白休紙) | 6장 |
| 면지감 | 저주지 | 2장 |
| 후배(後褙)감 | 옥색지 | 1장 |
| 기타 | 정철, 변철, 박철원환(朴鐵圓環), | * 합교말 3승 |
| | 합교말(合膠末) | |

을 남겼다. 현재 프랑스에서는 의궤 297책을 보관하고 있는 것으로 알려져 있다.

외규장각에 소장되었다가 약탈당한 의궤가 다시 세상 사람들의 관심을 끌게 된 것은 1993년 프랑스 미테랑 대통령이 병인양요 당시 약탈해간 의궤 하나인《휘경원원소도감의궤》를 한국 정부에 반환하겠다는 입장을 표명한 이후였다.

1993년 미테랑 대통령이 의궤 2책을 반환하는 장면이 언론에 보도되었을 때, 사람들은 의궤의 선명한 글씨와 아름답게 장식된 장정을 보고 프랑스인들의 자료 보관 기술에 감탄하기도 했다. 그러나 이처럼 의궤가 원형을 유지할 수 있었던 것은 본래에 쓰인 종이의 질이 뛰어나고 그림에 사용된 물감도 천연의 광물이나 식물에서 채취한 것이어서 오래 보존할 수 있었다. 의궤는 그만큼 조선시대 우리 선인들의 뛰어난 기록 보존정신이 함축되어 있는 총체적 유산이다. (이후 오랜 협상한 끝에 2011년 수탈되었던 외규장각의궤가 영구대여 형식으로 우리나라에 반환되어 현재 국립중앙박물관에 소장되어 있다.)

1866년 강화도를 침공했던 프랑스 해군 장교 주베르가 "조선에서 자존심 상하면서도 감탄할 수밖에 없는 이유는 아무리 가난한 집이라도 책이 있다는 것이다"라고 고백했듯이, 조선인들은 책을 가까이 했으며 이러한 조선 문화의 최선봉에 규장각과 외규장각이 있었다.

최근 강화도에서는 외규장각 복원 사업이 완료되었다. 물론 정조 대의 화려함과 품격은 갖추지 못했지만, 외규장각이 조선 후기 문화의 정수를 고스란히 간직한 공간이었음을 인식한다면 이곳을 찾는 의미도 훨씬 커질 것이다.

●

## 한 점 부끄럼 없이 써내려간 보배로운 기록유산

의궤는 국학 연구자들에게 다양하고도 상세한 사료가 된다. 복식을 연구하는 사람은 반차도에 등장하는 인물의 복식을 꼼꼼하게 관찰할 것

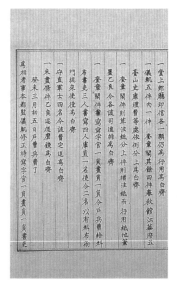

**《휘경원원소도감의궤》 본문과 표지** 1822년 정조의 후궁이자 순조의 생모인 수빈 박씨의 무덤을 양주 배봉산에 조성한 과정을 정리한 의궤이다. 1993년 미테랑 대통령이 한국에 반환하여 화제가 되었다. 표지는 원래 비단이 아니었으나 프랑스 측에서 개장한 것이다. 본문의 붉은색 테두리를 통해 어람용 의궤임을 확인할 수 있다.

이고, 궁중음식을 연구하는 사람은 잔칫상에 오른 음식의 종류와 재료에 관심을 기울일 것이다. 전통음악 연구자는 행사에서 연주된 악장과 악기의 편성, 악기그림을 살펴볼 것이고, 고건축을 연구하는 사람은 건물의 구조도와 재료 목록을 분석할 것이다. 그리고 의궤에 나타난 각종 공문서나 물품 내역은 조선시대 생활사 연구에 도움이 된다. 공문서의 기록을 통해 조선시대 관청들의 소속과 소관 업무를 상세하게 파악할 수 있고, 행사에 동원된 인원에게 지급된 품삯과 물품 비용을 분석하여 당시의 물가 동향을 파악할 수도 있다.

의궤에 수록된 물품명에는 고유어가 있어 국어학 연구에도 좋은 자료가 된다. 의궤에는 치마[赤了]·바지[把持]·요강(要江)·걸레[擧乃]·곡괭이[串光屎] 등 한자로 고유어가 표기되어 있어, 당대인들이 사용한 용어를 확인할 수 있다. 한편으로 당시에도 지금과 같은 명칭으로 물품들이 사용되었다는 것을 알 수 있어, 선조들에게 친숙감도 든다.

우리는 무엇보다 의궤를 통해 조선시대 사람들의 철저한 기록 정신을 읽을 수 있었다. 의궤에는 국가 의식에 사용된 못 하나, 동전 한 닢, 낱낱이 기록되어 있으며 행사에 소요된 물품의 수량과 총비용, 실제 사용된 물품과 사용 후 남은 물품을 되돌려준 사실까지 낱낱이 적혀 있다. 또한 행사에 사용된 물품의 크기·빛깔·재료는 물론, 반차도를 그린 화원, 물품 및 각 분야 업무를 담당한 장인들의 이름까지 기록되어 있다. 이렇게 국가의 행사에 소요된 물품 하나하나 비용까지 정리한 것은 행사를 투명하게 치르겠다는 의지의 표현이다.

조선시대 우리 선조들은 의궤 속에 모든 의식을 완벽히 정리하고 그에 대한 그림까지 남겨 자신들의 모습을 후세에 떳떳하게 전하려 했다. 그들의 모습에서 자신감과 함께 삶의 역동성을 느낄 수 있다. 의궤에 투영된 조선 사람들은 전혀 보수적이지도 않고 현실감이 떨어지지도 않는다. 오히려 행사가 투명하고 떳떳하게 치러졌음을 철저히 밝힘으로써 공개적이고 투명한 정치를 지향했다.

이처럼 의궤는 우리 전통문화의 정수를 담고 있는 보배로운 기록유산이다. 그 속에는 치열하게 한 시대를 살아간 우리 조상들의 숨결이 배어 있으며, 이들의 생활 면면이 담겨 있다.

세계화와 서양문화의 우수성에만 눈을 돌리고 있는 현실에서 우리

**외규장각** 외규장각은 100여 년간 조선 후기 왕실 문화의 보고로 기능했다. 1784년에 편찬된 《규장각지》에 따르면, 외규장각은 6칸 크기의 규모로 행궁 동쪽에 있었다고 한다. 인조 이래 강화도에 행궁과 전각이 들어서고 왕실 관계 자료들을 별고에 보관한 것을 계기로, 국방상 안전한 곳에 체계적으로 자료들을 관리하기 위해 세워졌다. 이로써 외규장각은 조선 후기 문화 운동을 선도했던 규장각의 분소와 같은 성격을 띠게 되었다.

것에 대한 관심과 애정은 무엇보다 필요하다. 의궤야말로 '가장 전통적인 것이 가장 세계적일 수 있다'는 인식을 확인시키며 우리 선조들의 문화 역량을 세계에 전파할 문화 사절이 될 것이라고 확신한다.

# 4

## 승정원일기

왕의 국정에 관한 종합보고서

●

## 세계가 인정한 최대의 역사기록물

승정원은 조선시대에 왕명을 출납하며 비서실 기능을 했던 기관이다. 《승정원일기(承政院日記)》는 승정원에서 날마다 취급한 문서와 사건을 기록한 일지다. 건국 초부터 작성된 듯하나 현재는 1623년(인조 1)부터 1910년(융희 4)까지 288년간의 기록만이 전한다.

총 3,243책, 2억 4,000여 만 자에 달하는 방대한 분량의 《승정원일기》는 세계 최대의 역사기록물이라 할 수 있다. 이러한 자료적 가치와 우수성을 인정받아 1999년 4월 9일 국보 제303호로 지정되었다. 이뿐만 아니라 2001년 6월 27일부터 3일간 청주에서 열린 '유네스코 세계 기억사업 제5차 국제자문회의'에서 《승정원일기》를 《직지심체요절》과 함께 유네스코 세계기록유산으로 권고했는데, 2001년 9월 세계기록유산으로 등재되었다. 국가에서 편찬한 공식 연대기가 2종이나 세계기록유산으로 등록된 것은 그만큼 조선시대의 기록문화가 탁월함을 증명하는 것이다. (이 밖에도 1997년 《조선왕조실록》을 시작으로 2016년까지 총 13건의 기록물이 유네스코 세계기록유산으로 등재되었다.)

《승정원일기》 3,243책 가운데는 〈승선원일기(承宣院日記)〉, 〈궁내부일기(宮內府日記)〉 등 다른 제목의 책들이 포함되어 있다. 이는 비서실 기능을 하던 승정원의 명칭이 바뀐 데서 연유하며, 이 책들 역시 《승정원

| 지정일 | 지정번호 | 도서명 | 책 수 |
|---|---|---|---|
| | | 승정원일기 | 3,045책 |
| | | 승선원일기(承宣院日記) | 4책 |
| | | 궁내부일기(宮內府日記) | 5책 |
| 1999년 4월 9일 국보 | 제 303호 | 전비서감일기(前秘書監日記) | 8책 |
| | | 비서원일기(秘書院日記) | 115책 |
| | | 후비서감일기(後秘書監日記) | 33책 |
| | | 규장각일기(奎章閣日記) | 33책 |
| | | 계 | 3,243책 |

일기》 체제를 그대로 유지하고 있다. 따라서 현재 '승정원일기'라 함은
이 모두를 포함한 명칭이다.

실록 편찬 시에도 《승정원일기》는 가장 기본적인 자료로 활용되었
다. 왕의 최측근 기관인 비서실에서 작성함으로써 국왕의 일거수일투
족은 물론 정치의 미세한 부분까지 자세히 기록했기 때문이다.

《승정원일기》는 《조선왕조실록》보다는 연대가 광범위하지 않지만
유사한 성격의 국가 공식 연대기 기록인 《일성록(日省錄)》보다는 훨씬
광범한 시대를 기록하고 있다. 특히 인조~영조 대에 이르는 기록은
《승정원일기》의 자료가 크게 참고가 된다.

《승정원일기》는 현재 서울대학교 규장각에 1부 소장되어 있는데, 초
서로 기록되어 해독이 용이하지 않다. 이러한 문제점을 해소하기 위해
국사편찬위원회에서는 1961년부터 초서로 쓰인 원본을 탈초(脫草)하여
쉽게 알아볼 수 있도록 한 뒤 1977년 인조에서 철종까지의 《승정원일

기》영인본 126책과 고종에서 순종까지의《승정원일기》15책의 영인본 간행을 완료했다.

　이 사업은《승정원일기》가 보급되는 데 크게 기여했다. 그러나 여전히 소수의 연구자만이 한문으로 쓰인 방대한 원문을 연구자료로 활용하는 형편이다. 이러한 실정에서 민족문화추진회에서는 1994년부터 고종 대의《승정원일기》를 시작으로 단계적으로 국역사업을 추진하고 있고, 국사편찬위원회에서《승정원일기》정보화사업을 추진하고 있다.《승정원일기》의 국역이 모두 끝나 자료 검색이 용이해진다면, 조선시대사 연구에 크게 기여할 것이다.

●

## 조선시대 국정의 중심기관, 승정원

승정원은 국왕의 지시사항이나 명령을 정부 각 기관과 외부에 전달하는 역할과 함께 각종 문서나 신하들의 건의사항을 왕에게 전달하는 임무를 수행했다. 정원(政院) 또는 후원(喉院), 은대(銀臺)라는 별칭으로도 불렸다. '후(喉)'는 목구멍을 뜻하는 한자어로 승정원이 국왕의 말을 대변하는 요처임을 암시한다. '은대'는 중국 송나라 때 궁궐의 부속인 은대문(銀臺門) 안에 은대사(銀臺司)를 두어 천자에게 올리는 문서와 관아 문서를 주관하도록 한 데서 유래한 말이다.

　승정원에서는 왕명의 출납뿐만 아니라 국왕의 최측근에서 국정 전반에 걸친 업무를 보좌했다. 국왕의 명령과 지시를 신하들에게 전달하고 국왕에게 보고되는 정사를 처리하거나 국왕의 자문에 응하기도 했다. 또한 외국의 사신 접대나 종묘제와 같은 국가 의식에서 국왕 수행, 형정(刑政)의 처리 및 인사 참여, 국방·과거·교육 등 국정 전반에 광범하게 관여했다.

승정원은 고려시대 관청인 은대남북원(銀臺南北院)과 중추원(中樞院)에서 연원을 찾을 수 있다. 고려 성종 때 송나라의 추밀원(樞密院)과 은대사의 제도를 모방하여 궁중에 중추원과 은대남북원을 설치하고 중추원으로 하여금 숙위(宿衛)와 군기(軍機)를 맡아보게 하고 은대남북원으로 하여금 왕명을 출납하게 했다. 고려 중기 이후 은대남북원이 폐지되면서 중추원이 비서실 기능을 했으며, 이후 중추원이 추밀원·밀직사(密直司) 등으로 개칭되면서 이전까지 승선(承宣)이라 불리던 직명도 승지로 바뀌었다.

조선 초기에도 승정원에 몇 차례 관제 변화가 있었다. 1400년(정종 2)에 중추원이 의흥삼군부와 승정원으로 나뉘었다. 중추원 지신사(知申事)와 좌·우·좌부·우부승지 및 당후관이 독립하면서 승정원이 생겼으며 1401년에는 의흥삼군부와 승정원이 승추부로 합쳐지기도 했다.

승정원의 체제가 세종 대에야 자리를 잡았다. 1433년(세종 15)에 이르러 승정원의 지위가 분명해졌으며 직명도 도승지와 여러 승지로 통일되었다. 이후 승정원은 지위가 더욱 분명해져 여러 관청은 물론 대간(臺諫, 사헌부와 사간원의 벼슬을 통틀어 이르던 말)들까지도 왕에게 직접 보고해야 할 중대사를 제외하고는 모든 업무를 승정원에 먼저 알려야 했다. 이처럼 많은 정보를 일차적으로 취급함으로써 승정원은 좀 더 권력이 강화될 수 있었다.

승정원의 직제는 비서실장에 해당하는 도승지를 비롯하여 좌승지·

**《승정원일기》** 최고 책임자인 국왕과 가장 가까이 있는 비서실의 정치적 특성을 고려하면, 승정원이 오늘날 청와대 비서실처럼 막강한 권력을 행사했다는 점은 쉽게 이해가 된다. 따라서 이곳에서 기록된 《승정원일기》는 왕을 정점으로 한 국정 전반에 관한 종합 보고서라 할 수 있다.

우승지·좌부승지·우부승지·동부승지 등 정3품의 6승지와 정7품의 주서(注書) 두 명으로 구성되었다. 이들은 6조의 업무를 분장하기도 했다. 즉 도승지는 이조, 좌승지는 병조, 우승지는 예조, 좌부승지는 호조, 우부승지는 공조, 동부승지는 형조 업무를 주로 담당했다. 이는 오늘날 청와대 비서실에 비서실장과 함께 정책기획수석·정무수석·민정수석·경제수석·외교안보수석·교육문화수석 등을 배치한 것과도 유사하다. 6승지 가운데 도승지·좌승지·우승지는 동벽(東壁), 좌부승지·우부승지·동부승지는 서벽(西壁)이라고 불렀는데, 이는 입시할 때 이들의 자리에 따라 부른 호칭이기도 했다. 특히 도승지는 의정부 정승, 이조판서 등과 인사권을 두고 각축을 하는가 하면, 좌승지 이하를 지휘하면서 승정원 업무를 총괄하여 관장하는 위세를 발휘했다.

주서는 고려시대 이래 당후관을 개칭한 것으로, 승지의 지휘를 받아 승정원 안의 기록과 문서를 관리했고 왕명이나 승지의 지시에 따라 관청 간의 업무 연락 등을 담당했다. 특히 춘추관 기사관을 겸직하여 역사 기록을 실질적으로 담당하고 《승정원일기》를 편찬하는 데도 참여했다.

승정원은 근대에 들어오면서 명칭에 변화가 생겼다. 1894년 갑오개혁 때 궁내부 산하의 승선원(承宣院)으로 개편되었으며 권한도 대폭 축소되었다. 왕권 약화를 목적으로 한 근대적 정치 개편으로 왕의 비서실 기능이 축소된 것이다. 승정원은 1895년 4월에 다시 시종원(侍從院)의 비서감(秘書監)이 되었다가, 같은 해 11월 독립하여 비서원으로 개편되었다. 1905년 다시 비서감으로 명칭이 바뀌었으나 2년 뒤인 1907년 결국 폐지되었다.

●

## 끊임없는 개·보수작업으로 지켜낸 288년간의 기록

《승정원일기》는 '승사(承史)'라 불리던 승지와 주서가 공동으로 담당했으며 최종 기록은 주서가 맡았다. 승지는 무관도 임명될 수 있었으나 주서는 반드시 학문과 문장이 검증된 문관으로 임명되었다. 또한 주서는 춘추관 기사관을 겸하여 승정원을 거친 문서나 기록뿐만 아니라 실록 편찬에 참고했던 국내외의 기록들을 두루 검토하고 정리하는 임무를 수행했다.

주서가 기록한 일기는 다시 한 달분을 정리하여 국왕에게 올려 재가를 받는 절차를 거쳤는데, 왕에게 올리기 전 일기가 밖으로 유출되는 것을 엄격히 금했다. 인조에서 경종 대까지는 두 달 또는 세 달분을 1책으로 편집한 예도 있지만, 영조 대 이후에는 한 달 분량 일기를 1책으로 편집하는 것을 원칙으로 했다. 분량에 따라 한 달에 2책씩 작성하는 경우도 있었는데, 대개 15일을 기준으로 하여 '망전(望前)'과 '망후(望後)'로 분류했다.

제작이 끝난《승정원일기》는 승정원 일대에 보관한 것으로 보인다. 주서는 승정원 내에 보관된 모든 서적과 문서를 관리했다. 국왕의 빈번한 서적 하사와 승지의 기능 등을 고려할 때 엄청난 양의 국가 기밀문서와 인사·전례 관계 문서 등이 승정원 인근에 보관되었을 것으로 추정된다. 조선 전기에는 승정원이 경복궁 근정전 서남쪽 월화문(月華門) 밖에 있었다. 조선 후기에는 창덕궁이 정궁(正宮) 역할을 하면서《승정원일기》또한 창덕궁에 보관되었을 것이다.

헌종 연간에 간행된《궁궐지(宮闕志)》의 〈창덕궁지〉 '승정원'조에 의하면, "승정원은 인정전 동쪽에 있다. 하나는 창경궁의 문정문 밖에 있는데 왕명의 출납을 맡고 있다"라고 하여 승정원이 궁궐 내부와 외부에 각각 한 곳씩 배치되었음을 알 수 있다. 궁궐 외부에도 승정원을 둔 것은 왕에게 보고할 내용을 좀 더 쉽게 접수할 수 있도록 배려했기 때문일 것이다.

《조선왕조실록》에 의하면 조선 초기부터《승정원일기》를 국정의 주요 참고자료로 활용했다. 정조 때 수도 한성부의 역사와 모습을 자세히 정리한《한경지략(漢京識略)》에도 "세종이 일찍이 사관의 기사가 엉성하다고 집현전 학사들에게 모두 사관의 직책을 겸하게 하여 기사를 풍부하게 하고 처음으로 주서의 기주법(記注法)을 세웠으며 승지들도 기록하게 하라고 했다"라고 기록되어 있다. 세종 대 이후 본격적으로《승정원일기》를 편찬했다는 것을 알 수 있다.

그러나 조선 초기에 작성된《승정원일기》는 원형을 찾아볼 수 없다. 1592년(선조 25) 임진왜란 중에《조선왕조실록》을 비롯한 다른 국보급 자료들이 모두 소실되었기 때문이다. 실록에는 "1592년 4월 1일, 도성의 궁궐에 불이 나 역대의 보물과 서적, 춘추관의 각 왕조실록·사초·승정원일기가 모두 남김없이 타버렸다"라고 기록되어 있다. 1624년(인조 2)에는 '이괄의 난'으로 도성이 반군에 의해 함락되자 선조 대와 광해군 대《승정원일기》가 소실되었다. 이후에도 화재나 부주의로 인해《승정원일기》의 상당수가 사라졌다. 또한 "근래에 환지(還紙, 종이를 돈으로 바꿈)의 이익으로 인해 지장(紙匠)의 남녀들이《승정원일기》를 훔치기도 합니다"라는 기록에서 보듯, 종이가 워낙 고가품인 데다 관리도 소홀했기에《승정원일기》일부가 없어지는 경우도 있었다.

영조는《승정원일기》를 보수하는 데 힘을 기울였다. 1735년(영조 11) 승지 김시형(金始炯, 1681~1750)이 임진년 이후의《승정원일기》를 수보할 것을 청하자 영조는 이를 마땅히 여겼다. 1744년(영조 20) 승정원에서 화재가 일어나 1592년(선조 25)부터 1722년(경종 1)까지 130년간의 일기 1,796권이 모두 소실되자, 1746년(영조 22) 5월에 그는 일기청 설치를 명하고 곧바로《승정원일기》의 개수 작업에 들어갔다. 다음 해에 소실된 시기의《승정원일기》548권의 개수를 완료했다. 원래의 기록에 비해 3분의 1로 분량이 줄어들기는 했지만 기사마다 출처를 명시하고 권말에 기사를 쓴 사람과 교정에 참여한 사람의 실명을 기록하게 하여 작업 참여자들이 책임감과 사명감을 느끼도록 했다.

1888년 화재로 361권의 일기가 소실되자 고종은 이듬해 일기청을 설치하고 개수작업에 착수하여 1890년에 개수를 완료했다. 이후에도 관리 부주의로《승정원일기》는 몇 차례 유실되었지만 그때마다 관련 기록을 근거로 부족한 부분을 정리하여 완결된 상태로 만들어나갔다. 이처럼 시대를 초월하여 개수 작업을 끊임없이 했기에 1623년(인조 1)부터 1894년(고종 31) 승정원이 폐지될 때까지 총 3,045책의《승정원일기》가 결본 없이 남게 되었다. 이를 계승한《비서원일기》등을 포함하면 조선시대 비서실의 일기 총 3,243책이 오늘날까지 전해오고 있는 것이다.

●

## 국왕의 숨결까지 담아라

《승정원일기》는 무엇보다 매일의 기록이라는 점에 가장 큰 의미가 있다. 하루도 빠짐없기 때문에 하루·한 달·일 년의 정치 흐름을 그대로 이해할 수 있다. 국왕의 동정을 비롯하여 정치의 주요 현안이 되는 자료나 중앙과 지방에서 올린 상소문의 원문 또한 거의 그대로 수록하여 1차 사료로서의 가치가 돋보인다. 그리고 왕실 주변 정황이 중심이 되는 만큼 국왕의 건강이나 심리 상태를 자세히 기록했다. 국왕이 정무를 보던 장소와 국왕의 이동 상황을 시간대별로 기록하여 국왕의 동선을 파악할 수 있다.

《승정원일기》는 비서실의 기록인 만큼 왕과 신하의 대화 기록이 특히 자세하며, 왕의 표정 하나 감정 하나까지도 상세히 표현했다. 역대 국왕들이 자신의 병세에 대해 신하들에게 이야기한 내용, 약방이나 의

원들에게 자문을 구했던 내용, 국왕의 기분과 병세 등에 많은 분량을 할애하고 있다.

영조 15년(1739) 《영조실록》의 5월 을해(30일)조에는 "덕적도(德積島)에 군사시설을 두는 문제를 두고 강화유수가 지도를 작성해 올려 보냈다"라는 기록이 나온다. 같은 날 《승정원일기》를 보면 지도 작성 사실뿐만 아니라 작성자가 강화유수의 군관인 심동상(沈東尙)과 경기수사의 군관인 이세황(李世煌)임이 드러나 있다. 《승정원일기》에서는 《조선왕조실록》에 언급되지 않은 하급 관리의 이름도 찾을 수 있는 것이다.

1743년(영조 19) 윤4월 7일 성균관에서는 국왕이 주최하는 군신 간의 활쏘기 시합인 대사례(大射禮)가 열렸다. 《영조실록》은 대사례의 구체적인 경과와 함께 《오례의》와 《대명회전》 등에서 대사례의 의식과 절차를 참고하여 내용을 기록한 데 비해, 《승정원일기》는 당일의 의식보다 전날인 4월 6일에 대사례에 앞서 훈련도감 등 각 부처에서 국왕 경호를 위한 군사의 징발 등에 관해 보고한 내용들을 주로 싣고 있다.

1866년(고종 3) 3월 3일의 기록에는 고종이 직접 창덕궁 춘당대에 행차해 유생들을 시험하고 뽑은 정황이 나온다. 여기에는 왕이 행차한 시간과 입시한 신하의 명단, 왕의 복장과 궁궐에서의 이동 경로, 시험 과정, 시상에 관한 내용 들이 상세히 기록되어 있다. 특히 시험 과정에서 왕과 신하들이 주고받은 대화, 유생들의 입장 여부, 강의할 서책의 낙점과 추첨으로 강의할 부분이 정해지는 과정, 시험 답안지의 제출, 합격자 발표와 포상 내용 등을 빠짐없이 기록하여 마치 현장을 중계한 듯한 느낌을 준다. 이러한 자료들은 오늘날 왕실 의식을 재현하는 데도 큰 도움을 준다.

1625년(인조3) 2월 4일의 기록을 보자.

내의원 관원이 제조의 뜻으로 아뢰기를, "본원에서 각도의 약재를 봉상
(捧上)받을 때에는 반드시 제조 또는 부제조가 내국(內局)에서 좌례(坐禮)
하고, 어의와 내의원 관리 모두가 모여 차례로 물건을 본 뒤 봉상했습니
다. 마땅히 돌려보내야 할 정도로 품질이 나쁜 약재가 있으면 가지고 왔
던 사람에게 다시 돌려주며, 인삼·우황·사향 같은 고가의 약재는 반드시
자루에 넣어 단단히 봉한 뒤에 도장을 찍고 내주어 도둑질을 방비하는 것
이 내의원의 오랜 규례입니다"라고 했다.

인조 때 내의원에서 약재를 봉상받고 검인하는 체계를 직접 확인할
수 있다. 또한 인삼, 우황, 사향 등이 당시에도 고급 약재였음이 나타난
다. 이 내용은 같은 날 실록의 기사에는 없다.
《승정원일기》에는 태양이나 유성의 움직임 같은 천문에 관한 기록
도 자세하다. 1625년 1월 27일《조선왕조실록》에는 "오시(午時)에 교훈
(交暈)이 있었고 양이(兩珥)가 있었다. 햇무리 위에 관(冠)이 있었는데,
안은 적색이고 밖은 청색이었다"라고 기록되어 있다.《승정원일기》에
는 이보다 자세히 서술되어 있다.

태양이 처음 떴을 때 붉은색이었다. 새벽부터 진시(辰時, 오전 7~9시)까
지 무기(霧氣, 안개 기운)가 있었다. 사시(巳時, 오전 9~11시)와 오시(午時, 오전
11~오후 1시)에는 태양에 교훈(交暈)이 있었는데, 양이(兩珥)의 현상이 있었
다. 햇무리 위쪽에 관이 있었으며, 안쪽은 붉은색이고 바깥쪽은 푸른색이

었다. 미시(未時, 오후 1~3시)부터 유시(酉時, 오후 5~7시)까지 햇무리가 졌다. 밤 5경(새벽 3~5시)에 유성(流星)이 하고성(河鼓星) 아래에서 나타나 간방 (艮方) 하늘가로 들어갔다. 모양이 사발 같았고 꼬리 길이가 4, 5척 정도 였으며, 붉은색이었다.

이는 《승정원일기》가 조선시대 천문학을 연구하는 데 귀중한 자료임을 보여준다.

무엇보다 1760년(영조 36) 영조가 추진했던 청계천 공사에 관한 내용을 《승정원일기》에서 찾아보면, 이 책이 얼마나 국왕행사와 관련된 내용을 상세히 기록했는지 알 수 있다. 이 부분에서는 영조와 신하들의 의견을 대화체로 기록하여 현장의 생동감을 느낄 수 있다.

국왕이 미시(未時)에 숭문당에 나갔을 때 어영대장 홍봉한 및 승지·기사 관·기주관 등과 함께 준천 문제를 논의했다.

영조: 저번에 광충교(廣衝橋)를 보니 전년에 비해 더욱 흙이 빠져 막혀 있 다. 가히 걱정이 된다.
홍봉한: 하천 도랑 준설이 매우 시급합니다. 만약 홍수를 만나면 천변 인 가(人家)는 반드시 표류하거나 없어지는 화를 입을 것입니다.
영조: 경들은 도랑을 준천하는 일을 담당할 수 있는가?
홍봉한: 신들로 하여금 담당하게 한즉 어찌 진력하여 받들어 행하지 않 겠습니까?
영조: 한성의 백성들을 불러 의견을 물은 뒤 실시하는 것이 옳을 듯하다.

비록 하천을 준설해도 사토(沙土, 모래흙)를 둘 곳이 없지 않은가?

홍봉한: 배로 운반하거나 수레에 싣거나 말 짐에 얹어 해결할 수 있습니다.

영조: (웃으며) 성에 배를 들일 수 있는가?

홍봉한: 배로 운반하는 것은 큰비가 내릴 때 가능한 방법입니다.

영조: 사관(史官)들은 의견이 다를 수도 있으니 말해보라.

사관: 도랑을 준설하는 것이 급한 일이나, 만약 민력을 동원하려 한다면 초기에는 민원이 많을 것입니다.

영조: 다른 사람들도 의견을 말해보라.

기사관 이해진: 시골 사람들은 준천의 이해(利害)에 대해 정견(定見)이 없습니다. 도성 내 여론을 수집해본즉 준천을 하는 것이 옳다고 합니다.

기주관 서병덕: 준천 사업은 동쪽 도랑의 막힌 부분을 깊이 판 뒤에 효과를 볼 수 있습니다.

영조: 옳은 의견이다.


신하들이 모두 물러갔다.


반면, 같은 날《영조실록》에는 공사 관련 기록이 없다.

이어서《영조실록》영조 36년 2월 23일에 "호조판서 홍봉한이 성 밖에 물길을 잡는 방법에 대해 아뢰자 윤허했다"라고 기록되어 있다. 같은 날《승정원일기》기사는 실록보다 구체적으로 정리되어 있다.


진시 희정당에서

영조: 나의 마음은 오로지 준천에 있다. 그동안 어떻게 진행되었는가?

홍봉한(호조판서): 현재 역사(役事)에 금위영·어영청 소속 군사들이 동원되고 있습니다.

영조: 대략 언제쯤 될 것인가?

홍봉한: 한성부 판윤이 매일 독려하고 있으나 (신은) 대답하기가 어렵습니다.

영조: 오간수문의 역사는 매우 힘들다고 했는데, 6일 내에 일을 마치니 신기하다.

홍봉한: 수문지간에 흙을 파기가 힘들었으나 한번 구멍을 뚫으니 점차 팔 수가 있었습니다. 이것은 진실로 인중(人衆, 많은 백성)의 힘이 하늘을 이긴 것입니다.

영조: 정말 그러하다.

홍봉한: 맹인들도 부역에 참여하기를 원합니다.

영조: 그들이 흙과 물을 볼 수 있는가?

홍봉한: 반드시 그들이 가내(家內)와 노비의 일을 하고자 한 것인즉 부역을 할 수 없다는 뜻의 분부를 내렸습니다.

영조: 그 마음은 가상하다.

공사가 끝나갈 시점인 1760년(영조 36) 3월 16일 《영조실록》에는 《준천사실》을 만들었다는 기록과 함께 "왕이 홍봉한에게 묻기를 '준천한 뒤에 몇 년이나 지탱할 수 있겠는가?' 하니, 홍봉한이 말하기를 '100년은 갈 것입니다' 했다"라고 기록되어 있다. 또한 사관이 따로 "준천에 수십만 명이나 동원되고 경비도 10만여 전이나 소모되었으니, 이것이

국가의 안위가 걸린 그만둘 수 없는 일이란 말인가?"라며 준천 건설을
비판하는 글을 실었다.

유시에 희정당에서 호판·판윤·훈련대장 입시(入侍) 때

영조: 준천 역사는 지금 어디까지인가?

홍봉한: 송전교에서 광통교까지 이미 완료되어 내일 연결될 것입니다.
수표교에서 광통교에 이르는 구간은 너무 넓어 공역이 심히 어려웠습
니다.

영조: 나는 사토의 처리가 힘들 것으로 생각했는데 금번의 일은 매우 잘
된 것 같다.

홍계희: 옛날에도 하천을 다스린 사례가 있지만 그 과정을 전하는 바가
없습니다. 역사(役事)의 사실을 기록해야 하는데 제목을 정하기 어렵습
니다.

영조: '준천사실'로 이름하는 것이 가할 것이다. 금번 준천 후에 다시는
막히는 일이 없도록 하라.

홍봉한: 갑을지론이 없는 것은 아니지만 100년 내에는 결코 막히지 않을
것입니다.

영조: 승지의 의견은 어떤가?

이사관(승지): 다시는 막히지 않을 것으로 생각됩니다.

홍봉한: 차후에 한성부의 장관과 삼군문 대장이 주관하여 군문(軍門)에
서 각기 재력을 조금씩 각출하여 사후 준천 비용으로 쓴다면 일이 편해질
것입니다.

구선행: 홍봉한의 의견과 같습니다. 이러한 일이 있은 연후에 실효가 있을 것입니다. 금번 굴착이 끝난 뒤 각 다리에 표석을 만들고 차후 이것으로 한계(限界)를 삼는 것이 좋겠습니다.

영조: 표석은 경진년(1760) 지평(地平)으로 새기고 침수되지 않게 해야 할 것이다.

《승정원일기》에는 일이 추진된 시간·장소·배석인원에 관한 기록이 자세하여 국왕의 동선을 추적할 수 있고, 일을 추진하는 과정에서 찬반 의견을 제시한 사람의 면면을 확인할 수 있다.

《승정원일기》의 기록이 좀 더 자세한 이유는《조선왕조실록》이 국왕 사후에 사관이 기록한 사초를 재편집하는 과정에서 실록 편찬 주체의 성향에 따라 일부 기록이 누락되는 반면,《승정원일기》는 당대에 국왕의 최측근이 곧바로 정리한다는 점에서 보다 객관적 사실이 기록으로 남겨지기 때문이다. 현재 남아 있는《승정원일기》는《조선왕조실록》보다 기록된 기간이 짧지만 훨씬 분량이 많다. 세계 최대의 역사기록물로 존재하는 것도 바로 이 때문이다.

●

## 하늘의 뜻을 알려면 날씨를 살펴라

《승정원일기》는 일기 앞부분에 당일의 날씨와 일기 작성자의 이름을 기록해 더욱 사료적 가치가 돋보인다. 특히 288년간 날씨를 매일 빠짐 없이 기록했다. 맑음(晴)·흐림(陰)·비(雨)·눈(雪) 등으로 날씨를 구분했

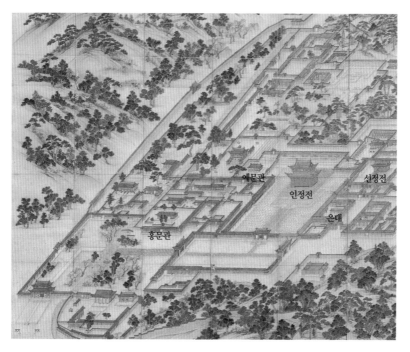

**〈동궐도〉** 1820년대 창덕궁과 창경궁의 모습을 담은 〈동궐도〉에는 인정전 동쪽에 '은대(銀臺)'라고 승정원 건물을 표시했다. 이 일대에《승정원일기》를 보관한 듯하다.

는데, 경우에 따라서는 '오전에 맑고 오후에 눈이 옴[吾前晴吾後雪]', '아침에 비온 후 저녁에 개임[朝雨夕晴]' 등 일기 변화까지 기록했다. 비가 내린 경우에는 측우기로 수위를 측정해 꼼꼼히 정리했다. 288년 동안 하루도 빠짐없이 국가의 공식 기록에 날씨를 기록한 까닭은 무엇일까?

이는 조선왕조에서 날씨로 왕의 덕망과 치세를 평가했기 때문일 것이다. 왕은 하늘의 뜻을 받들어 백성을 다스려야 한다는 유교적 정치관이 자리 잡고 있었기 때문이다. 그날의 날씨를 정확히 관찰하고 기록하는 것 역시 하늘의 뜻을 이해하기 위한 노력이었다.

《승정원일기》에는 비가 가장 적게 오는 미우(微雨)에서부터 세우(細雨)·소우(小雨)·하우(下雨)를 거쳐 쇄우(灑雨)·취우(驟雨)·대우(大雨)·폭우(暴雨)에 이르기까지 강우량을 8등급으로 나누어 기록했다. 그리고 하루에 여러 차례 비가 오는 경우 시간대별로 강우량을 세밀하게 측정하여 기록했다. 농사나 홍수 방지 문제와도 연결된 만큼 강우량을 중요시했다.

기상 변화는 짧은 시간에 일어나는 것도 있지만 100~200년을 주기로 일어나는 것도 있는데, 그 내용을 분석하려면 오랜 기간 축적된 자료가 필요하다.《승정원일기》에 기록된 날씨는 향후 이상기후를 예측하는 데에도 중요한 단서가 될 수 있다.

또한《승정원일기》에는 기록 작성자가 병이나 사고 등으로 출석하지 못한 상황까지 '병(病)', '재외(在外)', '식가(式暇)' 등으로 구분하여 기록했다.

●

## 연대기 기록물로서 《승정원일기》의 가치

《승정원일기》는《조선왕조실록》,《비변사등록(備邊司謄錄)》,《일성록》 등과 함께 국보로 지정되어 있다.《비변사등록》을 제외하면 모두 세계 기록유산으로 등재되었다. 이 책들은 서로 보완관계에 있다.《조선왕조실록》이 일목요연하게 조선시대 전체를 담은 자료라면,《비변사등록》은 16세기 이후 국가의 최고 회의기관이었던 비변사의 일기체 기록으로, 오늘날 국무회의 회의록에 해당한다.《일성록》은 1760년(영조 36)부터 1910년(융희 4)까지 국왕의 동정과 국정을 기록한 2,327책의 일기로, 표제와 요점 중심의 기록물이다. 이 책들은 각기 관찬 연대기의 특징을 띠고 있으며 실록 편찬에 필요한 1차 사료로 활용되었다.

이 중에서도《승정원일기》는 왕을 정점으로 하는 당시의 정치적 역학관계뿐만 아니라, 각종 상소문이나 지방 관찰사들의 보고문 등을 가감 없이 수록하여 조선 후기 정치·경제·사회·문화와 생활상까지 생생하게 전달하고 있다.《승정원일기》는 현재 본격적인 번역 사업을 추진하고 있지만, 그 방대한 분량으로 인해 현재 번역 예상 책수(500책)의 10퍼센트 정도만 번역이 완료되었다.《승정원일기》가 완역된다면 조선 후기 사회의 실상이 우리에게 보다 구체적으로 전달될 수 있을 것이다.

**5**

# 일성록 日省錄

## 열람에 편리한 표제와
## 요점 중심의 기록물

●

## 정조의 일기에서 시작된 《일성록》

2013년 5월 《일성록(日省錄)》이 유네스코 세계기록유산으로 등재되었다. 18~20세기 동서양의 정치적·문화적 교류의 구체적 실상과 세계사의 보편적 흐름을 담고 있다는 점에서 조선이라는 한 나라의 역사기록물을 넘어서는 세계사적 중요성과 가치를 인정받은 것이었다. 이로써 1997년 《조선왕조실록》, 2001년 《승정원일기》, 2007년 조선왕조 의궤에 이어 조선왕조가 남긴 거질의 연대기 기록물이 네 번째 세계기록유산으로 지정되었다. 그만큼 조선왕조의 기록물이 세계적임을 다시금 반증한 쾌거였다.

《일성록》의 모태는 정조가 세손 때부터 쓴 1760년(영조 36)의 《존현각일기(尊賢閣日記)》이다. 정조는 증자가 말한 '오일삼성오신'(吾日三省伍身, 나는 매일 나를 세 번 반성한다)에 깊이 감명받아 일찍부터 일기를 쓰는 습관이 있었다. 이것은 정조가 《일성록》 편찬을 명하면서 증자의 글귀를 인용한 것에서도 잘 드러난다. 1785년(정조 9) 정조는 자신이 탄생한 뒤부터 즉위한 뒤까지의 행적을 《존현각일기》와 《승정원일기》 등을 기본 자료로 하고 중요사항을 강(綱)과 목(目)으로 나누어 왕의 일기를 편찬할 것을 명했다. 규장각 신하들이 실무를 맡아 1760년 세손 때부터 1800년(정조 24) 승하할 때까지 675책의 《일성록》이 편찬되었다. 그리고

**《일성록》** 1752년(영조 28)부터 1910년(융희 4)까지 국왕의 동정을 중심으로 기록한 일기 형식의 책이다. 《승정원일기》와 중복되는 측면도 있으나, 상호 보완적인 내용이 많다. 시기적으로는 《승정원일기》가 더 광범한 시대를 다루고 있다.

이후에도 이 전통은 그대로 계승되었다. 결국 《일성록》은 정조를 시작으로 마지막 왕 순종에 이르기까지 150년간에 걸쳐 기록된 2,327책이 현재까지 전한다.

●

### 공정히 기록하여 반성의 자료로 삼다

정조는 세손 시절부터 왕이 된 이후에도 계속 일기를 썼다. 《정조실록》 1781년 8월에는 정조가 규장각 신하들을 만난 자리에서 "나는 일찍이 일기를 쓰는 버릇이 있었다. 그리하여 아무리 바쁘고 번거로운 일이 있을 때라도 반드시 취침하기 전에 일기를 써 이를 하루에 세 번 반성하고자 했다. 이는 성찰하기 위한 것일 뿐만 아니라 심력(心力)을 살피기 위해 지금까지 해온 것이니, 공언(空言)을 기재했다고 말할 수는 없다"라는 기록이 있다. 그는 장차 이를 후세에 전하기 위해《승정원일기》와는 다른 방식의 책을 만들고자 했다. 당시 책 제목을 '일성록(日省錄)', '월계록(月計錄)', '일월통편(日月通編)' 중에《일성록》으로 정했다.

왕의 일기에서 시작된《일성록》은 1783년(정조 7) 이후에는 신하들이 기록하는 방식으로 정착되었지만, 이후의 왕들 역시 정조가 작성한 일기를 바탕으로 국정 일기를 썼다. 정조는 1785년 5월 하교에서 "나의 뜻은 적이 이것으로써 살피고 반성하는 자료로 삼으려는 것이며, 또한 그 기록하는 즈음에 여러 각료의 문사(文辭)와 언의(言議)를 볼 수도 있을 것이다. 이제 만약 지나치게 칭찬하는 데 힘쓰고, 과장만 한다면 단지 하나의 덕행만을 서술한 글일 뿐이니 어찌 내가《일성록》을 편집하는 본뜻에 어긋나지 않겠는가? 뒤에 이《일성록》을 보는 자는 오늘날 어떻게 했어야 했다고 말할 것이며 각료들이 또한 어떻게 했어야 말할 것이니, 이러한 뜻을 각신들은 알지 않으면 안 된다"라며《일성록》을 편찬한 목적이 객관적인 내용을 기록하여 반성의 자료로 삼아 후대에도 참고로 삼기 위한 것임을 분명히 밝혔다.

한 글자 한 글자 붓으로 써 내려간《일성록》에서 유난히 눈에 띄는 글자는 '나'를 지칭하는 '여(予)'다. 이는 1인칭을 뜻하는 한자로,《조선왕조실록》이나《승정원일기》에서 국왕을 '상(上)'으로 지칭하는 것과 대비된다. 왕 스스로가 쓴 일기임을 확실히 증명하는 것이다.

●

## 강과 목으로 나눈 기록, 요점 중심의 기록

《일성록》에는 국정에 필요한 사항이 강과 목으로 나뉘어 일목요연하게 정리되어 있다. 왕의 비서실에서 작성하는《승정원일기》가 있으므로《승정원일기》와는 다른 방식으로 편찬하고자 했기 때문이다. 따라서《일성록》은 주요 현안이 제목에 드러나 있어 열람이 수월하다. 먼저 1777년(정조 1) 2월 1일 정조가 영조의 왕릉인 원릉을 봉심한 상황을 정리한 기록을 보자.

> 강(綱): 존현각에서 원릉(元陵, 영조의 능)을 봉심(奉審, 능이나 묘를 보살핌)한 승지를 소견했다.
>
> 목(目): 내가 이르기를, "능 위를 봉심하니 과연 아무 탈이 없던가?" 하니, 이진형(李鎭衡)이 아뢰기를, "아무 탈이 없었습니다. 신은 본래 풍수의 방술에 대해 아는 것이 없지만, 용세(龍勢)와 형국(形局)이 평온하고 장려(壯麗)하여 모두가 적의(適宜)함을 얻었으니, 이는 실로 나라의 복이라 하겠습니다" 했다. 내가 이르기를, "그렇던가? 범상한 안목으로 보기에도 좌청룡 우백호가 조화롭고 형국이 안온하다" 했다.

《일성록》은 왕 주변에 매일 일어난 일들을 강과 목으로 나누어 요점을 정리하는 방식으로 기록하고 있다. 강과 목에는 신하들이 올린 상소문을 비롯하여 왕의 동정과 윤음(綸音, 임금이 백성이나 신하에게 내리는 말), 암행어사의 지방 실정 보고서, 가뭄·홍수 구호 대책, 죄수 심리, 정부에서 편찬한 서적, 왕의 행차 시에 처리한 민원 등이 월, 일별로 기록되어 있다.

주요 현안을 요점 정리하고 기사마다 표제를 붙여 열람이 편리하도록 했다는 점도 다른 기록물과 차별된다. 1776년(정조 즉위년) 3월 4일의 경우, "강계의 삼(蔘) 값과 환곡의 폐단을 바로잡도록 명했다"라고 기록하여 이날의 주요 현안이 환곡 문제였음을 한눈에 알게 했다. 《조선왕조실록》은 왕의 사후에 편찬되었으며 왕의 열람을 허용하지 않았던 반면, 《일성록》은 필요한 경우 열람할 수 있도록 했다. 이를테면 영의정이 이전에 처분한 일에 대해 《일성록》 기록을 참고한 사례를 들 수 있다. 정조가 채제공(蔡濟恭)에게 사관을 보내 상소문을 봉하여 올리도록 했는데, 채제공이 벌써 불태워버렸다고 하자, 정조는 직접 《일성록》의 등본을 가지고 빈청(賓廳)에 가서 담당 대신에게 보여주었다.

《일성록》은 《승정원일기》처럼 매일 날씨를 기록했다. 이 책에는 위민정치를 실천한 정조의 모습이 잘 나타나 있다. 이를테면 1,300여 건의 격쟁 관련 기록이 실려 있다. 정조는 행차 때마다 백성들의 민원을 듣고 신하들에게 그 해결책을 지시했다. 어머니 혜경궁 홍씨의 회갑을 맞아 단행한 1795년 화성 행차에서도 백성들에게 격쟁과 상언을 하게 하여 왕이 백성들의 고충을 직접 수용하려 한 것이다.

《일성록》에는 《조선왕조실록》이나 《승정원일기》에 기록되지 않은 내용이 다수 수록되어 있다. 지방에서 올라온 상소문도 거의 원문 그대로 수록되어 있어 당시 지방 사회의 실정을 고스란히 파악할 수 있다. 또한 정조가 왕세손이었을 때 올린 혼례식 과정이 《영조실록》이나 《승정원일기》에서는 매우 소략하게 전하지만, 《일성록》에는 아주 상세하게 기록되어 있다.

《일성록》에 기록된 수치들은 매우 구체적이다. 이는 선례를 참고하여 국정을 원활히 이끌어나가기 위함이었다. 또한《고종실록》이나《순종실록》이 일제의 주도하에 편찬되어 한계가 많은 점을 고려하면 동시대의《일성록》기록은 매우 소중하다.

●

## 칼로 잘려나간《일성록》

《일성록》은《승정원일기》처럼 필요한 경우 국정 참고용 자료로 활용했다. 열람이 용이했기 때문에 19세기 세도정치 시기에 수난을 당하기도 했다. 현재 규장각한국학연구원에 보관되어 있는《일성록》원본에는 칼로 잘려나간 흔적이 남아 있다.

《일성록》에서 삭제된 곳은 정조 10년 12월 1일부터 정조 23년 11월 5일까지 총 635곳에 달한다.《일성록》에 도삭된 흔적이 남은 원인은 19세기에 왕을 마음대로 즉위시킨 세도정치 세력과 밀접한 관련이 있다. 헌종 사후 왕을 임명할 수 있는 최고 권력자는 당시 대비였던 순원왕후 김씨였다. 순원왕후는 안동 김씨 세도정치의 정점에 있었던 인물로, 헌종이 후사 없이 승하하자 그의 후계자로 강화에 귀양을 가 있던 이원범을 지명했다. 이원범은 정조의 이복동생인 은언군의 후손으로, 은언군은 정조 대 역모 사건으로 강화도에 유배되었다가 1801년 천주교 박해 사건 때 부인 송씨와 며느리 신씨가 세례를 받은 사실이 발각되어 강화도에서 사사되었다.

원범은 은언군의 아들인 전계군의 셋째 아들로 역모 죄로 강화도에 유배된 선대를 따라 농사를 짓고 살았다. 그런 원범에게 갑자기 왕의 자리에 오르라는 명이 떨어졌고, 영의정 정원용 일행이 그를 왕으로 모시기 위해 강화도로 갔다. 그는 결국 조선의 25대 왕 철종(哲宗, 1831~1863, 재위 1849~1863)으로 즉위하게 되었다.

그러나 철종의 선대였던 은언군이 역적이라는 점은 그를 왕으로 지목한 순원왕후와 안동 김씨 세력에 정치적으로 큰 부담이 되었다. 이러한 기록을 없애기 위해《일성록》의 정조시대 기록 가운데 철종의 선대와 관련된 주요 기록이 도삭(刀削)되었다. 다행히《조선왕조실록》에 있는 기록은 왕이 열람할 수 없었기 때문에 도삭되지 않고 그대로 보존될 수 있었다. 도삭된 날짜를《철종실록》과 비교하면 대부분 은언군이나 상계군(常溪君, 은언군의 아들, 정조 즉위 초부터 정치적 사건에 휘말려 고초를 당함)과 관련된 기록으로, 모두 철종의 선계에 관한 내용들임을 알 수 있다.

●

## 《일성록》의 또 다른 짝 《승정원일기》

조선시대 기록물에 관심이 있는 사람들은《조선왕조실록》과《승정원일기》를 두고 왜 또《일성록》을 편찬했는지 의문을 갖기도 한다. 이에 대해 정조는《홍재전서(弘齋全書)》에서,《일성록》의 기록이《승정원일기》보다 방대함을 강조하며 차이점을 명쾌하게 설명했다.

내각(內閣, 규장각)에서 정리하는《일성록》은 병신년(丙申年, 1776) 이전에는 없었던 것이다. 승정원 주서는 상세함과 빈틈없음이《일성록》에 십분의 일도 미치지 못할 것이다. 대개 신하들을 인접한 것과 경연 석상에서 수응(酬應)한 내용, 관료들이 정사에 대해서 논의한 내용, 상소나 상차(上箚) 등 안으로 백사(百司)의 문건에 대한 판단, 팔도의 장계(狀啓)에 이르기까지 조금도 빠뜨림이 없고 포괄하지 않음이 없으니 실로 거대한 전거(典據)이며 광대한 기록이다.

정조는《일성록》이 세손 시절부터 쓴 자신의 일기를 모태로 했기 때문에 이 책에 애착이 깊었다. 이어 그는 중국에서는 당나라 이래로 중서성에 시정기를 비치하고 추밀원에 내정일력(內廷日歷)을 비치해왔다면서, "우리 왕조는 승정원에 일기를 두고, 내각에《일성록》을 두게 된 것도 이러한 의미이다"라 하여,《일성록》과《승정원일기》를 따로 둔 것은 중국 역대의 전례에 비추어도 타당함을 강조했다.《일성록》과《승정원일기》처럼 왕이나 국가의 공식 기록물로 남긴 일기 외에도 조선시대에는 다양한 일기들이 있었다. 일기로 대표되는 기록문화의 전통은 오늘날 우리들의 삶 속에도 깊이 남아 있다.

# 찾아보기

# 책으로 읽는 조선의 역사
## - 역사학자의 눈으로 읽은 조선의 베스트셀러 26

신병주 지음

1판 1쇄 발행일 2017년 11월 13일
1판 2쇄 발행일 2020년 1월 20일

발행인 | 김학원
편집주간 | 김민기 황서현
기획 | 문성환 김보희 김나윤 전두현 최인영 김소정 김주원 이문경 임재희 하빛 이화령
디자인 | 김태형 유주현 구현석 박인규 한예슬
마케팅 | 김창규 김한밀 윤민영 김규빈 김수아 송희진
제작 | 이정수
저자·독자서비스 | 조다영 윤경희 이현주 이령은(humanist@humanistbooks.com)
조판 | 홍영사
용지 | 화인페이퍼
인쇄 | 청아디앤피
제본 | 정민문화사

발행처 | (주)휴머니스트 출판그룹
출판등록 | 제313-2007-000007호(2007년 1월 5일)
주소 | (03991) 서울시 마포구 동교로23길 76(연남동)
전화 | 02-335-4422  팩스 | 02-334-3427
홈페이지 | www.humanistbooks.com

ⓒ 신병주, 2017

ISBN 979-11-6080-089-0 03910

• 이 도서의 국립중앙도서관 출판예정도서목록(CIP)은 서지정보유통지원시스템 홈페이지(http://seoji.
nl.go.kr)와 국가자료공동목록시스템(http://www.nl.go.kr/kolisnet)에서 이용하실 수 있습니다. (CIP제
어번호: CIP2017026915)

만든 사람들

편집주간 | 황서현
기획 | 최인영(iy2001@humanistbooks.com) 김진주
편집 | 이영란 최은실 김진주
디자인 | 김태형 유주현
사진 | 권태균, 국립중앙도서관, 규장각한국학연구원, 한국학중앙연구원